넷플릭소노믹스

넷플릭스와 한국 방송 미디어

이 도서의 국립중앙도서관 출판예정도서목록(CIP)은 서지정보유통지원시스템 홈페이지(http://seoji.nl.go.kr)와
국가자료공동목록시스템(http://www.nl.go.kr/kolisnet)에서 이용하실 수 있습니다.
CIP제어번호: CIP2019032027

NETFLIXONOMICS

넷플릭소노믹스

넷플릭스와 한국 방송 미디어

유건식 지음

한울
아카데미

차 례

주정민 | 한국방송학회 회장

최근 미디어 업계에서는 OTT_{over the top} 서비스가 화두이다. 대표적인 OTT 서비스인 넷플릭스는 세계 시장뿐만 아니라 한국에서도 매우 큰 주목을 받고 있다. OTT 서비스나 넷플릭스와 관련된 기사가 매일 쏟아지고 있고, 이 서비스의 미래에 대한 진단과 전망이 무수히 나오고 있다. 특히 한국 시장에 OTT 서비스가 미칠 영향에 대한 논의가 뜨겁게 진행되고 있다.

OTT 서비스에 대한 관심을 반영하듯 많은 학회와 토론회에서는 OTT 서비스와 관련된 주제를 다루고 있다. 한국방송학회에서도 OTT 서비스에 관한 특별 세미나를 개최하는 등 향후 시장에 대한 전망을 심도 있게 논의했다. 그러나 짧은 시간에 이루어지는 발표와 토론에서는 특정 주제들만 다루기 때문에 전체를 보지 못한 아쉬움이 있었다. 그런 와중에 넷플릭스와 관련된 깊이 있고 체계적인 책이 출간되었다.

OTT 시장 전반에 대해 정리한 이 책은 넷플릭스의 전략 등을 체계적으로 해부하고 있다. 특히 넷플릭스가 우리나라에 진출한 이후 한국 방송 미디어에 미친 영향에 대해 깊이 있게 논의한다. 드라마 비즈니스 매니저 및 프로듀서로 근무한 저자의 경험에 근거한 실증적인 분석이 눈에 띈다.

이 책은 넷플릭스의 전략과 잠재력에 대해서도 꼼꼼하게 분석했다. 넷플릭스의 매년 연차보고서까지 확인해 넷플릭스의 가입자, 매출, 수익, 현금 흐름을 정리했다. 넷플릭스의 현황을 홈페이지에서 다운받아 통계자료를 추출해 제시했으며, 이른바 '넷플릭소노믹스'라고 불리는 구독 경제의 의미까지 다루었다. 넷플릭스에 대해 궁금한 사항은 거의 모두 망라되어 있다.

미디어 시장에서 게임 체인저 역할을 하고 있는 넷플릭스의 전망과 국내 방송 미디어가 대응해야 할 전략도 소개하고 있다. 향후 OTT 시장이 어떻게 변화할지 궁금한 학계, 방송계, 정부 관계자 모두 참고할 만한 책이다. 이 책이 각 분야에 잘 활용되어 OTT 서비스에 대한 이해를 높이고 한국 미디어 산업이 당면한 문제를 해결하는 데 도움이 되기를 바란다.

이종관 | 법무법인 세종 전문위원

재미 번역가이자 소설가인 안정효의 소설을 원작으로 1991년에 개봉한 영화 〈은마는 오지 않는다〉는 한국전쟁을 배경으로 순박한 금산리 마을 사람들과 '은마를 탄 장군'이라고 믿은 미군, 그리고 그 사이에서 폭력과 핍박을 당하는 여자 주인공(이혜숙) 간의 이야기를 다루고 있다. 마을 사람들은 마을이 위기에 빠지면 은마를 탄 장군이 내려와 마을을 구원해 줄 것이라는 전설을 믿고 있었다. 한국전쟁이 발발한 후 마을에 미군이 주둔하자 마을 사람들은 미군이 은마를 탄 장군이라고 여겼으나 오히려 미군은 여주인공을 겁탈했고, 여주인공은 마을 사람들로부터 멸시와 핍박을 받게 된다. 이후 미군 클럽이 마을에 생기고 이 과정에서 미군과 마을 사람들, 여주인공과 마을 사람들 간에 충돌이 일어난다. 상황이 불리하게 전개되자 미군들은 철수하고 은마를 탄 장군은 끝내 나타나지 않은 채 마을 사람들도 피난길에 오르면서 영화는 끝이 난다.

이 책은 방대한 양의 자료와 데이터에 근거하여 넷플릭스라는 글로벌 미디어 기업의 성장 과정과 특징, 특히 넷플릭스가 한국의 방송 미디어 시장과 시청자에게 미치는 영향을 폭넓은 시각으로 분석하고 있다. 결론부터 이야기하면 저자는 넷플릭스가 우리나라의 방송 미디어 산업에 긍정적인 영향을 미칠 것으로 기대하고 있다. 오늘날 국내 방송 미디어 산업이 가진 한계, 즉 현상 유지의 함정status quo's trap에 빠져 혁신이 지체되고 있는 점, 콘텐츠 경쟁력은 있으나 제작 시장의 오래된 악습과 관행이 지속되고 있는 점, 콘텐츠 유통 경쟁력이 취약한 점 등을 고려할 때, 넷플릭스는 한국의 방송 산업에 분명 긍정적인 영향을 줄 수 있을 것이다. 예컨대 넷플릭스는 국내 제작 및 요소 시장의 거래 투명성과 공정성을 제고하고 국내 OTT 시장에 경쟁 및 혁신 압력을 제공할 가능성이 높다. 그렇다면 넷플릭스는 우리나라 방송 미디어 시장에 '은마를 탄 장군'이 될 수 있을 것이다. 그러나 반대로 넷플릭스에 대한 적절한 대응이나 넷플릭스와의 생산적 협력이 제대로 이루어지지 않는다면 한국은 콘텐츠 OEM 국가로 전락할 것이고, 그렇게 되면 넷플릭스는 은마를 탄 장군이 아니라 폭력적인 미군처럼 될 것이다. 이 점에서 저자는 넷플릭스가 은마를 탄 장군이 될지, 폭력적인 미군이 될지는 넷플릭스 자체가 아닌 우리의 대응 전략에 달려 있다고 강조한다.

넷플릭소노믹스Netflixonomics. 생경한 단어이다. OTT 관련 업계에 종사하거나 관련 연구를 하는 사람들은 들어보았을 테지만, 일반인에게는 생경한 단어일 것이다. 기업 이름이 동사화되거나 명사화된 것은 넷플릭스가 처음이 아니다. 20여 년 전에는 '디즈니피케이션Disneyfication'(어떤 도시나 지역이 고유의 정체성을 잃고 관광객들의 구미에 맞춰 관광지화되는 현상), 10여 년 전에는 '구글링Googling'(인터넷 검색 엔진에서 검색하는 것), 2~3년 전에는 '아마존드Amazoned'(아마존이 진입하면 기존 시장의 전통 질서가 파괴되고 아마존이 해당 시장을 석권하는 현상), '우버리제이션Uberization'(인터넷 또는 모바일 플랫폼을 통해 공유경제 시스템이 형성되는 것) 등의 용어가 등장했다. 이와 같이 기업의 명칭이 일반명사화 또는 동사화된다는 것은 구글부터 아마존, 넷플릭스 등으로 이어지는 ICT 또는 미디어 분야의 혁신 기업이 일반 이용자의 일상이나 산업, 경제에 미치는 영향이 그만큼 크기 때문일 것이다. 저자는 이와 같은 맥락에서 넷플릭스가 콘텐츠 시장과 플랫폼 시장을 전 세계적으로 뒤흔들고 영향을 미치고 있다고 보고 책의 제목을 '넷플릭소노믹스'라고 명명했다.

진화경제학의 입장에서 보면 일반적인 산업은 진화와 분화, 그리고 수렴 단계를 거치며 발전해 간다. 진화경제학 관점에서 분화란 이른바 브라운 운동Brownian Motion(액체나 기체 안에 떠 있는 작은 입자의 불규칙한 운동)하에서 확률적 돌연변이가 발생하는 것을 의미한다. 이러한 분화가 정점에 이르면 상호 간에 융합 과정을 거치면서 수렴성을 가지고 소수의 대표적인 개체로 수렴된다. 저자는 넷플릭스의 창업부터 현재에 이르기까지 넷플릭스의 궤적을 추적한다. 저자는 2007년 넷플릭스가 스트리밍 서비스를 시작한 이후의 데이터를 분석함으로써 오리지널 콘텐츠를 제작하기 시작하는 과정에 상당한 의미를 부여한다. 즉, 그 시기가 넷플릭스의 혁신 및 분화 과정이라고 보는 것이다.

그렇다면 지금 넷플릭스는 어떤 단계에 와 있는 것일까? 비디오 시장과 시청각 콘텐츠 시장의 분화 과정은 지나갔으나 오히려 OTT 시장 내에서 넷플릭스와 유사하거나 차별화된 서비스가 경쟁적으로 도입되고 있다. 이것 역시 OTT의 분화로 보아야 할 것인가? 적어도 수년 동안은 기존 유료방송과 OTT 서비스 간의 경쟁은 물론

OTT 서비스끼리의 경쟁 역시 매우 심화될 가능성이 높아 보인다. 어떤 OTT 서비스가 이 시청각 미디어 시장을 지배할지는 두고 봐야 할 것이다. 이때의 관전 포인트는 어떤 계기와 모멘텀으로 인해 수렴성이 나타나는가 하는 것이다.

아마존의 회장인 제프 베조스Jeff Bezos는 10년 후에 어떤 것들이 어떻게 변해 있을지를 묻기보다 10년 후에 무엇이 변하지 않을 것인지를 고민하는 것이 더 의미 있다고 언급한 바 있다. 지금으로부터 10년 전을 돌이켜 보면, 미국의 서브프라임 모기지 사태로 인해 가처분 소득이 크게 하락하면서 기존 고가의 유료방송을 해지하고 (경제적 이유로 인해) OTT로의 전환이 시작된 시기였다. 코드 커팅의 원인이 '경제적 어려움'이었기 때문에 TV를 남달리 사랑하는 미국인들은 결국 다시 유료방송으로 회귀할 것이라는 전망이 많았다. 그러나 2013년 2월 〈하우스 오브 카드House of Cards〉 시즌1이 발표되면서 넷플릭스라는 찻잔 속 태풍은 거대한 변화를 일으키는 쓰나미가 되었다. 불과 5~6년 전 일이다.

'연구자는 점쟁이가 아니다'라는 말이 있듯, 10년 뒤 미디어의 미래가 어떻게 변할지는 누구도 정확히 예측할 수 없다. 그러나 이 책을 통해 앞으로 미디어가 어떤 식으로 진화 또는 혁신해 갈 것인지를 어렴풋하게나마 그려볼 수 있을 것이다. 넷플릭스라는 주제를 바탕으로 미래의 미디어를 스케치할 수 있도록 해준 저자에게 감사를 전한다.

/

프롤로그

/

    IT 기술의 발달과 더불어 등장한 넷플릭스Netflix는 영화와 텔레비전을 보는 패러다임을 바꾸고 있다. 넷플릭스는 미디어 유통과 소비에서부터 미디어 기획과 생산에 이르기까지 혁명적인 변화를 주도하고 있다. 그런 만큼 미국을 포함해 전 세계의 미디어 업계는 넷플릭스의 성장에 위협을 느끼고 있으며, 이에 대응하는 데 엄청난 노력을 기울이고 있다.

    기술이 발달하면서 한국의 방송 미디어 시장에서는 지상파TV, 케이블TV, 위성TV, IPTV 등의 새로운 플랫폼이 등장했으나, 큰 틀에서는 그다지 변화가 없었다. 그러나 인터넷과 모바일이 급속도로 발달함에 따라 방송의 지형 또한 급격하게 변화하고 있다. 그중에서도 특히 넷플릭스가 한국의 방송 시장을 흔들어놓고 있다. 한국에서는 미국과 달리 2018년까지 케이블TV나 IPTV의 가입을 취소하는 코드 커팅Cord-cutting이 크게 증가하지 않았다. 그러나 넷플릭스가 LGU+와 제휴하고 넷플릭스 오리지널인 〈킹덤〉을 성공시킴에 따라 가입자 규모가 급성장하고 있어 향후 한국의 미디어 지형이 어떻게 전개될지 귀추가 주목된다. 넷플릭스의 전개 방향에 따라 한국의 방송 미디어 시장은 많은 영향을 받을 것이기 때문이다.

넷플릭스는 한국에 상륙한 지 3년 만에 대한민국 일상의 풍경을 바꾸고 있다는 평가를 받는다.[1] 2007년 넷플릭스가 설립된 초기부터 10여 년 동안은 미국 방송사도 넷플릭스의 서비스에 대해 크게 신경을 쓰지 않았다. 그러는 사이에 넷플릭스는 고도로 성장했고, 미국 미디어 기업들은 이제야 넷플릭스를 경쟁자로 인식하고 적극적으로 대응하고 있다. 한국의 방송사들 또한 이와 유사하게 넷플릭스가 한국에 진출하기 전에는 넷플릭스에 적극적으로 콘텐츠를 공급했으나 2016년 넷플릭스가 한국에서 서비스를 출시하자 견제 모드로 바뀌었다. 넷플릭스가 한국 지상파 방송을 파괴할 수 있는 위협적인 존재라고 인식했기 때문이다. 현재 한국의 지상파 방송은 넷플릭스와 사활을 건 전쟁을 치르는 중이다. 지상파 방송이 이 전쟁에서 이기기 위해서는 넷플릭스를 정확히 이해할 필요가 있다.

필자가 넷플릭스를 처음 접한 것은 2011년 미국 UCLA 익스텐션에서 프로듀싱과 엔터테인먼트 비즈니스를 공부할 때였다. 수업을 듣기 위해서는 수업 전 1주일 동안 영화 네 편을 봐야 했다. '영화 장르 이해Understanding Genre'는 장르별로 클래식 영화 두 편을 선정한 뒤 영화를 통해 장르의 특징을 설명하는 수업이었다. '스토리 개발 워크숍Story Development Workshop'은 영화 두 편을 선정한 뒤 성공한 영화는 주인공이 네 번에 걸쳐 도전을 받고 변화해야 한다는 'BMOC' 이론[2]을 적용하면서 스토리 구조를 설명하는 수업이었다. 당시 영화

---

1 신지민, "넷플릭스가 바꾼 풍경들", ≪한겨레≫, 2019.2.23.
2 성공한 영화는 발단(Beginning), 전개(Middle), 위기(Obstacle), 절정(Climax)의 네 단계에서 주인공이 도전을 제시하고, 이를 해결하는 과정의 흐름을 갖는다는 주장이다. 유

를 볼 수 있는 방법의 하나로 소개받은 것이 넷플릭스이다.

2011년 학기가 시작하던 시점에는 넷플릭스에 회원가입을 하면 인터넷으로나 빨간색 봉투에 배달되는 DVD로 영화를 볼 수 있었으나, 2011년 하반기부터는 인터넷 회원과 DVD 회원이 별도로 가입해야 했다. 유명한 영화나 신작은 대부분 DVD로만 서비스되었다. 가능한 한 빨리 영화를 본 뒤 동봉된 반송 봉투에 DVD를 넣어 보내면 다음 DVD를 받을 수 있었다. 넷플릭스에 모든 영화가 갖추어져 있지는 않았기 때문에 동네 도서관에서 빌리기도 하고, 넷플릭스의 경쟁사인 블록버스터Blockbuster Video에서 빌려보기도 했다.

이 책을 쓰게 된 계기는 지상파 방송사의 하나인 KBS에 근무하는 사람으로서 넷플릭스라는 회사를 정확히 이해하는 한편 넷플릭스에 어떻게 대응할 것인지를 고민하기 위해서이다. 넷플릭스가 서비스를 시작하던 초기에 미국에서 이를 이용한 경험 때문에 필자는 넷플릭스에 지속적으로 관심을 가지면서 자료를 모아왔다. 또한 2015년 KBS아메리카KBS America 사장으로 일하면서 KBS 콘텐츠를 넷플릭스에 제공하기 위해 넷플릭스와 협의하면서 직간접적으로 넷플릭스를 경험한 것이 책을 쓰는 데 큰 도움이 되었다.

2011년 당시만 해도 넷플릭스를 단지 DVD를 시청하는 하나의 서비스로만 생각했지, 이 플랫폼이 전 세계를 온통 뒤흔들 것이라고는 꿈에도 생각하지 못했다. 2019년 현재 넷플릭스는 전 세계 미디어 및 콘텐츠의 지형을 바꾸고 있다. 전 세계 회원 수가 1999년 10만 7000명에서 2019년 6월 기준 약 1억 5000만 명까지 증가했다. 인도

건식, 『미드와 한드, 무엇이 다른가』(한울아카데미, 2013), 54~55쪽.

를 포함한 아시아와 아프리카로 확장해 2022년에는 회원 수가 2억 명에 도달할 것으로 예측되고 있다. 미국의 텔레비전 프로그램을 대상으로 한 가장 권위 있는 TV 시상식인 에미상에서 넷플릭스는 2018년 122개 부문에서 후보로 올라 HBO를 처음으로 능가했고, 23개 부문에서 HBO와 공동 1위를 차지했다. 그러나 여러 국가에서 넷플릭스에 대응해 규제와 대응책을 마련하고 있어 넷플릭스의 앞날이 어떻게 변화할지 관심이 집중되고 있다. CBS를 비롯해 미국 미디어 기업은 넷플릭스에 대응하기 위해 자체 OTT 플랫폼을 만들고 있으며, 디즈니의 경우 2019년부터 콘텐츠 공급을 끊고 자체 OTT 서비스인 디즈니+를 2019년 11월 출시할 예정이다. 유럽에서는 넷플릭스가 자국의 콘텐츠를 30% 이상 서비스해야 한다고 규정하고 있다.

넷플릭스는 2016년부터 한국에서도 서비스를 시작해 폭풍의 핵이 되고 있다. 코리안클릭에 따르면 2019년 6월 현재 350만 명 정도가 넷플릭스를 이용하고 있다. 2018년 기준으로 한국 콘텐츠가 550여 개이며, 1500억 원을 투자한 것으로 알려졌다.[3] 넷플릭스의 잠재력을 알기에 지상파 방송사에서는 넷플릭스를 견제하고 있다. 그러나 케이블 딜라이브가 처음으로 넷플릭스와 제휴했고, LGU+가 IPTV로서는 처음으로 넷플릭스와 협력했다. 넷플릭스에는 주로 CJ와 JTBC가 콘텐츠를 공급하고 있다. 넷플릭스는 tvN 드라마 〈미스터 션샤인〉을 기존 방송사가 구매하는 금액의 네 배에 달하는 회당

---

3   황성아, "한국 상륙한지 6개월 만에 국내 가입자 '30만 명 돌파'한 넷플릭스의 위엄", ≪인사이트≫, 2018. 10. 23.

약 12억 원에 구매했으며, 회당 20억 원을 투자해 〈킹덤〉을 제작했다. 이러한 블록버스터를 통해 가입자가 증가하면 지상파는 물론이고 케이블TV와 종편에까지 많은 영향을 미칠 것이다. 이러한 상황에서 지상파 방송사는 SK브로드밴드와 손잡고 지상파 연합 플랫폼인 푹pooq과 옥수수를 합병해 2019년 9월 18일 웨이브Wavve를 출시하기로 했다. 이를 통해 넷플릭스에 대항하는 한편 전 세계로도 진출할 예정이다. 이러한 경쟁이 향후 어떻게 진행될지 초미의 관심사이다.

넷플릭스는 플랫폼을 장악하는 것 외에 시청자의 시청 습관과 제작 관행도 바꾸고 있다. TV 앞에 앉아 TV 콘텐츠를 보는 관행을 없애는 한편 몰아보기binge-view 또는 binge-watch[4] 습관을 형성했다. 이에 따라 콘텐츠 제작에서도 콘텐츠 마지막에 다음 회를 보도록 하는 클리프행어Cliffhanger 장치를 없앴으며, 중간 광고가 없기 때문에 이를 고려하지 않고 대본을 쓸 수 있게 되었다.

OTT[5] 플랫폼은 주로 기존에 제작된 콘텐츠를 유통하는 개념인데, 넷플릭스는 이에 그치지 않고 오리지널을 직접 제작해 유통하고 있다. 넷플릭스는 콘텐츠를 제작하는 데 기존 방송사보다 많은 비용을 투자하고 있다.

이 책에서는 넷플릭스가 콘텐츠 산업에 어떠한 영향을 미치고 있는지를 체계적으로 정리했다. 또한 넷플릭스가 한국의 방송 미디어와 한국 시청자에 미친 영향을 중점적으로 살펴보았다. 마지막으로

---

4   몰아보기는 2015년 콜린스(Collins) 사전에 올해의 단어로 추가되었다. "몰아보기란 어디서 어떤 기기를 이용해서 보든지 관계없이 많은 텔레비전 프로그램을 보는 것, 특히 연속해서 한 시즌을 모두 보는 것이다."
5   OTT(Over The Top)란 기존의 케이블TV나 IPTV 셋톱박스가 아닌 인터넷을 통해 방송 프로그램, 영화 등 각종 콘텐츠를 제공하는 서비스를 뜻한다.

지상파 방송사가 넷플릭스에 어떻게 대처해야 하는지에 대한 의견을 제시했다. 구체적으로 제1장에서는 전 세계 미디어 지형에 대해 살펴보았다. 특히 OTT에 대한 현황을 조사했다. 제2장과 제3장에서는 넷플릭스에 대한 정보를 최대한 많이 제공했다. 제2장에서는 넷플릭스가 1997년 창립해 DVD를 메일로 서비스한 때부터 스트리밍 서비스를 거쳐 오리지널 콘텐츠를 제작할 때까지 다양한 난관을 극복하고 성장한 이야기를 정리했다. 또한 넷플릭스의 글로벌 가입자 증가 현황과 더불어 매출, 수익, 부채 등을 파악했다. 제3장에서는 넷플릭스 서비스의 특징과 성공 요인을 중점적으로 살펴보고, 디즈니+, 애플TV+ 등이 출시함에 따라 벌어지고 있는 OTT 전쟁에서 넷플릭스의 미래를 전망했다. 제4장에서는 넷플릭스의 한국 진출 과정을 정리했다. 그리고 넷플릭스 오리지널이 한국 미디어 지형에 미친 영향 및 한국에서의 넷플릭스의 경쟁력에 대해 검토했다. 제5장에서는 넷플릭스가 한국 방송 미디어의 유통과 제작 부문에 미친 영향 및 한국 시청자에게 미친 영향을 다루었다. 넷플릭스가 한국에서 성장하기 위한 조건들과 시청자가 TV를 소비하는 방식의 변화가 주된 내용이다. 제6장에서는 한국의 방송 미디어가 넷플릭스에 어떻게 대응할 것인지에 대해 제작과 유통 측면으로 나누어 제언했다.

이 책에는 KBS 국민패널을 대상으로 실시한 넷플릭스 이용 행태 조사 결과를 일부 실었다. 설문조사는 2019년 3월 28일부터 29일까지 실시했으며, 총 407명의 유효 응답자를 분석했다. 표본오차는 95% 신뢰수준에서 ±4.9%p이다.

제1장

방송 미디어 환경의 혁명적 변화

왜 넷플릭스인가

넷플릭소노믹스

영국에서 발행되는 저명한 국제 경제 주간지 ≪이코노미스트≫ 2018년 6월 30일자에 넷플릭소노믹스Netflixonomics라는 단어가 등장했다. "넷플릭스는 텔레비전을 완전히 탈바꿈시키고 있다. 그러나 넷플릭스는 투자자, 소비자, 정치인 모두에게 사랑받는다. 엔터테인먼트 산업은 텔레비전 산업의 파괴자를 따라잡기 위해 허우적대고 있다"라고 평가하면서 이 단어를 사용했다. 넷플릭소노믹스란 "사람들이 인터넷에서 텔레비전에 가입하게 만드는 과학"이며, 그 핵심은 "콘텐츠 제작과 유통, 글로벌과 개인을 폭넓고 깊게 혼합하는 전략"이라고 설명하고 있다.[1] 이처럼 넷플릭스는 전 세계를 흔들고 다양한 분야에 막대한 영향을 미치고 있기 때문에 넷플릭스Netflix와 경제Economy를 합쳐 넷플릭소노믹스라는 단어를 만든 것이다. 이 책은 넷플릭스가 방송 시장에 미치는 영향을 파악한다는 의미에서 이 단어를 제목으로 정했다.

넷플릭스는 다른 어떤 분야보다도 방송 시장에 거대한 지각변동

---

[1]   "The Television will be revolutionised", *Economist*, 2018.6.30.

을 일으키고 있다. 방송 미디어 시장은 기술의 발달에 따라 라디오 → 지상파 방송 → 케이블TV → 위성TV → IPTV 등으로 진화를 거쳐왔다. 지금은 일방적으로 송출되는 콘텐츠를 보는 시대가 아니라 시청자가 원하는 것을 언제 어디서나 볼 수 있는 스트리밍 시대가 되었다. 이러한 새로운 변화를 선도한 기업이 넷플릭스로, 넷플릭스는 전 세계에서 1억 5000만 명의 고객을 끌어모으면서 방송 시장, 시청자의 시청 습관, 제작 환경 등 여러 면에서 엄청난 영향을 미치고 있다. 그러다 보니 넷플릭스 관련 내용에 관심이 집중되고 많은 뉴스가 생산되고 있다.

구글 검색창에서 "the netflix of"를 치면 자동으로 〈그림 1-1〉과 같은 검색어들이 뜬다. 이제 다수의 기업이 "○○업계의 넷플릭스" 또는 "○○사업의 넷플릭스" 등으로 불리기를 원하며, 해당 분야에서 넷플릭스 같은 회사가 되고자 지향하고 있다.

온라인 수요 측정 플랫폼인 패럿 애널리틱스Parrot Analytics는 매주 VOD 수요 결과를 발표하는데, 2019년 3월 첫째 주에 발표한 자료를 보면 넷플릭스 콘텐츠가 7개 가운데 1위를 포함해 4개나 차지했다.[2] 1위 넷플릭스의 〈엄브렐러 아카데미The Umbrella Academy〉(4683만 회), 2위 DC 유니버스의 〈둠 패트롤Doom Patrol〉(3033만 회), 3위 DC 유니버스의 〈타이탄스Titans〉(2803만 회), 4위 넷플릭스의 〈기묘한 이야기Stranger Things〉(2764만 회),[3] 5위 넷플릭스의 〈마블의 데어데빌

---

2   Travis Clark, "The top 7 shows on Netflix and other streaming services this week", *Insider*, 2019.3.3.

3   〈기묘한 이야기〉는 2017년 TV 프로그램 중에서 구글에서 검색량이 가장 많았던 프로그램이다.

그림 1-1 **구글에서 'the netflix of'를 입력할 때 자동 검색되는 단어**

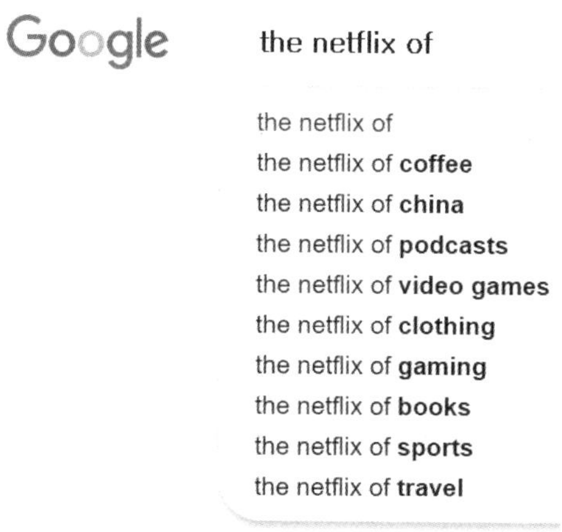

Google 　　the netflix of

the netflix of
the netflix of **coffee**
the netflix of **china**
the netflix of **podcasts**
the netflix of **video games**
the netflix of **clothing**
the netflix of **gaming**
the netflix of **books**
the netflix of **sports**
the netflix of **travel**

Marvel's Daredevil〉(2437만 회), 6위 CBS 올 액세스CBS All Access의 〈스타트
렉: 디스커버리Star Trek: Discovery〉(2416만 회), 7위 넷플릭스의 〈드래곤
프린스The Dragon Prince〉(2319만 회) 순이다.

미국 SVOD(월정액 VOD) 서비스 이용자 중 넷플릭스를 구독하는
사람은 89%에 달한다. 넷플릭스만 이용하는 이용자는 25%로 아마
존 프라임 비디오 이용자 6%보다 월등히 높다. 한 번 이용하면 계
속 가입 상태를 유지하는 충성도(로열티)는 93%로, 아마존 프라임
비디오 75%보다 높다.[4]

넷플릭스가 왜 이렇게 인기가 있을까? 넷플릭스의 장점에 대한
논의는 셀 수 없을 만큼 많다. 그중에서도 인터넷 경제 신문 ≪미디

4　　Jonathan Pirc, "Netflix Dominates Streaming Video", *lab42*, 2019.1.2.

어 SR≫은 2019년 초 "왜 넷플릭스인가"라는 4회에 걸친 기획 기사에서 이에 대해 폭넓게 다루었다.[5] 종합뉴스통신 ≪뉴스핌≫에서도 넷플릭스의 경쟁력 등에 대해 8회에 걸쳐 조명했다.[6]

이들은 넷플릭스가 인기 있는 이유로 추천 시스템, 뛰어난 오리지널 콘텐츠, 이용의 편의성, 저렴한 요금, 글로벌 배급, 기술적 안정성 등을 들고 있다. 넷플릭스에 대한 성공 요인은 제3장의 내용 중 '넷플릭스의 성공 요인'에서 자세히 다루었다.

넷플릭스 같은 VOD Video On Demand[7] 서비스가 인기를 끌자 최근 영국 의회는 방송의 본질까지 검토하고 있다. 영국 의회의 통신위원회는 2019년 3월 VOD 서비스가 활성화되고 있는 상황에서 공영방송의 미래가 있는지에 대해 새롭게 조사하기로 했다. 통신위원회는 VOD 활성화가 BBC나 ITV같이 공공 서비스 방송사들의 존재가치를 위협할 수 있다고 우려하고 있다. 주된 계기는 수신료의 절반도 안 되는 가격인 5.99파운드(약 8780원)로 수천 시간을 볼 수 있는 VOD 플랫폼의 영향력 때문이다. 통신위원회가 조사할 구체적인 내용은 광고가 감소하는 상황에서 상업 방송사는 오리지널 영국 콘텐츠를 제작하는 데 소요되는 비용을 어떻게 충당할지, 공영방송사는 의무를 적절하게 이행하는지, VOD에 더 많은 규제를 해야 하는지, 공영방송사는 영국 국민에게 충분히 봉사하는지, 시장 변화에 적절하게 대응하는지 등이다. 로드 길버트 Lord Gilbert 위원장도 "공공

---

5   장한서, "왜 넷플릭스인가", ≪미디어 SR≫, 2019.
6   황수정, "전문가들이 바라보는 넷플릭스의 경쟁력", ≪뉴스핌≫, 2019.3.27.
7   최재붕은 "온디맨드란 모바일과 같은 정보통신기술 인프라를 이용해 소비자가 원하는 것을 원하는 때에 맞춤형으로 제공하는 경제활동"이라고 설명한다. 최재붕, 『포노 사피엔스』(쌤앤파커스, 2019), 203쪽.

그림 1-2 **문화기술 발달에 따른 디지털 유통의 변화**

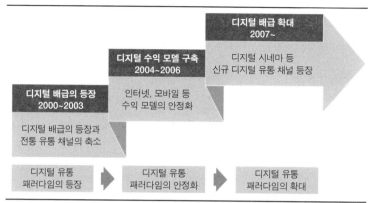

자료: 한국콘텐츠진흥원, 『한국콘텐츠 해외진출 확대를 위한 글로벌 플랫폼 조사 연구』(2018), 4쪽.

서비스 방송의 개념이 어떤 가치를 지니고 있는지, 미래에 어떤 형식을 취해야 하며 어떻게 재정적으로 가능할 수 있는지 조사할 것"이라고 밝혔다.[8] 2019년 가을에 이 위원회의 보고서가 나올 예정인데 어떤 결과가 도출될지 주목된다.

넷플릭스는 콘텐츠 유통의 변화를 이끌고 있다. 동영상 소비의 증가는 인터넷과 모바일 기술의 발달에 힘입어 급증했다. 인터넷 확산을 통한 디지털 시대(1차 빅뱅), 모바일 혁명을 통한 스마트 시대(2차 빅뱅)를 거쳐, 글로벌 플랫폼의 확산과 더불어 제3차 빅뱅이 도래하고 있다. 〈그림 1-2〉와 같이 2000년 초 디지털 배급이 등장했고, 2004년 디지털 수익 모델이 구축되기 시작했으며, 2007년 넷플릭스처럼 디지털 유통 채널이 등장하기 시작했다.

---

8   Kristin Brzoznowski, "U.K. Parliament Launches Inquiry on Public Service Broadcasting", *World Screen*, 2019.3.13.

소비자는 더 이상 비디오나 DVD와 같이 물리적인 저장 형태를 통해 콘텐츠를 이용하지 않고 VOD 서비스를 통해 인터넷이나 클라우드 등에 저장되어 있는 디지털 파일을 재생해 장소와 시간에 관계없이 원하는 콘텐츠를 시청할 수 있게 되었다. 이로 인해 지상파 방송, 케이블TV, 위성TV 등 전통 미디어에 대한 수요가 감소하자 전통 미디어 위기설까지 심각하게 대두되고 있다. 이러한 근본적인 변화를 주도하고 있는 것이 바로 넷플릭스이다.

미디어 지형의 변화

이처럼 설립된 지 12년밖에 안 된 넷플릭스는 방송과 관련된 모든 산업 및 소비자에게 막대한 영향을 미치고 있다. 여기서는 우선 디지털 콘텐츠의 발달 과정, 특히 네트워크 기술의 발달로 성장한 OTT 시장에 대해 중점적으로 살펴보고자 한다.

넷플릭스의 영향력이 확대되면서 미국 미디어 지형이 변화하고 있다. 넷플릭스는 단순히 유통만 하는 것이 아니라 오리지널을 제작해 소비자에게 직접 판매하고 있는데, 이는 전통 미디어가 M&A (인수·합병)하면서 경쟁하는 이유 중 하나이다. 디즈니가 21세기폭스를 매수했으며, A&T가 타임워너를 인수해 미디어 회사가 되었다. 또한 애플도 새로운 TV 전략을 수립해 TV가이드, HBO 같은 서비스를 파는 TV 채널storefront 제작사의 역할을 하는 전략을 세우고 애플TV+를 출시할 예정이며, CBS는 비아컴Viacom과 통합해 회사명을 비아컴CBS로 하기로 했다.[9] 〈그림 1-3〉은 기술 뉴스 전문 사이

그림 1-3 **미국 미디어 지형(2019년 4월 기준)**

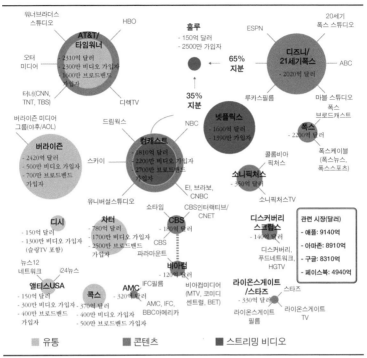

자료: the companies, news reports, Leichtman Research Group(cable/internet subs).

트인 ≪리코드Recode≫가 주기적으로 업데이트하는 미디어 지형
Media landscape이다. 2019년 4월 현재, 버라이즌이 2420억 달러로 시
장 1위이며, AT&T가 2310억 달러로 2위, 디즈니가 2020억 달러로
3위, 컴캐스트가 1810억 달러로 4위, 넷플릭스가 1600억 달러로 5

---

9   Julia Alexander, "CBS and Viacom are merging to become ViacomCBS", *The Verge*,
      2019.8.13.

그림 1-4 **미국 유료 TV 가입자 현황**　　　　　　　　　단위: 백만 명

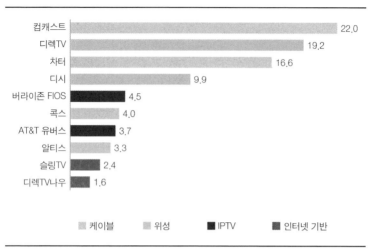

주: 콕스는 LRG estimate 자료임.
자료: Leichtman Research Group

위를 기록하고 있다.[10] 유통은 7개 회사, 콘텐츠 제작은 10개 회사, 스트리밍 비디오는 2개 회사로 분류된다. 다만 M&A를 통해 AT&T 와 워너미디어, 컴캐스트와 NBC유니버설은 유통과 콘텐츠 제작 두 가지 기능을 모두 갖고 있다.

미국 유료 TV 가입자는 2018년 말을 기준으로 〈그림 1-4〉에서 보는 바와 같이 컴캐스트Comcast가 2200만 명, 디렉TVDirecTV가 1920만 명, 차터Charter가 1660만 명, 디시Dish가 990만 명을 기록하고 있다.[11]

모닝 컨설트Morning Consult가 40만 명을 인터뷰한 '브랜드 선호도'

10 　Rani Molla and Peter Kafka, "Here's who owns everything in Big Media today", *recode*, 2019.4.3.

11 　https://www.statista.com/chart/6994/pay-tv-providers-in-the-us/

그림 1-5 **세대별 브랜드 선호도**

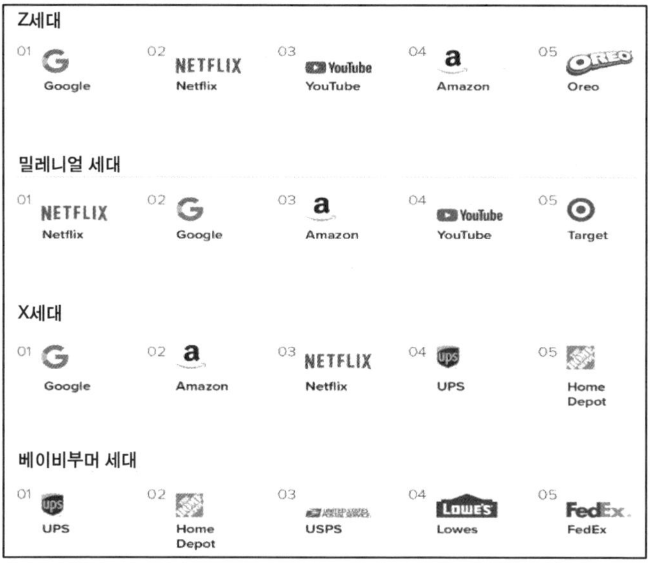

자료: Morning Consult.

조사에 따르면 젊은 세대일수록 넷플릭스를 사랑한다(〈그림 1-5〉 참조). 가장 사랑받는 브랜드는 아마존으로 261.9점[12]이다. 2위는 구글(261.1점), 3위 넷플릭스(259.4점), 4위 UPS(256.6점), 5위 홈 디포(248.3점) 순이다. 세대별로 넷플릭스 브랜드 선호도를 보면, Z세대(18~21세)는 291점으로 2위, 밀레니얼 세대(22~37세)는 286점으로 1위, X세대(38~53세)는 262점으로 3위를 기록했으나 베이비부머 세대(54~72세)는 20위 안에 없다.[13]

---

[12] 브랜드 선호도 조사는 선호 의견(Favorability Score), 소비자 신뢰도(Trust Score), 긍정적인 커뮤니티 영향(Community Impact Score), 브랜드 홍보 의사(Net Promoter Score)로 구성되며, 아마존은 각각 79.1%, 68.3%, 58.7%, 55.8%를 얻어 261.9점이다.

넷플릭스는 과거 DVD 대여 1위 업체였던 블록버스터의 영역을 잠식해 나갔던 것처럼 기존 지상파 방송과 케이블TV의 역할을 대체하고 있다. 2013년에는 미국 최대 케이블방송 HBO의 가입자 수를 넘어섰다. 또 돈을 지불하고 영상을 구독하는 서비스 가운데 미국에서 제일 많이 사용하는 플랫폼으로 자리매김했다.[14]

패럿 애널리틱스에서 디지털 오리지널 시리즈의 수요를 분석한 바에 따르면 수요 방식에서 비정형적인 형태가 발견되었다고 한다. 정형적인 형태는 마블 코믹스의 캐릭터를 원작으로 2017년 3월 개봉한 웹드라마 〈아이언 피스트Iron Fist〉를 들 수 있다. 〈그림 1-6〉에서 보는 바와 풀 시즌(23편)이 개봉되었을 때 수요가 최고로 높았고, 다음 주에 몰아보기가 일어났다. 그러나 30일 후에는 수요가 대부분 사라졌다. 반면, 2016년 개봉한 넷플릭스 오리지널 〈기묘한 이야기〉는 비정형적인 형태를 보였다. 〈그림 1-7〉에서 보는 바와 같이 〈기묘한 이야기〉 시즌2는 4개월에 걸쳐 수요가 지속되었다.[15] 이러한 분석 결과는 넷플릭스가 이용자의 빅데이터를 활용함으로써 콘텐츠를 관리하는 힘으로 작용할 것이다.

미국에서는 2018년에 유료 TV 가입 비율과 스트리밍 서비스 가입 비율이 역전되었다. 유료 TV 가입률이 65%인 반면 스트리밍 서비스 가입률은 69%였다. 이를 주도한 것이 넷플릭스이다.

13   "Most loved brands in America 2019", *Morning Consult*.
14   이재형, "'블록버스터'를 파산시킨 벤처 '넷플릭스'의 전략 이야기(1)", ≪머니투데이≫, 2017.11.13.
15   Parrot Analytics, "Global TV demand data has standardized international title health analysis across Broadcast, Pay TV and OTT platforms", 2018.6.29.

그림 1-6 **정형적인 수요 현황: 〈아이언 피스트〉**

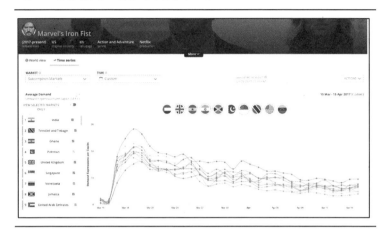

그림 1-7 **비정형적인 수요 현황: 〈기묘한 이야기〉**

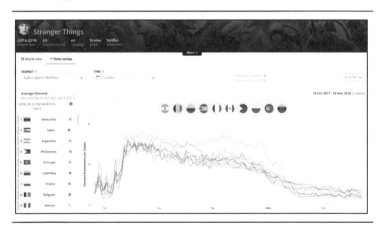

전통 미디어의 급락

세계적인 미디어 전망 연구소인 PwC는 「글로벌 엔터테인먼트 &

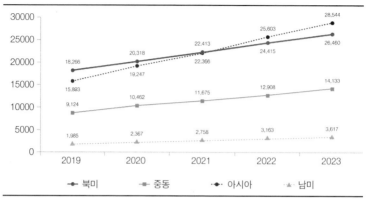

그림 1-8 **지역별 OTT 매출 전망** 단위: 백만 달러

자료: PwC, *Global Entertainment & Media Outlook 2019~2023*.

미디어 전망 2019~2023Global Entertainment & Media Outlook 2019~2023」에서 2018년 전 세계 콘텐츠 산업 시장 규모는 2.1조 달러였다고 분석하면서, 향후 5년간 평균 4.3% 성장해 2023년에는 2.5조 달러에 달할 것으로 전망했다. 한국은 5.08% 성장할 것으로 예상했다. 지상파 TV 광고 매출은 2018년 1123억 달러에서 2023년 1158억 달러로 소폭 증가할 것으로 전망한 반면,[16] OTT 시장은 2018년 382억 달러에서 2023년에 728억 달러로 성장해 유료 TV 시장의 35.4% 수준에 도달할 것으로 전망했다.[17] 〈그림 1-8〉은 지역별 OTT 시장 전망으로 2021년에 아시아 지역이 북미 시장을 추월할 것으로 보고 있다.

미국의 전통적인 TV 시장이 엔터테인먼트 산업에서 차지하는 비

---

16   https://www.pwc.com/gx/en/industries/tmt/media/outlook/segment-findings.html

17   http://www.sportspromedia.com/news/global-ott-streaming-esports-advertising-rev
       enue-2023-pwc-report

그림 1-9 **미국 전통 TV와 홈 비디오 대 OTT 매출 증가율 비교**   단위: %

주: *는 추정치임.
자료: PwC, *Global Entertainment & Media Outlook 2018~2022*.

중은 2013년 18.7%에서 2022년 11.5%로 꾸준히 감소하는 반면, OTT 시장은 2013년 1.8%에서 2022년 3.7%로 지속적으로 증가할 것으로 예측했다(〈그림 1-9〉 참조).[18]

시장의 변화에 따라 광고시장도 당연히 영향을 받는다. 미국 광고 지출 데이터를 연구하는 윈터베리 그룹Winterberry Group의 미국 광고 및 마케팅 전망에서는, 전통 TV에 대한 광고는 2018년 699억 달러에서 2019년 692억 달러로 1% 감소하는 반면, OTT에 대한 광고는 2018년 22억 달러에서 2019년 26억 달러로 20% 증가할 것으로 예상했다(〈표 1-1〉 참조).[19] 아직 미국에서 전통 TV에 대한 광고가 급격하게 감소하지 않는 것은 시청자 이탈이 크지 않기 때문이다.

---

18   Sam Sabin, "As Appetite for TV Content Grows, Digital Media Eyes Pivot from 'Pivot to Video'", *Morning Consult*, 2019.1.29.

19   Ross Benes, "Will Ad Measurement Challenges Stifle OTT Growth?", *eMarketer*, 2019. 3.15.

표 1-1 **미국 미디어별 광고비용과 마케팅 비용 지출 현황**   단위: 십억 달러

	2018	전년 대비 증감률	2019	전년 대비 증감률
전통 미디어	220.98	0.0%	221.25	0.1%
실시간TV	69.9	-0.5%	69.2	-1.0%
이벤트/스폰서십	45.9	4.0%	47.5	3.5%
직접우편	42.9	0.9%	44.3	3.3%
매장	18.1	-1.8%	17.8	-1.5%
어드레서블TV	2.3	78.7%	3.0	35.3%
라디오	14.4	0.6%	14.4	0.1%
신문	10.1	-12.2%	8.8	-13.5%
잡지	9.3	-12.0%	8.0	-14.0%
옥외	8.2	2.1%	8.3	1.1%
디지털	111.92	17.1%	129.27	15.5%
디스플레이	30.1	17.9%	34.40	14.4%
검색	45.8	16.8%	53.3	16.4%
유료소셜	25.2	16.7%	29.4	16.6%
이메일/SMS	3.4	7.5%	3.6	7.2%
디지털비디오(OTT/스트리밍)	2.2	42.2%	2.6	20.0%
디지털라디오	1.9	20.0%	2.2	15.0%
디지털OOH	3.4	11.2%	3.7	11.4%

주: 어드레서블(addressable) TV는 시청자 특성에 따라 상이하게 광고를 내보내는 TV를 뜻함.
자료: Winterberry Group, "Outlook for Data Driven Marketing: First Look 2019", 2019.1.17.

프리휠Freewheel이 지적한 것처럼 닐슨Nielsen에서 사용하는 광고 효과 측정법은 전통 TV에 맞도록 설계되었으므로 OTT에 대한 광고 효과를 측정하는 프레임으로는 정교하지 않다.[20] 단순 비교하기는 어렵지만, 디지털 광고로 전환되는 경향은 무시할 수 없다.

실제로 미국에서 유료 TV 가입자 비율과 스트리밍 서비스 가입

---

20   FreeWheel, *The Power Of OTT: Audiences & Engagement*(Freewheel Signature Insight, 2017), p.26.

자 비율이 2018년에 역전되었다. 유료 TV 가입자 수가 5억 5600만 가구(가입 비율 65%)인 반면 스트리밍 서비스 가입자 수는 6억 1330만 명(가입 비율 69%)이다. 또한 스트리밍 음악 서비스 가입 비율은 41%, 게임 서비스 가입 비율은 30%이다.[21]

코드 커팅, 코드 셰이빙 및 코드 네버

미국은 아홉 개의 표준시를 사용하고 있다. 본토에는 서부 표준시, 산악 표준시, 중부 표준시, 동부 표준시 등 네 개의 시간대가 존재하며, 미국 동부와 서부의 시간차는 3시간이다. 따라서 미국에서는 한국과 달리 실시간 방송에 대한 소비자들의 니즈가 크지 않다. VOD(주문형 비디오)를 기본 비즈니스 모델로 삼는 넷플릭스가 미국에서 성공하고 글로벌 시장에 진출할 수 있었던 하나의 배경은 가격 경쟁력이 뛰어나고 실시간 방송에 대한 소비자들의 요구가 크지 않았기 때문이다.[22]

OTT 서비스가 급속하게 성장하면서 전통 TV 방송 산업은 크게 위축되고 있다. 이러한 현상은 젊은 층이 주도하고 있으며, 이를 코드 커팅Cord-cutting, 코드 셰이빙Cord-shaving, 코드 네버Cord-never라고 부른다.

---

21 https://www.statista.com/chart/17439/share-of-us-households-with-the-following-subscriptions/
22 김회재, 「포스트넷플릭스, 한국드라마의 전망과 전략」, ≪방송문화≫, 봄호(2019), 92~93쪽.

코드 커팅이라는 용어는 미국의 시장 조사기관 팍스 어소시에이츠Parks Associates에서 2008년 처음 사용한 것으로, 유료방송 시청자가 가입을 해지하고 인터넷 TV, OTT 등 새로운 플랫폼으로 이동하는 현상을 말한다.[23] 기존 케이블방송 등 유료 유선 방송에 가입하지 않는 것을 두고 '케이블 코드를 끊는다'고 표현한 데서 생긴 말이다. 코드 커팅의 발단은 2008년 9월 리먼 브라더스 사태가 일어난 후 미국 가정에 닥친 경제적 어려움 때문이었다. 경제 위기 후 가정에서 생활비를 줄이기 위해 가장 먼저 선택한 것이 유료 TV, 즉 케이블TV와 위성TV에 대한 구독 서비스를 해지하는 것이었다. 그러나 리먼 브라더스 사태가 마무리된 후에도 신규 가입자 수보다 코드 커팅을 하는 가입자 수가 더 많아져 총 가입자 수가 감소하기 시작했다. 2012년을 기점으로 1억이 넘던 유료방송 시청 가구는 2018년 9300만 가구까지 감소했으며, 미디어 컨설팅 기업 SNL 카간SNL Kagan은 2020년까지 그 수가 8300만 가구까지 줄어들 것으로 예측했다.

S&P 글로벌 마켓 연구소S&P Global Market Intelligence의 미디어 조사 그룹media research group인 카간은 세계 유료 TV 가입자는 2018년에 3.1% 증가했다고 분석하면서, 향후 5년간 연평균 2.4% 증가해 2023년에는 12억 1000만 명으로 증가할 것으로 전망했다. 매출은 2018년 2301억 달러에서 2023년 2454억 달러로 증가할 것으로 전망했다.

---

23 소프트웨어 회사인 프로핏웰(ProfitWell)의 데이터에 따르면 매달 구독자의 7~23.4%가 이탈한다. VOD는 평균 8.9%이고, 뉴스 매체는 5.7%이다. https://www.theinformation.com/articles/big-challenge-for-disney-and-apple-video-services-churn?utm_medium=email&utm_source=cio

그림 1-10　미국의 코드 커터 및 코드 네버 증가 현황　　　　　단위: 백만 가구

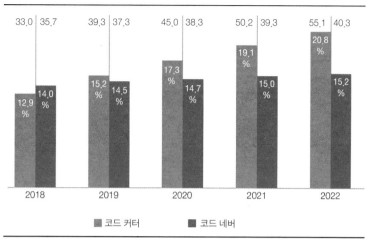

자료: eMarketer 243629, 2018.7.

코드 커팅의 효과는 북미에서만 나타났으나, 싱가포르, 홍콩 등에도 영향을 미쳤다.[24]

　반면, 이마케터eMarketer에 따르면 2017년 미국 전체 가구의 약 70%가 최소 한 개 이상의 OTT 동영상 서비스에 가입한 것으로 조사되어 전미 지역에서 코드 커팅 추세가 지속될 것으로 전망된다.[25] 2008년 90만 가구로 시작한 코드 커팅은 〈그림 1-10〉에서 보는 바와 같이 2019년 3930만 가구로 증가하고 2022년에는 5510만 가구로 증가할 것으로 예상된다.[26] 2019년 1월 기준 미국에서 TV를 보

24　Vivian Liu, "Global Multichannel Market Up 3.1% in 2018 as IPTV Subscriptions Overtook Direct-To-Home Platform", *S&P Global*, 2019.2.14.

25　한국콘텐츠진흥원, 『한국콘텐츠 해외진출 확대를 위한 글로벌 플랫폼 조사 연구』(2018), 34쪽.

26　Dade Hayes, "Number Of U.S. Cord-Cutters Will Jump 33% This Year – Study",

그림 1-11　미국의 코드 커팅 급증 현황 　　　　　　　　　　　　　　　　단위: 가구

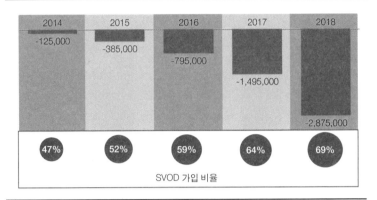

자료: Leichtman Research Group.

유한 가구 중 14%인 1600만 가구가 코드 커터이다. 이 중 660만 가
구는 지출을 줄이기 위해 안테나로 TV를 본다. 중간 연령은 55세이
며, 중간 소득 이하인 경우가 대부분이다. 나머지 940만 가구는 하
나 이상의 스트리밍 서비스에 가입해 TV를 보며, 중간 연령은 36세
이다.[27] 이 통계를 보면 넷플릭스, 훌루Hulu 등을 통해 TV를 보는 코
드 커터는 주로 젊은 층임을 알 수 있다.

　문제는 코드 커팅이 최근 들어 급증하고 있다는 것이다. 2014년
에는 12만 5000가구가 코드 커팅을 했지만, 2018년에는 287만 5000
가구가 유료 TV를 해지했다(〈그림 1-11〉 참조).[28]

---

　　eMarketer, 2018.7.24.

27　Mariella Moon, "Cord cutting has grown by 50 percent in the last eight years",
　　engadger, 2019.1.16.

28　Felix Richter, "Cord-Cutting Is Quickly Picking Up Pace", *Statista*, 2019.4.16.

코드 커터는 다시 케이블이나 위성TV에 가입할 것 같지 않다. 실용적 플랫폼인 오픈XOpenX와 분석 회사 해리스 폴The Harris Poll에 따르면 코드 커터의 52%가 실시간 방송을 전혀 보고 싶어 하지 않는다고 답했다. 실시간 방송을 보고 싶다고 응답한 사람들을 보면 23%는 생방송, 22%는 뉴스, 19%는 스포츠, 8%는 광고, 7%는 토크쇼를 그리워한다고 답했다.[29]

유럽에서는 영국이 코드 커팅을 주도하고 있다. 유럽 유료 TV 인덱스European Pay TV Index에 따르면, 2018년에 영국 유료 TV는 42만 4000가구가 감소했다. 덴마크, 스위스, 독일도 점차 감소하고 있다.[30]

코드 셰이빙은 케이블 채널을 유지하긴 하지만 비싼 패키지에서 저렴한 패키지로 바꾸는 것을 말한다. 이는 스키니 번들skinny bundles이라고도 불리는데, 스키니 번들은 채널은 적지만 선택은 많이 할 수 있는 저렴한 요금제라는 뜻이다. 대부분의 베이직 금액은 10~50달러이다. 2017년에 케이블 월 평균 금액은 103달러이다.[31] 2014년 ≪월스트리트 저널≫은 미국인이 더 저렴하고 무료로 보는 베이직 채널이 많은 패키지를 선택하고 있다고 분석했다. 이로 인해 ESPN, 디즈니, CNN 같은 상위 40개 메이저 채널이 4년 동안 320만 명의 시청자를 잃었다고 밝혔다.[32]

코드 네버는 유료 TV에 가입한 적이 없는 시청자를 뜻한다. 이마

29 Ross Benes, "Most Cord-Cutters Aren't Missing Cable TV", *eMarketer*, 2019.4.24.
30 Chelsea Regan, "U.K. Leads European TV Market in Cord Cutters", *World Screen*, 2019.4.26.
31 Dan Price, "If You Can't Cut the Cord, Try Cord Shaving Instead", *MUO*, 2018.1.17.
32 Nicole Goodkind, "Cord "shaving" is the new cord-cutting", *Yahoo Finance*, 2014.10.11.

케터에 따르면 코드 네버의 수는 2019년 3730만 명에서 2022년 4030만 명으로 증가할 것이다. 이러한 현상은 미국뿐만 아니라 세계 곳곳에서 벌어지고 있다. ≪버라이어티Variety≫ 공동 편집장 앤드류 윌렌스타인Andrew Wallenstein은 방송사가 위험한 상태에 빠졌다는 의미에서 '코드 레드Code Red'라고까지 이야기했다.[33] 최근 디지털 TV 리서치 Digital TV Research에 따르면 유료 TV 가입료는 2015년 1059억 달러로 최고를 기록한 이후 점차 감소하고 있다. 2015년 이후 10년간 28.5%가 감소해 2024년에는 757억 달러로 줄어들 것이라고 전망했다.[34]

미국을 위주로 한 미디어 기업이 급변하는 미디어 환경 변화에 어떻게 대응하고 있는지에 대해서는 제3장에서 다루었다.

디지털 영상 서비스 시장

인터랙티브 광고 협회Interactive Advertising Bureau: IAB는 2016년 10월부터 ≪영상 지형 리포트Video Landscape Report≫를 발간하고 있다. 2018년 12월에 다섯 번째로 발간한 자료[35]에 따르면 〈그림 1-12〉와 같이 컴캐스트Comcast나 디렉TV 같은 다채널방송 사업자Multiple Video Program Distributions: MVPDs를 시작으로 영상 시장은 다양한 플랫폼이 구성되어 광범위하게 소비가 이루어지고 있음을 알 수 있다. 아마존의 파이어

---

33 Parrot Analytics, "Andrew Wallenstein: It's Code Red for the Broadcast Networks", 2018.5.24.
34 Mansha Daswani, "U.S. Cord Cutting Slows", *World Screen*, 2019.4.4.
35 IAB, *Video Landscape Report*(5th Edition)(2018.12), p.9.

그림 1-12 **영상 미디어 시장 현황**

자료: IAB.

TV fireTV, 애플TV Apple TV, 크롬캐스트 chromecast, 로쿠 Roku는 셋톱박스나 스틱 디바이스를 이용해 스트리밍 서비스를 실시한다. 페이스북도 이와 같은 스트리밍 기기를 개발해 2019년 가을에 출시할 예정이다. 기존 장비와 달리 카메라를 장착하는 것이 특징이다.[36] 삼성이나 LG 등 TV 제조사도 앱을 통해 영상을 서비스한다. 스위치 Switch, 플레이스테이션 Play Station, 엑스박스 XBox 같은 게임 콘솔을 통해서도 영상을 볼 수 있게 되었다. 페이스북이나 트위터도 새로운 플랫폼이 되었다. 브라이트롤 BrightRoll이나 티드 Teads 같은 광고 네트워크도 영상 서비스를 한다. 디렉TV나우 DirecTV Now,[37] 훌루, 슬링TV sling TV, 유튜브 Youtube

36   Chris Welch, "Facebook is still at work on its weird TV streaming device with a built-in camera", *The Verge*, 2019.7.31.

37   2016년 12월에 출시한 디렉TV나우는 130만 명의 가입자를 보유하고 있으며 AT&T가 디렉TV를 인수한 이후 디렉TV라는 브랜드를 계속해서 없애고 있다. 이 작업의 일환으로 서비스명을 AT&T TV로 바꾸기로 했다. Kelsey Sutton, "AT&T Renames DirecTV Now to AT&T TV Now as It Continues to Sunset the DirecTV Brand", *Adweek*, 2019.7.30.

같은 버추얼 다채널방송 사업자도 증가하고 있다. 인터넷과 모바일 전송 기술이 발달함에 따라 점차 넷플릭스, 아마존 프라임 비디오 Amazon Prime Video처럼 인터넷만을 활용한 스트리밍 서비스가 대세가 되고 있다.

디지털 영상 서비스의 유형

방송을 TV나 비디오테이프 등으로 보던 아날로그 시대를 바꾼 것은 1987년 출시되어 1993년 상용화된 비디오 콤팩트디스크Video Compact Disc: VCD였다. 하지만 VCD는 영화 한 편을 2장에 담아야 하는 용량의 한계를 지니고 있었는데, 이를 극복한 것이 1995년 표준을 통일하고 1996년부터 본격 출시된 디지털 비디오디스크Digital Video Disc: DVD였다.[38] 그다음으로 인터넷이 발달하면서 영상 콘텐츠를 소비하는 패턴이 주문형 비디오Video on Demand: VOD로 바뀌었다.

VOD의 등장은 크게 두 개의 산업에 막대한 영향을 끼쳤다. 방송 산업과 비디오 산업이다. 방송의 가장 중요한 개념은 "전기통신설비에 의해 송신"('방송법' 제2조 제1항)하는 것이다. 다시 말해 방송은 유무선을 통해 수신자가 동시에 보는 것이 주된 개념이다. 그러나 VOD 서비스가 등장하면서 시청자는 실시간으로 볼 필요 없이 본인이 원하는 시간과 장소에서 시청할 수 있게 되었다. 또한 시청자는 극장이나 텔레비전에서 보지 못한 프로그램을 비디오테이프

---

38   한국콘텐츠진흥원, 『한국콘텐츠 해외진출 확대를 위한 글로벌 플랫폼 조사 연구』, 24쪽.

그림 1-13 OTT 유형별 글로벌 사업자 현황

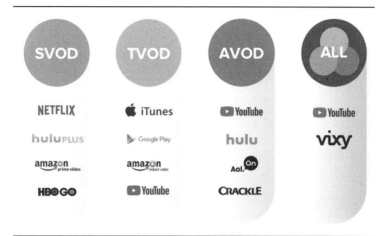

자료: 한국콘텐츠진흥원, 『한국콘텐츠 해외진출 확대를 위한 글로벌 플랫폼 조사 연구』(2018), 225쪽.

나 DVD로 봐야 했는데, VOD 서비스가 출현하면서 더 이상 그럴 필요가 없어졌다.

VOD 서비스는 1990년대에 영화를 중심으로 시작되었다. 처음에는 주로 다운로드 방식으로 진행되었으나 인터넷 속도가 빨라지면서 스트리밍 방식으로 전환되었다. 서비스 형태는 SVOD, TVOD, AVOD, FVOD 등 네 가지로 구분할 수 있다(〈그림 1-13〉 참조).[39]

SVODSubscription VOD는 매월 또는 매년 일정 금액을 내는 정액제 서비스 VOD를 일컫는 말로, 가입자들은 일정 금액만 지불하면 이용 횟수에 제한 없이 영화를 관람할 수 있다.

TVODTransactional VOD는 유료 판매만 가능한 VOD를 일컫는 말로,

---

39   영화진흥위원회, 「영화 온라인 시장 구조 분석」, ≪KOFIC Report≫, Vol.4(2016), 7쪽.

일반적으로 시청 기간(통상 48시간)이 정해져 있는 대여rental 서비스와 한 번 구매하면 평생 소장할 수 있는 VOD 서비스를 포함한다. 일반적으로 TVOD는 편당 과금 방식만을 의미하는 용어로 사용된다.

AVODAdvertising VOD는 광고 수익을 기반으로 서비스하는 VOD로, 이용자들이 콘텐츠를 재생했을 때 앞이나 중간에 나오는 광고를 보는 대신 영화나 드라마를 시청할 수 있는 서비스이다. 주요 사업자로는 유튜브, 데일리모션Dailymotion, 크래클Crackle, 아이치이iQiyi 등이 있다.

FVOD 또는 FODFree VOD는 무료로 서비스되는 VOD로, 영화를 서비스하는 플랫폼에 가입된 사람이라면 누구나 무료로 관람할 수 있는 형태이다. 이 형태는 유료로 판매했을 경우에는 매출이 거의 발생하지 않는 오래된 콘텐츠이거나 플랫폼 사업자가 가입비 수익이나 다른 영상 콘텐츠의 매출 확대를 위해 가입자를 유인할 목적으로 제공하는 콘텐츠이다.[40]

넷플릭스는 이러한 VOD 서비스 유형 중에서 100% SVOD 형태로 서비스하고 있는 대표적인 사업자이다.

구독 경제

월정액을 납부하는 서비스는 이전에도 존재했으나, 넷플릭스의 가입자가 증가하면서 구독 경제Subscription Economy라는 말이 탄생했

---

40   김혜미, 『디지털 영상 플랫폼의 이해』(커뮤니케이션북스, 2015), 42~45쪽.

다. 구독 경제란 주오라Zuora의 CEO 티엔 추오Tien Tzuo가 새로운 회사
와 비즈니스 모델의 시대를 표현하기 위해 사용한 용어이다. 기존
의 시대가 상품을 배송하고 비용을 청구하는 시대였다면, 구독 경
제는 연결의 시대로, 더 많은 소비자가 상품보다 서비스를 통한 구
독으로 욕구를 충족한다. 이러한 트렌드는 2007년부터 시작되었으
며, 상품을 구매하는 것에서 서비스를 구독하는 것으로 트렌드가
전환되었음을 의미한다.[41] 2007년은 바로 넷플릭스가 DVD 우편배
달에서 새롭게 스트리밍을 시작한 해이다. 결국 넷플릭스가 한 세
기에 한 번 나올 법한 새로운 비즈니스 모델을 창출한 셈이다. 무제
한 구독 모델은 디지털 콘텐츠뿐만 아니라 음식, 의료, 헬스케어 등
으로 확장되고 있다.[42]

구독 경제에서는 일정 금액을 내고 TV나 모바일 등을 통해 영화
나 드라마 등의 스트리밍 서비스를 이용할 수 있는 '구독 서비스'를
표방한다. 익히 알려진 사례로는 음악 스트리밍 서비스 '멜론'을 통
해 누구나 음악을 구독할 수 있으며, 최근에는 꽃, 책, 침대, 심지어
자동차, 비행기 등도 구독할 수 있다. MP3, DVD, 종이책 등을 구입
해서 '소비'하거나 '소유'하는 것이 아니라 월정액만 결제하면 구독
자가 선택한 기업의 물품, 콘텐츠, 서비스를 자신의 기호와 편의에
따라 '이용'할 수 있다.

이는 구매buy – 소비consume에서 구독subscribe – 사용use 또는 향유享
有, enjoy의 프로세스로 옮겨가는 것이다. 기업은 빅데이터를 통해 구

---

41   https://www.zuora.com/vision/subscription-economy/
42   조혜정, 「구독경제(Subscription Economy)의 현황 및 시사점」, 《중소기업 포커스》,
      제19-03호, 6쪽.

독자에게 다양하고 새로운 콘텐츠와 상품을 제공함으로써 구독자의 재구독을 도모한다.

구독 서비스가 새로운 것은 아니다. 신문, 우유, 전기, 수도, 통신 등도 일정 비용을 내고 회원으로 가입하면 물건이나 서비스를 정기적으로 제공받는 형태로, 구독 서비스에 속한다고 볼 수 있다. 그러나 디지털 시대 이전에는 사용할 수 있는 양이 한정되어 있거나 사용시간, 사용량에 따라 비용을 약정하고 일정액을 지불해야 했다. 하지만 21세기의 디지털 구독 경제는 일정 금액으로 무한 서비스를 받을 수 있다는 것이 가장 큰 차이점이자 장점이다.

월정액을 결제하고 쓰지 않으면 이른바 '호갱'이 되지만 이를 잘 이용한다면 경제적 이득을 취할 수 있다. 이 같은 구독 경제는 1인 가구, 20~30대, 모바일에 익숙한 이들에게 유리하다. 지나치게 소유에 집착하는 한국인들조차도 이젠 과다한 비용을 들여 소유하려는 집착에서 벗어나 적은 비용으로 다양한 서비스를 이용하는 구독 경제에 편입하는 추세이다.[43]

구독 경제의 성장

국내에서도 구독 경제에 대한 관심이 증가하고 있다. 최근에는 월정액 구독료를 지불하고 음악, 동영상, 도서 등의 콘텐츠에 무제한으로 접속할 수 있는 서비스부터 식료품, 의류 등의 생필품을 정기적으로 배송받아 이용하는 서비스에 이르기까지 다양한 형태의

---

43 김이나, "넷플릭스 vs 스티븐 스필버그, '관람'과 '시청'은 과연 다른 것인가", ≪오피니언뉴스≫, 2019.3.18.

그림 1-14 **구독 경제 지수 대 S&P500 판매 지수 대 소매 성장 지수** 단위: SEI 레벨

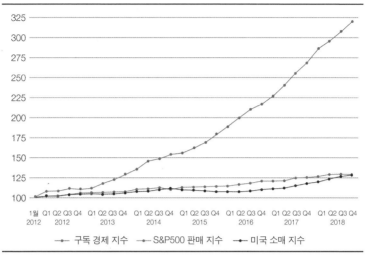

—●— 구독 경제 지수   —●— S&P500 판매 지수   —●— 미국 소매 지수

자료: https://www.zuora.com/resource/subscription-economy-index/

구독 서비스가 소비자의 일상생활에 급속도로 침투하고 있다.[44]

1970년대는 상품 중심의 시장이었으나 1990년대에는 상품에 서비스가 결합되었다. 2000년대에는 고객 중심의 시장이었다가 이제는 관계 또는 연결을 중심으로 하는 시장이 형성되었다. 이제 모든 산업은 구독 경제로 그 흐름이 이동하고 있는 것이다.[45]

〈그림 1-14〉를 보면 구독 경제 지수Subscription Economy Index: SEI가 급격히 증가하고 있음을 알 수 있다. S&P500 판매 지수나 미국 소매

---

44   스트라베이스, "미국 미디어 업계가 무료 광고 기반 온라인 동영상(AVOD) 서비스에 주목하는 이유", ≪Research Prism≫, 2019.3.18, 2쪽.

45   https://www.slideshare.net/Zuora/zuora-subscriptioneconomy/5-INDUSTRIES_ACROSS_THE_BOARD_AREREINVENTING

제1장 방송 미디어 환경의 혁명적 변화   49

그림 1-15　**산업별 구독 의사 비율(2018년 6월 기준)**　　　　단위: %

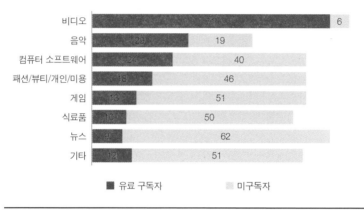

	유료 구독자	미구독자
비디오	71	6
음악	29	19
컴퓨터 소프트웨어	23	40
패션/뷰티/개인/미용	18	46
게임	13	51
식료품	10	50
뉴스	9	62
기타	12	51

자료: eMarketer, Pollfish, Fetch.

지수의 증가율은 그리 크지 않은 데 비해 구독 경제 지수는 2012년
부터 2018년까지 6년 사이에 300% 이상 증가했다.

　페치 앤 폴피시Fetch and Pollfish가 실시한 설문조사에 따르면, 〈그림
1-15〉에서 보는 바와 같이 비디오 서비스에 대해서는 현재 10명 중
7명이 구독료를 지불하고 있다. 반면 6%만 구독료 지불을 고려하
지 않고 있다고 응답해 구독 경제를 이끌어가는 것은 비디오 부문
이라고 볼 수 있다. 반면 뉴스 서비스에 대해서는 62%가, 게임에 대
해서는 51%가 구독료 지불을 고려하지 않고 있다고 응답했다.

　젊은 세대일수록 구독 경제를 유인하는 힘이 강하다. 2018년에
스트리밍을 통해 엔터테인먼트를 즐기는 비율은 69%를 차지해, 처
음으로 유료 TV 이용률 65%를 앞섰다(〈그림 1-16〉 참조). 스트리밍
으로 엔터테인먼트를 즐기는 비율을 세대별로 보면 X세대(77%), 밀
레니얼 세대(88%), Z세대(80%) 순이다. 연령대에 따라 구독을 통해

그림 1-16 **세대별 엔터테인먼트 이용률**   단위: %

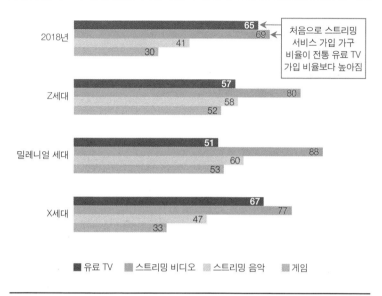

2018년
65
69
41
30

처음으로 스트리밍
서비스 가입 가구
비율이 전통 유료 TV
가입 비율보다 높아짐

Z세대
57
80
58
52

밀레니얼 세대
51
88
60
53

X세대
67
77
47
33

■ 유료 TV   ■ 스트리밍 비디오   □ 스트리밍 음악   ■ 게임

자료: Deloitte, *Digital media trends survey*, 13th edition.

즐기는 스트리밍에 대한 선호도가 다르다는 것을 알 수 있다.

특히 밀레니얼 세대는 보고 싶은 콘텐츠를 소비할 때 유료 서비스
와 무료 서비스를 모두 활용하는 경향이 강한데, 여가 시간의 46%는
유료 스트리밍 서비스를 이용하고, 26%는 무료 스트리밍 서비스를
소비한다.

세대 구분 및 인구

미국의 세대는 다섯 세대로 구분된다. 1946년생 이전 출생한 노
인 세대(2800만 명), 1947~1965년생인 베이비부머 세대(7300만 명),
1966~1982년생인 X세대(7000만 명), 1983~1996년생인 밀레니얼 세

그림 1-17　**2019년 기준 미국 세대 구분 및 인구**　　　　　　단위: 백만 명

자료: Deloitte, *Digital media trends survey*, 13th edition.

대(6300만 명), 1997~2004년생인 Z세대(3400만 명)이다(〈그림 1-17〉
참조).

구독 경제에 대한 피로감

　OTT 서비스가 증가함에 따라 여러 개의 서비스에 가입해야 하므
로 소비자들은 비용에 대해 부담감을 느끼게 된다. 딜로이트Deloitte
에서 실시한 디지털 미디어 트렌드 설문 결과에 따르면, 응답자의
57%는 스트리밍 서비스에서 좋아하는 콘텐츠가 사라지는 것이 피
곤하다고 응답했고, 47%는 보고 싶은 것을 위해 여러 개의 서비스
에 가입해야 하는 것이 피곤하다고 응답했다(〈그림 1-18〉 참조).[46] 또
한 모닝 컨설트가 ≪할리우드 리포트The Hollywood Reporter≫와 공동으
로 조사한 바에 따르면(2019.7.12~14, n=2200) 스트리밍 서비스에 지

---

[46]　Todd Spangler, "'Subscription Fatigue': Nearly Half of U.S. Consumers Frustrated by
　　　Streaming Explosion, Study Finds", *Variety*, 2019.3.18.

그림 1-18 **구독 경제가 피로한 이유**

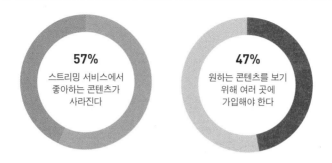

57%
스트리밍 서비스에서
좋아하는 콘텐츠가
사라진다

47%
원하는 콘텐츠를 보기
위해 여러 곳에
가입해야 한다

자료: Deloitte, *Digital media trends survey*, 13th edition.

출할 수 있는 적정 범위는 17~27달러이며, 적정선은 21달러로 여기고 있다. 그러나 현재는 매월 38.85달러를 내고 있고, 중간값은 25달러이다. 응답자의 대부분(66%)은 2개 이내에 가입할 의사가 있으며, 28%만이 3~4개에 가입할 의사가 있다고 밝혔다. 참고로, 응답자가 유료TV에 납부하는 월정액은 50달러 미만 10%, 51~100달러 34%, 101~150달러 28%, 150~200달러 16%, 200달러 이상 6%로 조사되었다.[47] 구독에 대한 피로는 디즈니나 AT&T가 각자 OTT 서비스를 추가하면 더욱 심해질 것이다. 이 조사 결과는 가입자 모델이 계속해서 증가할 수는 없다는 사실을 보여준다.

구독 경제에 대한 피로감도 있지만 이들 서비스에 붙는 '+'에 대한 비판도 있다. 훌루가 처음으로 훌루+를 론칭한 이후 ESPN+, 크

---

47   Kasey Meredith, "In Tallying Up Streaming TV Services, Users Say $21 a Month Is Optimal Price Point", *Morning Consult*, 2019.7.24.

래클+, 디즈니+, 애플TV+, BET+, FX+ 등과 같이 스트리밍 서비스에 플러스를 붙이고 있다. 로스 컨설팅Roth Contulting의 대표 헤이스 로스Hayes Roth는 이것은 부가 서비스를 알리는 데 있어 단점으로 작용하며 게으른 네이밍이라고 지적한다. 자신만의 서비스에 대한 이름이 중요한데 모두 같은 이름을 붙이면 특색이 없어진다. 한편 플러스는 부가적인 것을 뜻하므로 OTT에서 이 단어를 사용할 경우 광고 기반의 서비스라는 인식을 줄 수도 있다.[48]

미디어 이용시간

1분 동안 전 세계에서 넷플릭스를 이용하는 시간을 보면 약 70만 시간에 달한다. 비주얼 캐피털리스트Visual Capitalist 분석에 따르면 2018년 넷플릭스를 시청한 시간은 1분에 26만 6000시간이었다. 반면 2019년에는 69만 4444시간으로 다른 서비스보다 월등히 높은 161%나 증가했다(〈그림 1-19〉 참조).[49]

TV 시청이 감소하고 있다고 해서 TV 프로그램을 시청하는 사람이 감소하는 것은 아니다. 다만 TV가 아닌 스마트폰, 태블릿, PC 등 프로그램을 시청하는 디바이스가 다양해지고 있는 것이다. 닐슨의 시청자 자료인 2019년 1분기 「닐슨 전체 시청자 보고서Nielsen Total

---

48   Kelsey Sutton, "Every New Streaming Service Has 'Plus' in Its Name. That Could Be a Minus", *Adweek*, 2019.7.15.

49   Jeff Desjardins, "What Happens in an Internet Minute in 2019?", *Visual Capitalist*, 2019.3.13.

그림 1-19 **1분당 미디어 소비 현황**

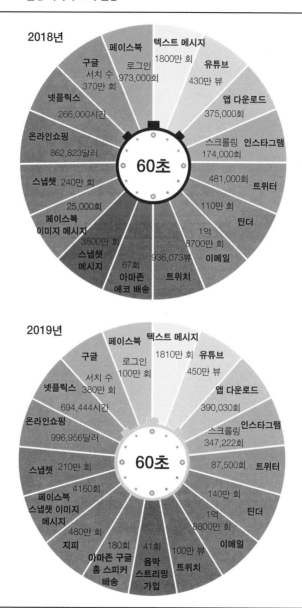

2018년

페이스북 / 텍스트 메시지 1800만 회 / 유튜브 430만 뷰 / 구글 서치 수 370만 회 / 로그인 973,000회 / 앱 다운로드 375,000회 / 넷플릭스 266,000시간 / 스크롤링 481,000회 / 인스타그램 174,000회 / 온라인쇼핑 862,823달러 / 트위터 110만 회 / 스냅챗 240만 회 / 틴더 1억 8700만 회 / 25,000회 / 이메일 936,073뷰 / 페이스북 이미지 메시지 3800만 회 / 트위치 / 스냅챗 메시지 67회 / 아마존 에코 배송 / 60초

2019년

페이스북 / 텍스트 메시지 1810만 회 / 유튜브 450만 뷰 / 구글 서치 수 380만 회 / 로그인 100만 회 / 앱 다운로드 390,030회 / 넷플릭스 694,444시간 / 스크롤링 347,222회 / 인스타그램 / 온라인쇼핑 996,956달러 / 트위터 87,500회 / 스냅챗 210만 회 / 틴더 140만 회 / 4160회 / 이메일 1억 8800만 회 / 페이스북 스냅챗 이미지 메시지 480만 회 / 트위치 100만 뷰 / 지피 180회 / 음악 스트리밍 가입 41회 / 아마존 구글 홈 스피커 배송 / 60초

그림 1-20　미국 성인의 1일 미디어 소비 현황

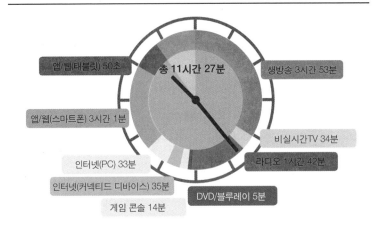

자료: *Nielsen Total Audience Report*, Q1 2019.

Audience Report」[50]에 따르면 미국의 18세 이상 성인은 하루에 11시간 27분을 미디어 소비에 사용한다(〈그림 1-20〉 참조). TV를 생방송으로 보는 시간은 3시간 53분이고, 스마트폰은 3시간 1분 사용한다. 라디오도 1시간 42분 듣고 있다. 이 세 가지 디바이스의 비중이 전체 미디어 소비의 80%나 차지한다.

비디오를 보는 시간은 5시간 46분인데, 실시간 방송 및 실시간 방송을 그대로 녹화한 DVR을 시청하는 시간이 4시간 27분으로 대부분을 차지한다. 다음으로 TV와 연결된 디바이스TV-connected devices를 이용하는 시간은 54분이다. 미국인들은 생각보다 엄청나게 많은

50　https://s3.amazonaws.com/media.mediapost.com/uploads/NielsenTotalAudienceR eportQ12019.pdf

영상을 시청하고 있다. 이는 미국이 한국과 달리 밤 문화를 즐기기 어려워 집 안에서 보내는 시간이 많기 때문이다.

TV 시청 수단

닐슨의 「콘텐츠 평가 비교 보고서Content Ratings Benchmarks Report」에 따르면 실시간 시청이 가장 높은 비중을 나타내고 있다. 2017년 4분기 자료를 기준으로 볼 때, 미국 18~34세의 66%가 4대 방송사의 채널을 실시간으로 보고 있다. 케이블의 경우에는 그 비율이 81%까지 높아진다. 미국의 18~34세는 4대 방송사의 VOD를 커넥티드 디바이스를 통해 43억 분이나 시청한다. 디지털 디바이스를 통해 방송사 콘텐츠를 보는 18~34세 가운데 71%는 스마트폰이나 태블릿을 이용한다.[51]

TV 시청은 대체로 큰 화면을 선호한다. 콘비바Conviva의 2019년 1분기 「TV 스트리밍 산업 보고서State of the TV Streaming Industry」에 따르면 2018년 1분기에 비해 2019년 1분기에는 TV 시청이 72% 증가했는데, 커넥티드TV 점유율이 56.1%로 가장 높고, 모바일/태블릿이 23%, PC가 14%이다(〈그림 1-21〉 참조).[52]

동영상 소비 시간

동영상만을 놓고 보면 2019년 1분기에 미국인은 하루 5시간 46분을 시청했다. 전체적으로 전년도에 비해 11분 감소했지만, 실시

---

51   Nielsen, "Uncovering Trends In Media Content Across TV and Digital", 2019.3.27.
52   Conviva, *State of the Streaming TV Industry*, 2019 Q1.

그림 1-21　**디바이스별 TV 소비 비율**　　　　　　　　단위: %

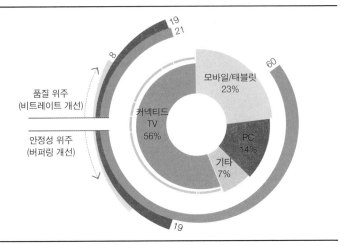

자료: Conviva, "State of the TV Streaming Industry", 2019 1Q.

간 시청이 9분 감소한 반면, 커넥티드TV 시청은 8분 증가했다. 스마트폰을 통한 시청도 10분에서 13분으로 증가했다(〈그림 1-22〉 참조).

이마케터 자료에 따르면 하루 평균 디지털 비디오를 본 시간은 86.11분이다. 이 중 모바일이 37.75분으로 제일 많고, 커넥티드 디바이스 24.55분, 컴퓨터 23.81분 순이다. 모바일 시청은 갈수록 증가할 것으로 예상된다.

한국의 매체 이용시간

한국인들은 영상 매체를 얼마나 시청할까? 『2018년 방송매체 이용 행태 조사』에 따르면 전국 4291가구에 거주하는 만 13세 이상 남녀 7234명을 대상으로 2018년 6월 4일부터 8월 10일까지 가구방

그림 1-22 **미국인의 1일 영상 시청시간**   단위: 시간 : 분

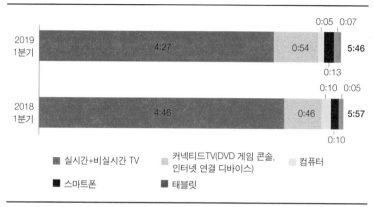

자료: *Nielsen Total Audience Report*, 2019 1Q, p.4.

그림 1-23 **한국인 1일 매체 이용시간**   단위: 시간 : 분

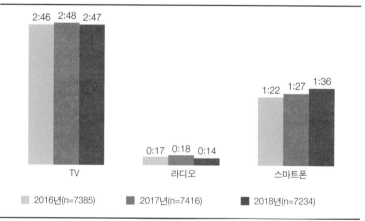

자료: 방송통신위원회, 『2018년 방송매체 이용 행태 조사』(2018), 8쪽.

문 면접조사 방식으로 진행해 조사한 결과, TV를 하루 평균 2시간 47분 이용하는 것으로 나타나, 스마트폰(1시간 36분)과 라디오(14분)에 비해 상당히 높았다(〈그림 1-23〉 참조). 총 이용시간은 4시간 37

제1장 방송 미디어 환경의 혁명적 변화   59

분으로 미국의 10시간에 절반에도 못 미친다.

가구별 인원 구성에 따른 TV 시청시간을 보면, 1세대 가구가 3시간 24분으로 가장 많았고, 다음으로 1인 가구가 3시간 10분으로 두 번째로 많았다. 3세대 가구(조부모+부부+자녀)는 2시간 53분, 2세대 가구(부부+자녀)는 2시간 22분으로 집계되었다. 1인 가구 가운데서는 20대 연령층이 21.7%로 가장 많았고, 70세 이상이 19.1%로 뒤를 이었다.

지상파 방송을 시청하는 방식을 보면, TV 수상기를 이용해 실시간으로 보는 비율이 96.4%로 압도적이며, TV 수상기를 이용해 VOD를 시청하는 비율은 8.7에 불과하다. 스마트폰을 이용해 지상파 방송을 시청하는 비율이 TV 수상기 다음으로 높은데, 실시간 7.9%, VOD 3.9%, 파일 재생 3.2%이다(〈그림 1-24〉 참조).

OTT 서비스 이용률은 42.7%(전년 36.1%)로 지속적으로 증가하고 있다. 서비스를 이용하는 기기로는 스마트폰이 93.7%로 압도적으로 높았다(〈그림 1-25〉 참조). OTT 서비스 플랫폼 중에서는 유튜브가 38.4%로 압도적으로 높고, 푹은 2.5%, 넷플릭스는 1.3%에 불과했다. 유료방송 가입자 중 11.7%는 최근 일주일 내에 VOD를 봤으며, 연령별로는 20대의 OTT 서비스 이용률이 높았으며, 플랫폼 중에는 IPTV 가입자의 이용률이 16.2%로 가장 높았다.

글로벌 동영상 서비스 유튜브는 영상 콘텐츠뿐만 아니라 국내 정보검색 시장까지 넘보고 있다. 나스미디어의 「2019 인터넷 이용자 조사NPR」 보고서에 따르면, 인터넷 이용자의 60%가 유튜브에서 정보를 검색한다고 밝혔다.[53]

유튜브 이용이 증가함에 따라 지상파 방송사는 국내 유튜브에 영

그림 1-24 **지상파 방송 시청 방식** 단위: %

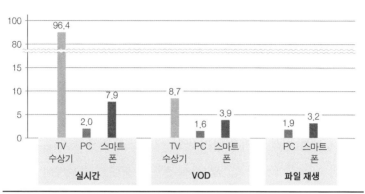

자료: 방송통신위원회, 『2018년 방송매체 이용 행태 조사』, 14쪽.

그림 1-25 **OTT 서비스 사용기기 및 플랫폼 이용률** 단위: %

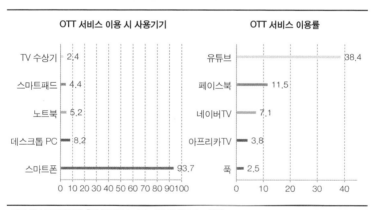

자료: 방송통신위원회, 『2018년 방송매체 이용 행태 조사』, 16쪽.

53   김위수, "인터넷이용자 60% "유튜브서 검색", 10대 청소년 중심 의존도 두드러져", ≪디지털타임스≫, 2019.3.14.

상을 제공하지 않고 있다. 2014년 SBS와 MBC는 유튜브에 대응하고 방송 비디오 클립에 대한 광고를 직접 수행하기 위해 광고판매 대행사인 SMRSmart Media Rep.을 설립해 방송 클립을 포털에 제공하고 있을 뿐만 아니라 이 클립에 대한 광고 영업도 직접 하고 있다. 이는 유튜브가 광고에 대한 수익을 45%나 갖는 것에 대한 반발이었다. SMR에는 방송 3사와 JTBC 등 종편 4사, CJ가 참여하고 있다. 그러나 유튜브는 전혀 타격을 입지 않고 매출이 꾸준히 늘어나고 있다. 유튜브에 공급하지 않음으로 인해 콘텐츠에 대한 화제성이 하락하고 매출이 감소하는 측면이 있으므로 이를 고려해 이 정책을 재검토해야 할 것이다. 실제로 지상파 방송사들은 방송사 내부에 네이버나 카카오에 공급하는 클립에 대해서는 홀드백 기간을 두면서 유튜브에 공급하는 정책을 추진하고 있다.

OTT 서비스

OTT 개념과 서비스 유형

OTT란 "기존의 통신 및 방송 사업자와 더불어 제3사업자들이 인터넷을 통해 드라마나 영화 등의 다양한 미디어 콘텐츠를 제공하는 서비스"이다.[54] 다시 말하면 OTT는 인터넷을 통해 볼 수 있는 TV 서비스를 뜻하며, 전파나 케이블이 아닌 범용 인터넷망Public Internet으로 영상 콘텐츠를 제공한다. 좁은 의미로는 셋톱박스 없이 TV에

---

54   배병환, 『Net Term: OTT(Over The Top) 서비스』(인터넷진흥원, 2018), 46쪽.

연결되는 콘텐츠를 의미하지만, 넓은 의미로는 셋톱박스 유무에 관계없이 인터넷을 기반으로 서비스되는 모든 콘텐츠를 포함한다. "PC, 모바일, 콘솔 게임기, 스마트 TV 등의 디바이스에서 인터넷을 기반으로 탑재되어 있는 디지털 영상 콘텐츠 서비스는 모두 OTT 서비스라 부른다."[55]

OTT 서비스는 〈그림 1-26〉과 같이 다양한 디바이스를 통해 구현된다. 주요 사업자로는 넷플릭스, 훌루, 아마존 프라임 비디오, 푹, 티빙tving 등이 있다.

OTT 서비스는 영화와 방송 프로그램을 인터넷을 통해 서비스하면서 시작되었다. VOD가 콘텐츠를 판권에 따라 분류한 것이라고 한다면, OTT는 콘텐츠를 플랫폼에 따라 분류한 것이다. 영상 콘텐츠를 서비스하는 플랫폼으로는 OTT를 포함해 IPTV, 웹 포털, 디지털 케이블TV 등이 있다.

OTT 서비스는 비교적 저렴한 가격으로 자신이 선호하는 미디어 콘텐츠만을 시청하려는 TV 시청자들의 수요가 증가하면서 등장했다. 즉, 매월 일정액의 시청료를 지불하는 케이블TV는 제한된 채널로 인해 시청자들의 다양한 수요를 모두 만족시킬 수 없다는 한계를 지니고 있었는데 이를 극복한 것이다. 또한 방송사들의 TV 방영 프로그램이 인터넷으로 유통되기 시작하면서 시청자들이 시간의 제약을 받지 않고도 다양한 동영상을 시청할 수 있게 되었다. IT 기술의 발전으로 인해 과거 PC에 국한되었던 동영상 서비스가 스마트폰, 태블릿PC, 게임기, 스마트TV 등과 같은 다양한 단말기로 확

---

55   김혜미, 『디지털 영상 플랫폼의 이해』, 12쪽.

그림 1-26 **OTT 서비스 구현 과정**

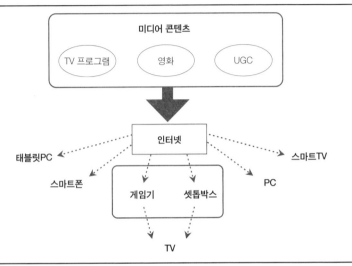

자료: 배병환, 『Net Term: OTT(Over The Top) 서비스』(2018), 46쪽.

대되면서 OTT 서비스 수요는 폭발적으로 증가했다.

OTT는 플랫폼에 따라 크게 네 가지로 구분할 수 있다. AVOD, SVOD, TVOD 및 하이브리드Hybrid OTT이다.[56] AVOD, SVOD, TVOD는 VOD 서비스와 동일하므로 하이브리드 OTT만 추가로 설명하겠다. 하이브리드 OTT는 주로 푹, 티빙, 옥수수처럼 한국에서 많이 볼 수 있는 형태로, 월정액을 내지만 단품 결제도 가능하고 실시간 방송도 하는 플랫폼을 뜻한다.[57]

---

56 김조한, "코드커팅을 하지 않아도, OTT 세상은 뜬다", ≪삼성디스플레이 뉴스룸≫, 2018.3.28.

57 한국콘텐츠진흥원, 『한국콘텐츠 해외진출 확대를 위한 글로벌 플랫폼 조사 연구』, 24~25쪽.

그림 1-27 **OTT 서비스 사업자의 유형 분류**

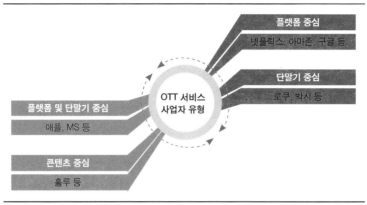

자료: OTT 서비스, 한국인터넷진흥원.

OTT 사업자를 유형별로 분류하면, 플랫폼 중심, 단말기 중심, 콘텐츠 중심, 플랫폼 및 단말기 중심으로 구분할 수 있다. 플랫폼 중심은 넷플릭스, 아마존, 구글 등 자체 플랫폼 위주로 서비스가 진행되는 것을 말한다. 단말기 중심은 로쿠 또는 박시Boxee처럼 스틱으로 서비스하는 것을 말한다. 훌루는 미국 방송사 연합이 만든 것으로 방송사 콘텐츠 중심으로 서비스된다. 애플박스나 엑스박스처럼 플랫폼과 단말기가 모두 결합된 서비스도 있다(〈그림 1-27〉 참조).[58]

OTT 사업자는 플랫폼과 콘텐츠 파워에 따라 애플이나 MS, 티보 Tivo 등과 같이 플랫폼 및 단말기 파워로 콘텐츠를 유인하는 사업자군, 넷플릭스, 구글, 아마존과 같이 플랫폼 파워로 단말기와 콘텐츠를 유인하는 사업자군, 훌루 등과 같이 콘텐츠 파워로 단말기를 유

---

58 배병환, 『Net Term: OTT(Over The Top) 서비스』, 47쪽.

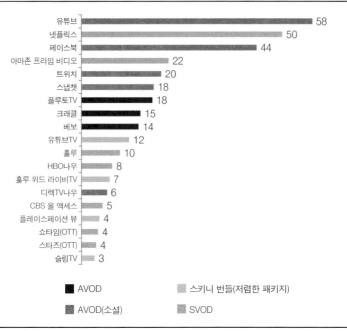

그림 1-28 **북미에서 인기 있는 스트리밍 서비스 순위(2019년 1월 기준)**   단위: %

유튜브 58
넷플릭스 50
페이스북 44
아마존 프라임 비디오 22
트위치 20
스냅챗 18
플루토TV 18
크래클 15
베보 14
유튜브TV 12
훌루 10
HBO나우 8
훌루 위드 라이브TV 7
디렉TV나우 6
CBS 올 액세스 5
플레이스페이션 뷰 4
쇼타임(OTT) 4
스타즈(OTT) 4
슬링TV 3

■ AVOD   ▧ 스키니 번들(저렴한 패키지)
■ AVOD(소셜)   ▨ SVOD

자료: TiVo, n=4458, January 2019.

인하는 사업자군, 로쿠, 디빅스 플레이어DivX Player 등 단말기 판매를 목적으로 콘텐츠와 수평적 관계를 유지하는 사업자군 등 네 가지 유형으로 분류하기도 한다.[59]

2019년 1월 미국과 캐나다에서 인기 있는 스트리밍 서비스 순위를 보면 SVOD에서는 넷플릭스가 50%로 1위이고, 아마존 프라임

---

59   조영신, 「스마트 TV를 둘러싼 경쟁 지형과 정책 방안」, ≪한국방송학보≫, 제25권 제5호 (2011), 242쪽.

비디오가 22%로 2위이고, 훌루는 10%로 3위이다. AVOD(소셜)에서는 유튜브가 58%로 1위이고, 페이스북이 44%로 2위이다. AVOD는 플루토TV Pluto TV가 18%로 1위이다(〈그림 1-28〉 참조).

국가별 OTT 시장 전망

PwC 자료에 따르면 2018년 전 세계 콘텐츠 산업 시장은 2.1조 달러였고, 향후 5년간 평균 4.3%가 성장해 2023년에는 2.6조 달러에 달할 것으로 예상된다. 디지털 부문은 2017년 50%를 넘어선 이후 2019년 55.4%에서 2023년에는 61.6%까지 도달할 것으로 전망된다.[60] OTT는 2017년에서 2022년까지 연평균 10.1%의 성장률을 보일 것으로 전망했는데, 미국 8.8%, 중국 16.3%, 일본 10.1% 증가할 것으로 예측했다(〈표 1-2〉 참조).[61]

한편 리서치 앤 마켓ResearchAndMarkets.com에서 발표한 「글로벌 OTT 시장 2018~2022Global Over the Top(OTT) Market Analysis through 2018-2022」보고서는 OTT 시장이 17.03% 성장할 것으로 전망했다.[62] 두 기관의 전망으로 본다면 OTT 시장의 성장 잠재력은 상당할 것으로 기대된다.

미국

2019년 PwC는 미국의 OTT 시장은 2018년 145억 달러에서 향후 5년간 평균 10.3%가 성장해 237억 달러가 될 것으로 전망했다.

---

60   PwC, *Perspectives from the Global Entertainment & Media Outlook 2019~2023*.
61   *Perspectives from the Global Entertainment & Media Outlook 2018-2022*.
62   https://www.prnewswire.com/news-releases/global-over-the-top-ott-market-analysis
      -through-2018-2022-featuring-alphabet-amazoncom-apple-netflix-and-microsoft-300
      688439.html

표 1-2 **OTT 성장 전망(2017~2022)**   단위: 백만 달러

	러시아	미국	독일	중국	인도	인도네시아	일본
2017년 매출	175	20,055	958	2,443	297	30	2,401
2022년 매출	331	30,597	1,495	5,191	823	132	3,878
연평균 성장률	13.6%	8.8%	9.3%	16.3%	22.6%	34.2%	10.1%

자료: PwC, *Perspectives from the Global Entertainment & Media Outlook 2018~2022*.

콘비바Conviva에 따르면 2018년에 미국의 스트리밍 시간은 89% 증가했다. 4분기에는 165% 증가했는데, 이는 라이브 콘텐츠를 보는 시청자가 주도했다. 2018년에 라이브 콘텐츠 시청시간은 65% 증가했고, VOD는 111% 증가했다. 라이브의 주된 콘텐츠는 미국 중간선거와 월드컵, ANL 풋볼 리그 등이다. 「스트리밍 TV 산업 현황The State of the Streaming TV Industry」 보고서에 따르면 2018년 커넥티드TV 시청시간도 121% 증가해 전체 시청시간의 56%를 차지했다.[63]

CNBC의 2018년 조사에 따르면 스트리밍 서비스가 아직은 미국에서 전통적인 TV를 대체하지 못했지만, 〈그림 1-29〉에서 보는 바와 같이 20%는 스트리밍만 본다고 대답했다. 30%는 유료 TV만 본다고 응답했으며, 둘 다 보는 경우는 36%에 달했다. 스트리밍을 전혀 모른다는 응답도 14%였다. 시청 습관을 보면, 36%는 스트리밍보다 케이블을 선호하고, 31%는 케이블보다 스트리밍을 선호하는 것으로 나타났다. 연령으로 보면 18~34세 가운데 48%가 케이블보다 스트리밍을 좋아한다고 응답했다. 반면, 50~64세의 49%는 케이

---

63   Mansha Daswani, "Conviva: Live Content Drives Streaming Gains", *World Screen*, 2019.1.29.

그림 1-29 **미국 유료 TV와 스트리밍 선호도**

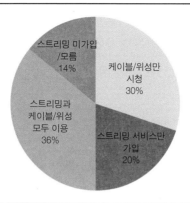

자료: CNBC, *All America Economic Survery*, 2018.3.29.

블을 더 선호한다고 답했다.[64]

인포미티비 멀티스크린Informitv Multiscreen Index에 따르면, 2018년에 미국의 10개 유료 TV 서비스 업체는 총 가입자의 3%인 257만 명의 가입자를 잃었다. 가입자를 가장 많이 잃은 곳은 위성TV로 236만 명이 가입을 해지했다. 디렉TV는 40만 3000명이 해지해 남은 가입자가 1922만 명이며, 디시 네트워크Dish Network는 38만 1000명이 가입을 해지해 가입자 수가 1000만 명 아래로 내려갔다.

케이블TV는 그나마 양호했다. 4대 케이블TV는 2018년 인터넷 가입자가 241만 명 증가해 5284만 명을 유지했다. 컴캐스트는 1만 9000명이 감소한 2100만 명, 차터는 3만 6000명이 감소한 1610만

---

64   Steve Liesman, "Nearly 60% of Americans are streaming and most with Netflix: CNBC survey", *CNBC*, 2018.3.29.

명이다.

슬링TV는 47000명이 증가해 242만 명이 되었고, AT&T 유-버스 AT&T U-verse도 1만 2000명이 증가했다. 반면, 디렉TV나우DirecTV Now는 28만 명이 감소해 153만 명이 되었으며, 2019년 7월 기준으로 130만 명까지 감소했다.[65]

이마케터에 따르면, 미국인은 〈그림 1-30〉에서 보는 바와 같이 62%가 케이블/위성/통신사를 통해 TV와 비디오를 시청한다. 44%는 넷플릭스, 아마존 프라임 비디오, HBO고HBO GO 같은 광고 없는 구독 서버를 통해 시청한다. 케이블을 통하지 않고 지상파를 통해서만 보는 비율도 29%에 달한다. 25%는 유튜브, 플루토, 로쿠처럼 광고 기반 서비스를 이용한다. 17%는 일부 광고가 포함되어 있는 구독 서비스를 이용한다. 16%는 슬링TV나 디렉TV나우 같은 유료 TV가 제공하는 온라인 서비스를 통해 시청한다. 15%는 유료 TV를 가입했을 경우 이용할 수 있는 앱을 이용한다.

영국

영국 미디어 규제 기관인 오프콤ofcom에 따르면 영국에서도 2018년 처음으로 스트리밍 플랫폼 이용자가 유료 TV 이용자를 앞섰다 (여기에는 BBC와 같은 공중파 TV는 포함하지 않았다). 영국에서 넷플릭스, 아마존 프라임 비디오, 스카이 고Sky Go 등 스트리밍 서비스 가입자는 1540만 명으로 추산되었다. 반면, 유료 TV인 스카이Sky, BT,

---

65   Kristin Brzoznowski, "Top U.S. Pay-TV Providers Shed 2.5 Million Subs in 2018", *TV USA*, 2019.2.25.

그림 1-30 **미국인이 TV와 비디오를 보는 방법**

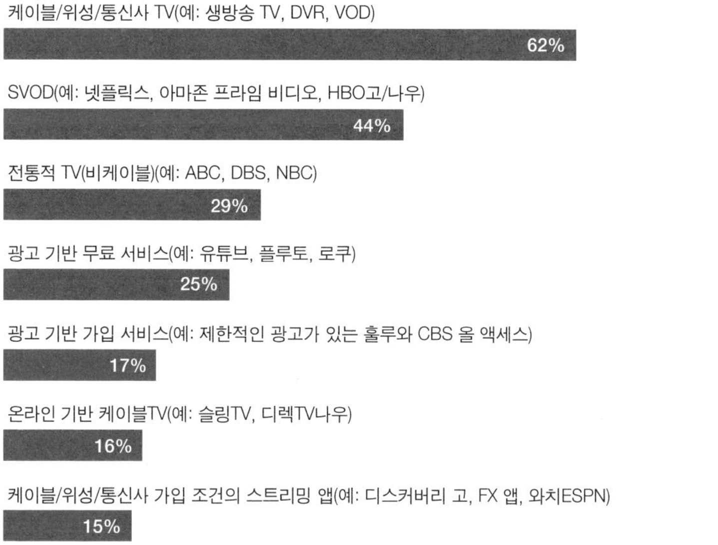

케이블/위성/통신사 TV(예: 생방송 TV, DVR, VOD)

62%

SVOD(예: 넷플릭스, 아마존 프라임 비디오, HBO고/나우)

44%

전통적 TV(비케이블)(예: ABC, DBS, NBC)

29%

광고 기반 무료 서비스(예: 유튜브, 플루토, 로쿠)

25%

광고 기반 가입 서비스(예: 제한적인 광고가 있는 훌루와 CBS 올 액세스)

17%

온라인 기반 케이블TV(예: 슬링TV, 디렉TV나우)

16%

케이블/위성/통신사 가입 조건의 스트리밍 앱(예: 디스커버리 고, FX 앱, 와치ESPN)

15%

주: n=512, 18세 이상.
자료: IAB, "Ad Receptivity and the Ad-Supported OTT Video Viewer", conducted by Maru/Matchbox and sponsored by SpotX, 2018.10.10.

버진 미디어Virgin Media 가입자는 1510만 명이었다. 스트리밍 서비스 이용자 중에서 넷플릭스 이용자는 910만 명으로, 아마존 480만 명보다 시장 점유율이 압도적으로 높다. 이러한 변화는 젊은 층이 주도하고 있는 것으로 나타났다. 영국인들은 TV와 시청각 자료를 하루 평균 5시간 본다. 그중에서 전통적 TV가 71%를 차지한다. 그러나 16~34세의 시청자는 2시간 반 이상을 스트리밍 콘텐츠를 보는데 소비한다. 이러한 극적인 변화가 일어난 것은 오리지널과 독점 프로그램에 대한 요구 때문이라고 오프콤은 분석한다. 스트리밍 가

입자의 절반은 두 개 이상의 서비스에 가입하고 있다.[66]

중동 및 북아프리카

디지털 TV 리서치에 따르면 중동 및 북아프리카MENA 지역의 SVOD 가입자(중복 포함)는 2018년 말 1130만 명에서 2024년 2650만 명으로 크게 증가할 것으로 전망된다. 디지털 TV 리서치는 넷플릭스, 아마존 프라임 비디오, 아이시플릭스Icflix, 스타즈플레이Starz Play, 아이플릭스iflix, OSN 웨이보OSN Wavo, 비인 커넥트beIN Connect, MBC 샤히드+MBC Shahid Plus 등이 전체 시장의 95%를 차지할 것이라고 내다보았다. 넷플릭스는 2018년 771만 명으로 증가해 시장 점유율 1위를 유지할 것이며, 109만 명에서 298만 명으로 증가한 스타즈플레이가 2위, 가입자가 6배 증가해 181만 명에 달하는 MBC 샤히드+가 3위를 기록할 것으로 전망한다. 〈그림 1-31〉에서 보는 바와 같이 중동 및 북아프리카 지역은 실시간 TV 프로그램 시청 비중이 28%밖에 되지 않아 OTT 발전 가능성이 매우 높다고 볼 수 있다.

매출은 2018년 15억 1000만 달러에서 2024년에는 21억 3000만 달러로 증가할 것으로 전망된다. 터키는 2018년 대비 3배가 증가해 2024년에는 5억 5600만 달러로 중동 및 북아프리카 지역에서 1위를 유지하고, 사우디아라비아는 4배가 증가한 4억 200만 달러로 2위로 상승하고, 이스라엘은 3억 9800만 달러로 3위를 차지할 것으로 예측했다.[67]

---

66   Charles Riley, "Brits can't get enough of Netflix and Amazon Prime", *CNN*, 2018.7.18.
67   콘텐츠진흥원, "MENA 지역 SVOD 시장 2024년까지 지속 성장 전망", ≪위클리 글로벌≫, 105호(2019), 2019.2.4.

그림 1-31 **지역별 실시간 시청 비율** 단위: %

전 세계 평균		APAC	북미	남미	MENA	유럽
45	TV 프로그램	52	52	47	28	44
31	스포츠	28	38	27	25	32
30	교육 비디오	33	43	30	19	30
29	게임/e스포츠(예: 게임 중계)	40	28	27	18	27
28	친구나 가족 동영상	28	29	30	32	27
27	뉴스	25	28	27	26	22
24	연예인/인플루언서 동영상	30	31	23	21	22
23	콘서트	23	28	26	18	22
22	토크쇼	31	22	19	20	22

자료: Livestream.

아시아

MPA Media Partners Asia는 아시아 지역의 2018년 유료 TV 시장에 대해 인도를 제외하고는 "심각한 파괴 severe deterioration"가 일어났다고 표현했다.[68] 그만큼 아시아 시장에서는 OTT가 급성장하고 있다.

스트리밍 플랫폼 제공업체 무비 muvi.com에 따르면 2021년 아시아의 OTT와 비디오 매출은 184억 달러에 이를 것으로 보고 있다. 이 중에서 OTT 광고는 87억 4500만 달러로 47.5%의 비중을 차지할 것이다. 중국이 아시아에서 76%의 마켓셰어를 차지하고, 인도의 온라인 비디오 광고가 10억 달러로 성장하며, 한국의 1인당 평균 매출은 66.63달러에 이를 것으로 보고 있다(〈그림 1-32〉 참조). 중국은 세계 5대 OTT 서비스 중에서 3개를 차지하고 있다. 아이치이, 유쿠

68　Content Asia, "Asia pay-TV's annus horribilis", 2019년 4월 11일 검색.

그림 1-32　**아시아 지역 OTT 시장 전망**

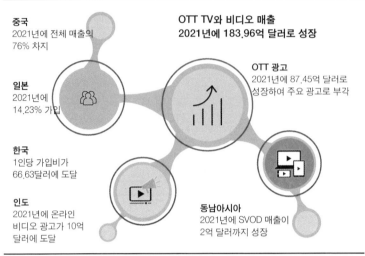

중국
2021년에 전체 매출의
76% 차지

일본
2021년에
14.23% 가입

한국
1인당 가입비가
66.63달러에 도달

인도
2021년에 온라인
비디오 광고가 10억
달러에 도달

OTT TV와 비디오 매출
2021년에 183.96억 달러로 성장

OTT 광고
2021년에 87.45억 달러로
성장하여 주요 광고로 부각

동남아시아
2021년에 SVOD 매출이
2억 달러까지 성장

자료: MUVI.

-투도우Youku-Tudou, 텐센트 비디오Tencent Video로 2018년에 80억 달러
의 수입을 올렸다. 콘텐츠도 유쿠 1만 3000개, 아이치이 1만 개, 텐
센트 7000개를 보유하고 있다.[69]

　동남아 지역에서는 2014년 말레이시아에서 설립된 OTT 서비스
인 아이플릭스가 절대적인 영향력을 지니고 있다. 아이플릭스는 현
재 필리핀, 태국, 인도네시아, 스리랑카, 브루나이, 몰디브, 파키스
탄, 베트남, 미얀마, 사우디아라비아, 요르단, 이라크, 쿠웨이트, 바
레인, 레바논, 이집트, 수단, 캄보디아, 네팔, 방글라데시, 모로코 등

69　Kristin Brzoznowski, "China Home to Three of the Top Five SVODs", *Worldscreen*,
　　2019.5.31.

22개국에서 서비스되고 있다.[70] 2019년 3월에는 플릭스프리flixFREE 와 아이플릭스VIPiflixVIP 패키지에 새로운 라이브 스포츠 채널인 지스포츠ZSports를 출시했다.[71] 일본 기업 요시모토 고교Yoshimoto Kogyo도 아이플릭스에 전략적 투자를 했다.[72]

한국

한국에서도 OTT 서비스가 기존 콘텐츠 플랫폼 서비스를 대체할 가능성은 점점 높아지고 있다. 이용자들이 선호하는 장르의 콘텐츠를 독점적이고 안정적으로 공급할 수 있기 때문에, OTT 서비스는 가격과 편리성, 그리고 모바일 환경적 측면에서 가장 적합한 서비스로 평가받는다. 게다가 OTT 서비스가 넷플릭스처럼 자체 콘텐츠를 제작하는 수직 모델을 구성하면 콘텐츠 시장으로까지 발을 넓힐 수 있다. 이러한 OTT 서비스 사업자들은 모바일 시장을 포함해 미디어 광고 시장으로까지 그 영향력을 확대할 것이다.[73]

방송통신위원회의 『2018년 방송매체 이용 행태 조사』에 따르면, 2018년 국내 OTT 이용률은 42.7%(전년 36.1%)로 급격하게 증가하고 있다. 연령별로 보면 10대 71.7%, 20대 78.4%, 30대 64.2%, 40대 44.6%, 50대 23.05, 60대 이상 6.9%로 젊을수록 OTT 서비스를 많이 이용하고 있다(〈그림 1-33〉 참조). OTT 이용 방식은 OTT 홈페이지 및 앱이 54.6%로 압도적으로 많고, SNS 링크 31.4%, 메신저

70　iflix.com

71　https://worldscreen.com/tvasia/iflix-launches-premium-sports-channel/

72　https://worldscreen.com/tvasia/japans-yoshimoto-kogyo-invests-in-iflix/

73　전범수, 「OTT 서비스, 글로벌 미디어 시장의 중심에 서다」, ≪방송 트렌드 & 인사이트≫, 14호(2018).

그림 1-33　연령대별 OTT 이용률　　　　　단위: %

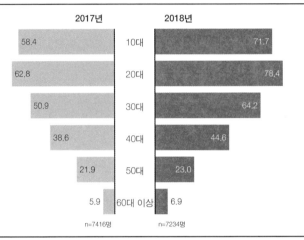

2017년		2018년
58.4	10대	71.7
62.8	20대	78.4
50.9	30대	64.2
38.6	40대	44.6
21.9	50대	23.0
5.9	60대 이상	6.9
n=7416명		n=7234명

자료: 방송통신위원회, 『2018년 방송매체 이용 행태 조사』, 28쪽.

링크 30.2%, 방송사 홈페이지 및 앱 25.9% 순이다. 온라인 동영상 서비스 이용률을 보면 유튜브 38.4%, 네이버TV 7.1%, 아프리카 TV 3.8%의 분포를 보였다.

　OTT 서비스를 이용하는 기기로는 스마트폰이 93.7%로 압도적이다. OTT 서비스를 이용하는 20대는 78.4%, 30대는 64%로 2030 세대에서 큰 인기를 끌고 있다.

　현재 신규 OTT 서비스 중에서 가장 큰 영향력을 끼치고 있는 앱은 넷플릭스와 왓챠플레이이다. 넷플릭스는 세계 시장에서 점유율 1위인 미국의 OTT 서비스 기업으로, 현재 애플 앱 스토어에서 엔터테인먼트 인기차트 1위를 차지하고 있다. 왓챠플레이는 2016년 한국에서 출시된 온라인 동영상 서비스이다. 이 외에도 티빙, 푹, 옥수수, 네이버TV, 카카오TV 등이 있다.

국내 OTT 시장 규모는 2015년 3178억 원에서 2016년 4884억 원으로 커졌다. 국내 OTT 시장 규모는 2018년 5136억 원에서 2020년에는 7801억 원까지 성장할 것으로 전망된다.[74]

와이즈앱에 따르면, 2018년 9월 기준 국내 가입형 OTT 이용자 규모는 SK브로드밴드 옥수수 278만 명, LGU+ 비디오포털 251만 명, 푹 123만 명, 넷플릭스 90만 명이다. 특히 2018년 초 34만 명에 불과했던 넷플릭스 이용자가 급증했다.

국내 OTT 시장은 꾸준히 성장하고 있고 세계 최강의 이동통신 인프라도 갖추었으나 유료방송 이용료가 저렴하다는 구조적 한계 탓에 성장 속도는 느린 편이다. 국내 유료방송 가입자당 매출ARPU 은 2016년 기준 1만 117원에 불과해 OTT 성장이 더딘 이유 중 하나로 지목된다. 유료방송 수익에서 홈쇼핑 송출 수수료가 차지하는 비중이 크기 때문에 이용요금이 낮은 특징을 보인다.

린백lean back(소파에 등을 기대고 앉아 편하게 시청한다는 의미)이 주는 편안함과 대형 화면이 주는 시청 몰입력을 감안하면 OTT가 거실 TV를 대체할 수는 없지만,[75] 그럼에도 1인 가구 증가와 모바일 기기 사용시간 증가, 10~20대 등 젊은 층의 미디어 소비 행태 변화의 영향으로 국내 OTT 시장 역시 언제든 급성장할 가능성은 열려 있다고 전문가들은 지적한다. 5세대5G 이동통신 시대에는 모바일 동영상이 '킬러 서비스'로 등장할 가능성이 점쳐진다.[76]

74   정예린·김용주, "글로벌 통신사, '콘텐츠'가 미래경쟁 좌우", ≪전자신문≫, 2019.3.14.
75   김회재, 「포스트넷플릭스, 한국드라마의 전망과 전략」, 94쪽.
76   김용주, "韓 OTT, 해외보다 느린 성장세… "가능성은 충분"", ≪전자신문≫, 2019.3.14.

표 1-3 넷플릭스와 유튜브 모델

	넷플릭스	유튜브
서비스 형태	온라인 동영상 콘텐츠 스트리밍(SVOD)	온라인 동영상 공유 플랫폼
주요 콘텐츠	TV 시리즈, 영화 등 유료 프리미엄 콘텐츠	이용자 제작 콘텐츠(MCN 포함), 홍보 동영상 등 무료 콘텐츠
수익 모델	유료 구독형 서비스 결제	동영상 광고 삽입
타깃	기존 케이블TV 가입자 등 프리미엄 동영상 시청자	인터넷 이용자 전반

자료: 한국콘텐츠진흥원, 『해외진출 확대를 위한 글로벌 플랫폼 조사 연구』(2018), 7쪽.

넷플릭스와 유튜브 모델 비교

OTT 서비스를 제공하는 업체들은 많지만, 〈표 1-3〉에서는 비즈니스 모델이 분명히 대비되는 넷플릭스와 유튜브를 비교했다.

넷플릭스는 프리미엄 동영상 콘텐츠를 소비하기 원하는 기존 유료방송 가입자가 주요 타깃으로, 이들이 선호하는 고품질 콘텐츠를 저렴한 월 구독료에 제공하는 것이 목적인 반면, 유튜브는 가능한 한 많은 이용자가 다양한 종류의 동영상을 시청하며 사이트에 머물도록 유도함으로써 광고 수익을 극대화하는 것이 목적이라고 할 수 있다.[77]

국내 OTT의 경우 방송사 콘텐츠의 비중이 상당히 높게 나타나고 있는데, 이것이 넷플릭스가 국내 방송사 콘텐츠를 확보하기 위한 노력을 가속화하는 이유이기도 하다.[78]

---

77 한국콘텐츠진흥원, 『한국콘텐츠 해외진출 확대를 위한 글로벌 플랫폼 조사 연구』, 6~7쪽.
78 곽동균, 「국내 주요 OTT 서비스의 동영상콘텐츠 제공 및 이용현황 분석」, ≪KISDI 프리미엄 리포트≫(2019), 33쪽.

SVOD 현황

전 세계 OTT 가입자 수 및 매출

디지털 TV 리서치의 「글로벌 SVOD 전망 2019Global SVOD Subscriptions 2019」[79]에 따르면 SVOD 가입자는 2018년 4억 3900만 명에서 2024년에는 86% 증가한 9억 4700만 명으로 증가할 것이다. 2019년에만 1억 1900만 명이 증가하고, 중복 가입자를 제외하면 2018년 1억 7500만 명에서 2024년 5억 3100만 명으로 증가하며, 1인당 SVOD 가입수는 2018년 1.43개에서 2024년 1.78개로 증가할 것으로 보았다.

2024년에 미국은 가구의 70%인 2억 7000만 명, 중국은 2억 8900만 명(전 세계 가입자의 31%)이 SVOD에 가입할 것으로 전망했다. 넷플릭스는 2억 300만 명(전 세계 가입자의 21%), 아마존 프라임 비디오는 1억 2500만 명(전 세계 가입자의 13%), 디즈니+는 7500만 명에 달할 것으로 전망했다. SVOD 매출은 2017년 440억 달러에서 2023년에 690억 달러로 증가할 전망인데, 그중에서 미국은 2017년 120억 달러에서 2023년 290억 달러로 급증할 것으로 내다보았다.[80]

독일의 리서치 회사 슈타티스타Statista 전망에 따르면, 한국의 2019년 SVOD 시장은 2억 9000만 달러로 전 세계 12위를 차지할 것으로 보인다. 2019년부터 2023년까지 연평균 증가율은 3.9%이고 2023년에는 매출이 3억 3800만 달러로 증가할 것으로 전망했다. 이용자는 2019년 10.5%에서 2023년 13.0%로 증가할 것이며, 1인당

79   https://worldscreen.com/global-svod-subscriptions-near-1-billion-2024/
80   https://www.digitaltvresearch.com/ugc/Global%20SVOD%20Forecasts%202018%20 TOC_toc_215.pdf

매출은 53.64달러일 것으로 예측했다.[81]

반면 유료 TV에 대해서는 517개 업체의 2023년 매출이 2017년보다 180억 달러가 하락한 1830억 달러에 그칠 것이며, 상위 10개 업체의 점유율이 2017년 53%에서 2023년에는 48%로 하락할 것으로 내다보았다. 그러나 135개국 517개 업체 747개 플랫폼(디지털 케이블 132개, 아날로그 케이블 126개, 위성TV 286개, IPTV 137개, 디지털 지상파 66개)의 가입자는 2017년 3억 8000만 명에서 2023년에는 9억 6700만 명으로 증가할 것으로 예상했다. 이 보고서에 포함되지 않은 가입자까지 포함하면 2017년 10억 600만 명에서 2023년 11억 명으로 증가할 것으로 보인다.[82]

디지털 TV 리서치에 따르면 2024년에는 TV를 소유한 가구의 77.8%가 적어도 하나의 SVOD 서비스에 가입할 것이고, 평균 2.89개(2018년 1.91개)의 서비스에 비용을 지불할 것이다. 사이먼 머리 Simon Murray 디지털 TV 리서치 수석 연구원은 디즈니+는 2024년에 가입자가 2500만 명, 애플TV+는 800만 명에 달할 것으로 전망했다. 이렇게 되면 넷플릭스의 SVOD 점유율이 2018년 37%에서 2024년에는 25%로 감소하게 된다.[83]

SVOD 타이틀 수

암페어 애널리시스 Ampere Analysis 자료에 따르면 SVOD는 전 세계

---

81   https://www.statista.com/outlook/206/125/video-streaming--svod-/south-korea

82   https://www.broadbandtvnews.com/2018/04/23/top-10-pay-tv-operators-to-lose-20
      -billion/

83   https://www.digitaltvresearch.com/products/product?id=232

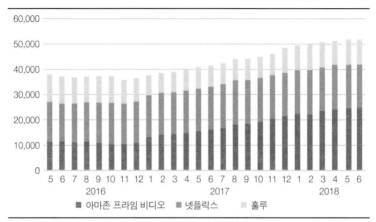

그림 1-34 **빅3 SVOD 서비스 업체의 콘텐츠 서비스 현황**   단위: 개

자료: Ampere Analysis.

12개국 30개 메이저 콘텐츠 공급사로부터 16만 개의 타이틀을 소유하고 있으며, 빅3인 넷플릭스, 아마존 프라임 비디오, 훌루가 제공하는 타이틀이 5만 개를 넘어섰다. 2년 동안 1만 개의 타이틀이 증가했다. 타이틀을 가장 많이 보유한 곳은 아마존 프라임 비디오이고, 다음으로 넷플릭스, 훌루 순이다(〈그림 1-34〉 참조).[84]

SVOD 번들링

디지털 기술이 발달함에 따라 전통적 TV 시청률이 감소하는 추세는 전 연령대에 걸쳐 일어나고 있다. 이것은 미디어의 분화, 코드 커팅, 높은 소비 비용에 따른 자연스러운 현상이다. 특히 젊은 시청

---

84   Ampere Analysis, *Navigating Content Chaos A roadmap for pay-TV operators*(2018), p.3.

자들이 전통적 TV를 시청하는 비율이 감소하면서 전통적인 유료 TV에 대한 대안 모델이 출현했다. 크게 네 가지의 모델로 구분할 수 있는데, 스키니 번들, SVOD 모음aggregators, SVOD 통합integration, 스트리밍 서비스 파트너십streaming service partnerships이다.[85] 스키니 번들은 전통적 유료 TV의 스트리밍 버전으로, 요금이 저렴하지만 채널 수가 적다. SVOD 모음은 중앙 사용자 포털을 통해 제3자의 스트리밍 서비스를 VOD별로 이용할 수 있게 하는 것으로 아마존 프라임 비디오의 채널과 SVOD 파트너 프로그램이 해당된다. SVOD 통합은 넷플릭스처럼 전통적 서비스와 자체 오리지널 콘텐츠를 결합한 모델이다. 스트리밍 서비스 파트너십은 하나 이상의 스트리밍 서비스를 총 가격보다 저렴한 비용으로 서비스하는 모델이다.

≪비즈니스 인사이더Business Insider≫는 2018년 SVOD 시장이 136억 달러에 이를 것으로 보고 있다. 이 시장은 주로 넷플릭스, 훌루, 아마존 프라임 비디오가 이끌고 있다. 전통적 TV를 시청하는 사람들의 수는 2011년 이후 18~24세는 48%, 25~34세는 35%, 35~49세는 18%가 하락했다. 스키니 번들은 계속 성장해 미국에서만 가입자 수가 720만 명 정도 되는데, 재정적인 어려움을 안고 있다. 이 시장의 승자는 인터넷 연결 기술, 효과적인 이용자 경험, 합리적인 가격, 다양한 콘텐츠에 따라 결정될 것이다.

아이디 공유

코드커팅닷컴CordCutting.com에 따르면, 다섯 명 중 한 명이 SVOD

---

85   "SVOD Bundling", *Business Insider*(2019).

아이디를 공유한다. 이에 따라 SVOD나 유료 TV는 수십억 달러의 손실을 보고 있는 것으로 추산된다. 팍스 어소시에이츠는 미국 케이블 산업이 이로 인해 입는 손실이 2017년 35억 달러에서 2021년에 99억 달러로 증가할 것으로 분석했다.

모펫네이선슨MoffettNathanson에 따르면 미국 넷플릭스 이용자 가운데 14%가 다른 사람의 아이디를 이용하고 있다. 이를 이용자로 환산하면 800만 명에 해당한다. 같이 살지 않는 가족이나 친구의 아이디를 이용하는 사람은 14%, 같이 살고 있는 사람의 아이디를 이용하는 사람은 27%, 혼자 사용하는 사람은 55%, 1개월 프로모션을 이용하는 사람은 5%로 나타났다(〈그림 1-35〉 참조).[86]

아이디 공유 행위는 넷플릭스에서 가장 많이 발생한다. 넷플릭스는 2400만 명이 26개월 동안 아이디를 공유해 연간 23억 달러의 손실이 유발되었다. 아마존 프라임 비디오는 500만 명이 16개월 동안 공유해 5억 4000만 달러의 손해를 입었다. 훌루는 500만 명이 11개월 동안 공유해 연간 4억 8000만 달러의 손실이 초래되었다. 그러나 넷플릭스나 HBO나우에서는 이러한 현상을 나쁘게 보지 않는다. 오히려 가입자를 증가시키는 기회를 제공하는 마케팅 수단으로 여긴다. 넷플릭스 아이디를 공유하는 사람의 59.3%는 아이디를 더 이상 공유할 수 없는 경우에 넷플릭스에 가입할 의사가 있는 것으로 조사되었다. 이는 훌루 37.8%, 아마존 27.6%보다 훨씬 높은 수치이다.

HBO CEO 리처드 플레플러Richard Plepler는 HBO나우와 관련해 아

---

86 Peter Kafka and Rani Molla, "Millions of Netflix users are using someone else's password, but that's not bad for Netflix", *Recode*, 2019.4.8.

그림 1-35 넷플릭스 아이디 공유 현황

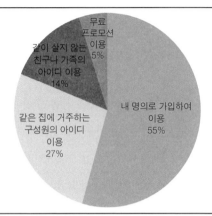

무료
프로모션
이용
5%

같이 살지 않는
친구나 가족의
아이디 이용
14%

내 명의로 가입하여
이용
55%

같은 집에 거주하는
구성원의 아이디
이용
27%

자료: MoffettNathanson.

이디 공유는 "다음 세대에게는 탁월한 마케팅 수단"이라고 했고, 넷
플릭스 CEO 리드 헤이스팅스Reed Hastings도 "나쁜 일이 아니라 좋은
일"이라고 말했다. 여기서 알 수 있듯 아이디 공유는 새로운 상품에
노출될 기회를 증가시키는 장점을 지니고 있다.[87]

AVOD 시장

디지털 TV 리서치에 따르면 2018년에서 2024년 사이에 AVOD
매출은 두 배가 늘어나 560억 달러에 도달하며, 주로 아태평양과 북

---

87   Audrey Schomer, "Password sharing could be costing SVODs billions each year",
      Business Insider, 2019.3.1.

미 지역이 이끌어갈 것이다. 아태평양 지역의 매출은 2018년 107억 달러에서 251억 달러로 증가하지만, 시장 점유율은 49%에서 45%로 떨어질 전망이다. 북미는 60억 달러에서 203억 달러로 급성장하고, 서유럽은 83억 달러, 동유럽은 9.7억 달러, 중동 지역은 3.17억 달러, 아프리카는 1.04억 달러로 성장할 것으로 내다봤다.[88]

AVOD 시장은 상대적으로 젊은 세대가 메인이다(〈그림 1-36〉 참조). 광고 기반 VOD를 보는 비율이 13~34세는 44%, 35~54세는 37%, 55세 이상은 18%이다. 대표적인 AVOD 업체는 투비TV Tubi TV, 플루토TV, IMDb TV, 로쿠 채널 Roku Channel 이다. 투비TV는 2000만 명이 설치했으며, 워너브라더스, 폭스, MGM, 라이온스게이트, 파라마운트 등에서 수급한 1만 2000여 편의 영화와 TV쇼를 포함해 4만 시간에 달하는 콘텐츠를 갖고 있다. 플루토TV는 1200만 명의 이용자를 보유하고 있고, 이용자 절반이 18~34세이다. 100개 이상의 채널을 130여 개 파트너의 콘텐츠로 채우고 있다. IMDb TV는 2019년 1월 론칭한 프리다이브 Freedive 가 6월 명칭을 바꾼 것으로 아마존의 IMDb에서 서비스한다. IMDb TV는 파이어TV의 3000만 이용자에게 NBC유니버설, 워너브라더스 텔레비전, A&E 네트웍스 등의 130개 영화와 29개 TV쇼를 보여주고 있다. 로쿠의 이용자 수는 2700만 명이며 90%가 무료 콘텐츠를 찾고 있다.

소니는 2018년 7월에 AVOD로 운영하는 자사 OTT 서비스 크래클을 운영하다가 대주주 지분을 CSS 엔터테인먼트 Chicken Soup for the Soul Entertainment 에 팔았다. 두 회사는 크래클+를 만들어 두 회사의 콘

---

88 https://worldscreen.com/report-forecasts-avod-revenues-56-billion-2024/

그림 1-36   **연령대별 AVOD 선호도**

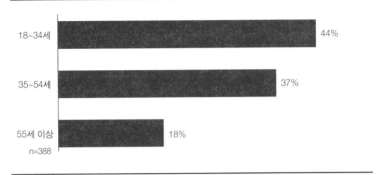

자료: IAB, 2018.10.

텐츠를 유통하고 있으며, CSS의 팝콘플릭스Popcornflix, 팝콘플릭스
키즈Popcornflix Kids, 프라이트픽스FrightPix, 투룰리Truli도 포함할 계획이
다. 크래클+는 1000만 명의 이용자를 보유하고 있으며, 3만 8500시
간의 콘텐츠를 제공할 것이다.[89]

   AVOD는 주로 커넥티드TV 디바이스 이용자와 구독 피로자가 이
끌고 있다. 미국 가정은 한 달에 80억 시간의 콘텐츠를 커넥티드TV
를 통해 이용하고 있고, 3분의 2 이상이 로쿠, 아마존 파이어, 애플
TV 같은 디바이스를 소유하고 있다. AVOD는 SVOD 가입의 한계
에 도달한 소비자들이 선호할 것이며, 딜로이트에 따르면 세 개가
최대치로 분석된다. 아르헨티나에서도 스트리밍 가입자의 47%가
구독 피로를 느끼고 있는 것으로 조사되었다.[90]

---

[89]   Jason Lynch, "Sony Sells Majority Stake in Streaming Service Crackle to Chicken Soup
       for the Soul", *Adweek*, 2019.3.28.
[90]   Christian Kurz, "Television (Yes, Even Broadcast TV) Is Not Dead; It's Evolving",

AVOD 시장은 광고 기회를 늘리기 위해 갈수록 통합consolidation될 것이다. AVOD 시장에서는 독점 콘텐츠를 보유하기가 어렵기 때문에 통합은 결국 서비스를 차별화시킬 것이다. 차별화 포인트는 콘텐츠 양, 독점 오리지널 콘텐츠, 이용자 경험이다.[91]

또한 커넥티드TV가 증가하면서 시청자가 무료 AVOD에 더 쉽게 접속할 수 있다는 점도 AVOD 시장의 성장에 영향을 미치고 있다. AVOD 시장의 성장을 견인하는 또 다른 요소는 온라인 동영상에 대한 광고 예산이 빠르게 증가한다는 점이다. 아직 70억 달러에 불과하지만 사업자들은 이 부분을 노리고 있다. 필자가 KBS아메리카에서 근무할 당시에도 광고 에이전시에서는 온라인을 통한 새로운 형태의 광고를 원했다.

아마존은 2019년 1월 10일 무료 영화 및 TV 프로그램 스트리밍 서비스인 IMDb TV를 출시, AVOD 시장에 뛰어들었다(⟨그림 1-37⟩ 참조). IMDb TV는 아마존이 운영하는 영화와 TV 정보 웹사이트 IMDb에서 아마존의 셋톱박스인 파이어TV를 통해 출시한 새로운 동영상 서비스이다. 기존 아마존 프라임 비디오이나 비디오 채널을 구독하지 않더라도 IMDb TV를 이용할 수 있다. 영화 ⟨트루 로맨스 True Romance⟩의 경우 45~60초 광고 12개를 삽입하고 있다. IMDb 월 방문자수가 2억 5000만 명이고 파이어TV 보유자도 4860만 명이어서 IMDb TV의 경쟁력은 높은 것으로 전망되고 있다.[92]

Adweek, 2019.5.27.

91 Audrey Schomer, "Sony and Chicken Soup for the Soul Entertainment are launching a joint AVOD venture, Crackle Plus", *Business Insider*, 2019.4.3.

92 스트라베이스, "광고 기반 무료 인터넷 TV 서비스 Pluto TV 인수를 통해 본 미디어 거인 Viacom의 미래 전략", ≪Trend Watch≫, 2019.2.1.

그림 1-37 **아마존이 운영하는 AVOD 서비스 IMDb TV**

자료: https://www.imdb.com/tv/

올드 미디어 진영의 무료 AVOD 서비스도 넷플릭스에 적극적으로 대응하고 있다. AVOD 시장이 성장한 것은 여러 SVOD 서비스가 생기면서 소비자가 구독료 지출에 부담을 느낄 수 있기 때문이라는 분석이 있다. 광고 기반 무료 수익모델을 근간으로 온라인 동영상 서비스를 통해 전문적인 고품질 동영상 콘텐츠를 제공함으로써 구독료 지출 부담에 허덕이는 온라인 동영상 소비자들을 대거 포섭해 광고 수익을 극대화하겠다는 복안이다.[93]

비아콤Viacom[94]은 2019년 1월 22일 현금 3억 4000만 달러에 광고 기반 무료 인터넷 TV 서비스인 플루토TV를 인수했다. 플루토TV는 2013년 설립되어 TV 영화, 스포츠 등 100개 이상의 라이프 TV 채널과 수천 시간 분량의 VOD를 서비스해 1200만 명의 이용자를 갖고 있다. 이 중 750만 명이 커넥티드TV 기반 이용자이다. 이를 통해 비

---

93 같은 글.

94 ≪비즈니스 인사이더≫에 따르면 비아콤은 2019년 1분기에 광고는 6%, 유료 TV 가입료는 7% 하락했다. Audrey Schomer, "Viacom is expanding its streaming distribution to offset ad declines", *Business Insider*, 2019.5.13.

아콤은 유료 TV를 넘어 소비자와 직접적인 접점을 형성하고, 차세대 동영상 유통 플랫폼에서 존재감을 확대하며, 진일보한 광고 사업을 성장시키려 하고 있다.[95] BBC 스튜디오의 〈닥터 후-Doctor Who〉도 계약해 라이브러리에 넣었다.[96] MCN 회사인 어섬니스TV Awesomeness TV도 인수했는데, 비아콤 인터내셔널 스튜디오가 국제 배급을 맡고 있다.[97] 비아콤은 5G 시대를 대비해 준비하는 티모바일 T-Mobile 서비스에도 협력하기로 했다. 비아콤이 배급하는 채널에는 MTV, 니켈로디언 Nickelodeon, 코미디 센트럴 Comedy Central, BET, 파라마운트 리니어 채널 등이 포함된다. 그러나 모기업인 내셔널 어뮤즈먼트 National Amusements는 2016년과 2018년에 이어 다시 CBS와 비아콤을 통합하기로 했는데, 이에 따라 많은 변화가 있을 것으로 예상된다.[98]

미국 최대 규모의 방송사 중 하나인 싱클레어 Sinclair도 무료 AVOD 시장에 가세했다. 싱클레어는 미국 내 89개 시장에서 191개 방송국을 소유하거나 운영하는 지역 뉴스 제공 사업자로 유명하다.[99] 주로 지역 뉴스 및 스포츠 프로그램을 서비스하는 스티어 STIRR를 2019년 1월 16일 출시했다(〈그림 1-38〉 참조). 스티어는 VOD보다는 24시간 엄선한 프로그램을 내보내는 라이브 채널에 중점을 두고 있으며, 유료 TV 서비스 해지자 가운데 지역 프로그램 시청을 원하는 사람들

---

95 같은 글.

96 Mariel Soto Reyes, "Viacom's AVOD platform Pluto TV just landed classic 'Doctor Who'", *Business Insider*, 2019.4.10.

97 https://worldscreen.com/viacom-international-studios-rep-awesomeness-titles/

98 유건식, "美 CBS와 비아콤의 합병 추진 경과와 전망", ≪해외방송정보≫, 2019년 8월호.

99 스트라베이스, "미국 최대 방송사 Sinclair, AVOD 플랫폼 'STIRR' 출시… 올드 미디어 진영의 AVOD 서비스 시장 침투 가속화", ≪Trend Watch≫, 2019.3.13.

그림 1-38 **스티어 홈페이지**

자료: stirr.com

사이에서 대안이 될 수 있다. 또한 무료 인터넷 TV 서비스인 수모
Xumo 인수도 검토하고 있다. 수모는 2018년 7월 말 기준 350만 명의
이용자를 확보하고 있다.

무료 AVOD 업체 투비Tubi의 성과도 인상적이다. 투비는 파라마
운트, 라이온스게이트 MGM 등 할리우드 메이저 스튜디오를 통해 1
만 2000편 이상의 영화 및 TV쇼를 제공하고 있다. 2019년 1월에 투
비의 콘텐츠 시청량은 2017년 대비 4.3배가 증가하고 광고 매출이
180% 늘어났다.[100] NBC유니버설도 2020년 유료 TV 가입자를 위해
무료 AVOD를 출시하겠다고 밝혔다. 단, 미가입자에게는 SVOD 형
태로 제공할 예정이다.

구스토TVGusto TV도 미국과 영국에서 무료 OTT 서비스로 이용할
수 있는 디스트로TVDistro TV를 출시하기로 했다. 구스토TV는 음식

---

100   Todd Spangler, "Tubi Plans to Spend Over $100 Million Licensing Content in 2019 for
     Free Streaming Service", *Variety*, 2019.1.30.

과 생활에 대한 다양한 콘텐츠를 제공할 전망이다.[101]

AVOD의 가장 큰 문제는 광고에 대한 거부감이다. IAB가 2018년 10월 광고 기반 OTT 시청자 589명을 조사한 바에 따르면, 응답자의 63%가 비용을 납부하지 않는 한 광고 보는 것에 신경 쓰지 않는다고 답했다. 60%는 광고가 적을 때 더 집중할 수 있다고 답한 반면, 59%는 보고 싶은 콘텐츠를 볼 수 있다면 광고 보는 것은 관계없다고 답했다. 50%는 어떤 광고는 유용하거나 재미있었다고 답했다(〈그림 1-39〉 참조). 참고로 딜로이트의 조사에 따르면 유료 TV에서 광고 허용 시간은 8분이다. 16분이 지나면 너무 많다고 느낀다. 그런데 유료 TV 광고는 16~20분에 달한다(〈그림 1-40〉 참조).

2019년 OTT 분야 전망

2019년은 그야말로 OTT 전쟁의 원년이다. 2019년 11월 12일에 디즈니가 디즈니+를 출시할 예정이므로 OTT 사업자 간에 사활을 건 경쟁이 본격적으로 펼쳐질 것이다. ≪월스트리스 저널≫은 넷플릭스의 라이벌로 〈그림 1-41〉과 같이 컴캐스트, AT&T, 디즈니, 아마존, 훌루, 애플 등을 꼽고 있다.[102] 영국에서도 BBC와 ITV가 지분 1 대 9의 비율로 투자해 브릿박스Britbox를 2019년 4분기에 출시할 예정이고, 한국에서도 옥수수와 푹이 통합되어 2019년 9월에 웨이

101   https://worldscreen.com/tvreal/gusto-tv-comes-to-ott-distrotv/
102   https://www.youtube.com/watch?v=ueiI6f1p7GU&t=28s%29WSJ

그림 1-39　미국 SVOD 이용자의 광고에 대한 태도

돈을 내지 않으면 광고를 보는 것에 신경 쓰지 않는다
63%

광고를 몇 개만 볼 때, 더 주의를 기울인다
60%

내가 원할 때 콘텐츠를 볼 수 있다면, 광고를 보는 것에 신경 쓰지 않는다
59%

내가 보는 콘텐츠를 브랜드가 후원할 때 괜찮다
57%

요금을 할인해 준다면, 광고를 보는 것에 신경을 쓰지 않는다
56%

스폰서와 소통할 기회를 선택하고(예: 퀴즈에 참여하거나 미리 긴 비디오 광고를 보는 것 등) 그 기간 동안 광고 없이 보는 것은 괜찮다
56%

광고에 대한 피드백을 물어보는 것은 괜찮다
51%

어떤 광고는 유용하거나 재미있다
50%

광고를 건너뛸 때조차 그 광고를 기억할 수 있다
48%

비디오 광고에 반응할 수 있는 광고는 괜찮다(예: 퀴즈 참여, 브랜드에 대해 알아보기 위해 클릭하는 것 등)
47%

주: n=512, 18세 이상.
자료: IAB, "Ad Receptivity and the Ad-Supported OTT Video Viewer", conducted by Maru/Matchbox and sponsored by SpotX, 2018.10.10.

그림 1-40　**유료 TV에서 광고 허용 분량**

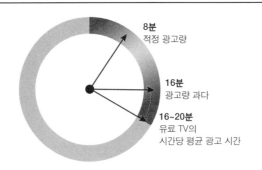

8분
적정 광고량

16분
광고량 과다

16~20분
유료 TV의
시간당 평균 광고 시간

자료: Deloitte, *Digital media trends survey*, 13th edition.

그림 1-41 할리우드 OTT 전쟁

자료: *Wall Street Journal*.

브Wavve라는 이름으로 서비스를 시작할 것이다. 전 세계적으로 기존 방송 사업자는 넷플릭스와 대전을 치르게 된 것이다.

애플은 스티븐 스필버그Steven Spielberg 감독의 영화, 리즈 위더스푼Reese Witherspoon 등이 출연하는 드라마 등 최소 11편의 오리지널 콘텐츠가 포함된 스트리밍 서비스를 2019년 가을 론칭할 예정이다. 디즈니는 픽사, 마블, 스타워즈, 내셔널지오그래픽 등을 묶어 2019년 11월 자체 스트리밍 서비스 디즈니+를 시작한다. 워너미디어(워너브라더스, HBO, CNN)를 인수한 AT&T도 새로운 스트리밍 서비스인 AT&T TV를 2019년 가을에 출시할 예정이며, NBC유니버설은 2020년 4월 광고가 포함된 새로운 스트리밍 서비스를 론칭할 예정이다. 아마존 또한 〈반지의 제왕The Lord of the Rings〉 드라마 판권

그림 1-42 **OTT 성장 전망**

	매우 긍정적	약간 긍정적	약간 부정적	매우 부정적
SVOD 서비스	44.0%	49.1%	5.1%	1.8%
실시간과 VOD를 조합한 낮은 요금제 구독 서비스	40.7%	50.6%	8.1%	0.6%
멀티플레이 서비스(인터넷, 모바일, 전화, TV 결합)	21.4%	54.2%	21.1%	3.3%
AVOD 서비스	21.4%	47.3%	25.3%	6.0%
광고 기반 실시간 OTT TV 서비스	21.4%	43.1%	30.4%	5.1%
실시간 TV만 방송하는 OTT 구독형 서비스	18.1%	47.0%	26.8%	8.1%
TVOD와 다운로드 서비스	13.0%	40.4%	36.1%	10.5%
전통적인 광고 기반 무료방송 서비스	6.0%	31.0%	46.1%	16.9%
페이 TV 서비스	3.6%	28.3%	53.9%	14.2%

■ 매우 긍정적   ■ 약간 긍정적   ■ 약간 부정적   ■ 매우 부정적

자료: Digital TV Europe, "Industry Survey 2019", 2019.2.27.

을 확보해 본격적인 제작을 준비하고 있다.

이마케터가 2019년 2월 세계 전문가를 대상으로 조사한 바에 따르면 OTT의 향후 2년 성장 전망에서는 SVOD 서비스가 44.0%로 가장 크게 성장할 것으로 나타났다(〈그림 1-42〉 참조). 다음으로 스키니 번들 40.7%, 멀티플레이 서비스 21.4%, AVOD 서비스 21.4% 순이다. 따라서 당분간은 SVOD 위주로 서비스가 추진될 것으로 보인다.

닐슨 조사에 따르면 사람들은 드라마를 오프라인보다 디지털을

그림 1-43 **실시간 시청과 디지털 시청 간 비율**

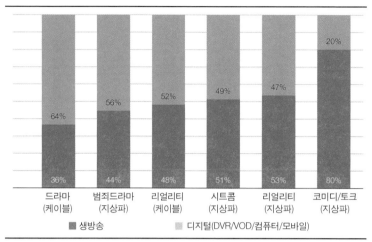

자료: *Nielsen Total Content Ratings.*

통해 더 많이 시청하고 있다. 2018년 2월부터 5월까지 조사한 자료를 보면 케이블 드라마의 경우 디지털로 시청하는 비율이 실시간으로 시청하는 비율보다 9%가 더 높다. 다음으로 지상파 시트콤과 지상파 리얼리티쇼는 8%, 지상파 범죄드라마는 5% 순으로 디지털 시청 비율이 더 높다. 또한 〈그림 1-43〉에서 보는 바와 같이 실시간 시청 비중과 디지털을 통한 VOD 시청 비중을 보면 케이블 드라마는 디지털로 더 많이 소비되는 것을 알 수 있다. 케이블 드라마는 실시간 시청이 36%이고 디지털 시청이 64%이다. 반면 지상파 범죄드라마는 실시간 시청이 44%, 디지털 시청이 56%이다.[103] 이러한 상

103 Nielsen, "Digital's Flair for the Dramatic: How Program Genres Perform Beyond Traditional Viewing", 2019.3.11.

그림 1-44 **SVOD 시장 점유율**

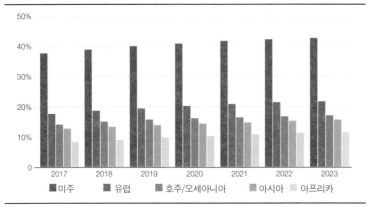

자료: https://www.statista.com/chart/17464/video-streaming-forecast/

황은 한국도 비슷하다. 케이블 드라마는 디지털로 더 많이 소비되는 경향을 보인다. 한 예로, JTBC에서 2018년 12월부터 방영한 〈스카이 캐슬〉은 시청률도 높았지만 VOD를 통해 더 많이 시청되었다. 갈수록 이 비율이 높아질 것으로 예상되므로 OTT에 대한 전략을 치밀하게 수립해야 한다.

슈타티스타의 「디지털 시장 전망Digital Market Outlook」을 보더라도 스트리밍 시장은 포화상태에 이르려면 아직 멀었다(〈그림 1-44〉 참조). 미주시장은 현재 10명 중 4명이 스트리밍을 사용하고 있으며, 유럽시장은 더 낮아서 그 수가 10명 중 2명 정도이다. 따라서 앞으로 4년간은 모든 시장이 성장할 가능성이 있다고 전망한다.

로쿠의 광고 및 편성 책임자인 댄 로빈스Dan Robbins는 2019년 OTT 트렌드를 다음 네 가지로 설명했다. 첫째, 넷플릭스와 훌루, 아마존에 이어 디즈니가 새로운 스트리밍 서비스를 시작하면 소비자들이 경험하는 TV 시청 수준은 더욱 높아질 것이다. 둘째, 2018년 에미상 후보작의 30%가 스트리밍 서비스의 오리지널 작품이었기 때문에 스트리밍 서비스가 기존 TV 방송사의 위상을 따라잡을 것이고, 스트리밍 서비스에 대한 일반인의 인식이 더욱 좋아질 것으로 예상된다. 셋째, 스포츠 중계는 지금까지 TV 방송사가 차지했는데, 앞으로는 상황이 바뀔 것이다. 미국 MLB와 NFL은 2021년, NHL은 2022년, NBA는 2025년 TV 방송사와의 계약 기간이 만료된다. 페이스북, 트위터, 야후, 아마존 등은 이미 스포츠 중계 스트리밍을 시범적으로 운영하면서 스포츠 분야의 관계자와 협상 중이다. 넷째, 5G 상용화로 인해 무선 네트워크 서비스 업체들까지 스트리밍 분야로 사업을 확장할 것이다.[104]

동영상 플랫폼 제공업체 무비Muvi는 2018년에는 오리지널 콘텐츠가 시장을 이끌었다면 2019년에는 디즈니, 워너미디어, AT&T, 아마존 게임 플랫폼의 출시로 경쟁이 더 치열해질 것이라고 보고 있다. 무비는 앞으로의 트렌드를 다음 아홉 가지로 분석했다. 첫째, 밀레니얼 세대와 Z세대를 잡기 위해 오리지널을 제작해야 하므로 이에 따라 가입료가 인상될 것이다. 둘째, 유료 TV와의 치열한 싸움이 계속될 것이다. 셋째, 광고 기반의 오프라인 시청이 현실이 될 수도 있다. 미국 SVOD 사용자의 42%와 영국 사용자의 50%가 오프라인으로 콘텐츠를 보기 위해 다운로드를 하고 있다. 따라서 다운로드 콘텐츠에 광고를 삽입해 추가 수익을 얻을 수 있다. Z세대의 49%와 밀레니얼 세대의 48%가 온라인 스트리밍에 사용하고 있는

---

104 http://www.strabase.com/contents/view.php?num=24639

데 이들을 위해 AVOD 모델이 대안이 될 수 있다. 넷째, 추천 엔진이 인공지능을 사용해 더 정교해질 것이다. 다섯째, AR 기술과 VR 기술이 발달해 인터랙티브한 콘텐츠가 증가할 것이다. 여섯째, 라이브 스트리밍과 숏폼 콘텐츠가 증가할 것이다. 시청자는 VOD보다 라이브 스트리밍에 여덟 배 많은 시간을 사용한다. 2018년에는 FIFA 월드컵과 아카데미 시상식을 라이브로 중계했는데, 앞으로 이러한 이벤트가 늘어날 것이다. 일곱째, 시청자는 고화질의 콘텐츠를 원하기 때문에 전송 기술의 발달로 UHD 콘텐츠가 늘어날 것이다. 짧은 시간이더라도 서비스가 지연될 경우 시청자를 잃을 수 있다는 연구가 있다. 여덟째, 비싼 스토리지 가격 때문에 클라우드 서비스가 급증할 것이다. 아홉째, OTT 업체는 한 달 단위가 아닌 일주일 단위의 저렴한 요금제를 출시하는 등 가격을 낮추는 방향으로 움직일 것이다. OTT 산업이 기술 발전과 수익 창출에 주력했다면, 2019년은 시청 패턴과 콘텐츠 소비 행동에 중점을 둘 것이다.[105]

소프트웨어 솔루션 업체인 액시놈Axinom도 OTT 서비스에서 콘텐츠의 지연 없는 스트리밍, 소비자를 잡기 위한 개인 맞춤 서비스 제공, 4K와 8K 같은 고화질 콘텐츠 제공, 모바일 소비 증가 등의 현상이 나타날 것이라고 전망하고 있다.[106]

한국의 OTT 시장 전망

PwC의 「글로벌 엔터테인먼트 & 미디어 전망 2019~2023」에 따

105 Roshan, "OTT Industry Trends to Look Out in 2019", *Muvi*, 2019.1.29.
106 https://www.axinom.com/top-trends-ott-2019/

그림 1-45 **한국 미디어의 성장 전망** 단위: 조 원

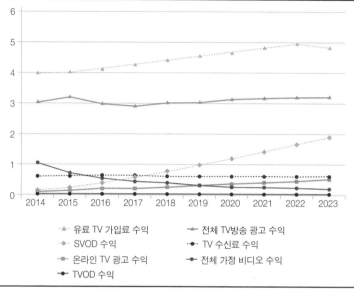

범례
⋯▲⋯ 유료 TV 가입료 수익
⋯◆⋯ SVOD 수익
━■━ 온라인 TV 광고 수익
━●━ TVOD 수익
━▲━ 전체 TV방송 광고 수익
⋯▼⋯ TV 수신료 수익
━◆━ 전체 가정 비디오 수익

자료: PwC, *Global Entertainment & Media Outlook 2019~2023*.

르면 국내 SVOD 시장은 계속 성장할 것이다. 국내 미디어 시장의
전망을 보여주는 〈그림 1-45〉를 보면 SVOD만 크게 상승하고 있다.
한국에서 유튜브의 힘은 막강하다. 초등학생들의 장래희망 상위권
에 유튜버가 위치한다. 유튜브를 중심으로 놓고 나머지 시장은 힘
겨루기를 펼칠 것이다. 넷플릭스의 공세가 강화되는 가운데 SK브
로드밴드의 옥수수와 방송사 연합 플랫폼인 푹이 합병된 웨이브가
서비스를 시작하면 본격적인 전쟁이 벌어질 것이다.

따라서 만일 지상파 방송사가 OTT를 통한 동영상 콘텐츠 소비
양태가 더욱 확산되는 등 관련 시장의 환경 변화에 적절하게 대응
하지 못할 경우, 지상파 방송 시청시간 감소 → 방송광고 매출액 감

표 1-4 **유료방송을 대체할 OTT 서비스**

	응답률	서비스 제공사	콘텐츠 형태
유튜브	19.2%	구글	UCC와 기존 방송 콘텐츠
티빙	16.0%	CJ E&M	실시간 채널 및 영화 등 VOD
넷플릭스	13.8%	넷플릭스	영화, 드라마 등 VOD
푹	11.1%	지상파 3사	실시간 채널 및 영화 등 VOD
옥수수	11.1%	SK브로드밴드	실시간 채널 및 영화 등 VOD

자료: 방송통신위원회, 『2018년 방송시장 경쟁상황 평가』(2018), 288쪽.

소 → 수익성 악화에 따른 방송 프로그램 제작 재원 감소 → 콘텐츠 품질 저하 및 수량 감소 → 지상파 방송 시청시간 감소라는 악순환 국면에 빠져들 가능성이 높다.

설문조사 결과, 사람들은 OTT 서비스가 IPTV, 케이블TV 등 유료 방송 서비스와 유사하지만 대체재로서의 역할을 하기에는 아직 이르다고 판단하고 있는 것으로 나타났다. 『2018년 방송시장 경쟁상황 평가』에 따르면, 응답자의 53.4%가 OTT가 유료방송과 유사하다고 응답했으며, 유료방송을 대체할 OTT가 있다는 응답자는 27.8%에 그쳤다. 그 이유로 채널 부족(29.4%, 중복 응답 포함할 경우 44.7%)을 들었다. 또한 유료방송을 대체할 OTT 서비스로 선택한 매체는 유튜브 19.2%, 티빙 16.0%, 넷플릭스 13.8%, 푹 11.1%였다(〈표 1-4〉 참조). 지상파 방송으로서는 유튜브에 대응할 시간이 아직 남아 있다고 볼 수 있다.

제2장

넷플릭스의 역사와 성장

넷플릭스는 어떤 회사인가

넷플릭스는 1997년 8월 29일 마크 랜돌프Marc Randolf와 리드 헤이스팅스가 미국 캘리포니아 스코츠 밸리Scotts Valley에 설립한 회사이다. 헤이스팅스는 수학과 인공지능을 전공한 뒤, 프로그램 오류를 수정하는 업체인 퓨어 소프트웨어Pure Software를 창업해 성공시켰다. 이 회사를 매각한 다음에는 랜돌프와 함께 홈무비 렌털 사업을 하기 위해 넷플릭스를 창업했다. 넷플릭스Netflix라는 이름은 인터넷을 뜻하는 '넷Net'과 영화 주문을 뜻하는 '플릭스Flicks'를 합친 단어이다. 랜돌프는 여러 가지 후보 가운데 이 이름으로 결정했다.[1]

넷플릭스닷컴Netflix.com은 1998년에 DVD 렌털 서비스로 출발했다. 당시 시장을 장악하고 있던 블록버스터와 달리 오프라인 체인점도 없이 온라인 웹사이트로만 월정액 회원을 모집해 회원들이 보고 싶어 할 것 같은 DVD를 추천해서 배송하는 서비스를 출시했다. 헤이스팅스가 넷플릭스 사업을 시작하게 된 계기는 블록버스터에서 〈아폴로 13Applo 13〉 비디오를 빌리고 연체료 40달러를 낸 것이라고 알려졌으나, 나중에 이것은 창업 신화를 만들기 위해 꾸며낸 이

---

1   지나 키팅, 『넷플릭스, 스타트업의 전설』, 박종근 옮김(한빛비즈, 2015), 45쪽.

그림 2-1 넷플릭스 DVD 배송 봉투

자료: http://it.donga.com/26557/

야기라는 사실이 밝혀졌다.

1997년에 미국에 소개된 초기 DVD 포맷이 넷플릭스 사업의 열쇠였다. DVD는 가볍고 작아서 우편 주문이 가능했다. 당시 DVD 플레이어 공급이 증가한 것은 넷플릭스 비즈니스 모델이 성공하는 데 크게 기여했다. 1990년대 말 넷플릭스는 구독자 모델subscription model을 도입했다. 이 모델에 따라 가입자는 추가 비용이나 연체료 없이 많은 DVD를 볼 수 있게 되었다. 또한 넷플릭스는 이용자 평가 제도라는 알고리즘을 도입해 가입자가 원할 만한 영화를 선택할 수 있도록 했다. 창업 당시부터 '시네매치cinematch'라는 자체 추천 알고리즘을 통해 영화에 대한 고객들의 기대를 만족시켜 인기를 끌었다. 시네매치는 작품을 기준으로 같은 배우 또는 같은 감독, 같은 장르의 작품을 추천해 주던 전통적인 방식과 달리, 특정 영화에 비슷한 별점을 준 고객을 하나의 그룹으로 묶은 뒤, 각 그룹의 소속 구독자가 높은 별점을 준 영화를 같은 그룹의 다른 구독자에게 추천하는 방식이었다. 그 덕분에 넷플릭스는 신작이나 인기작에만 대여가 몰리지 않는 혁신적인 재고 관리를 실현했고, 이로 인해 넷플릭스는 자체 물류센터 건립 및 우체국과의 협약을 통해 유통 비용까지 크게 낮추는 데 성공했다.

하지만 닷컴 버블에 따른 경기 불황 여파와 신속하지 못한 콘텐츠 순환으로 창립 이후 계속 적자를 봤기 때문에 넷플릭스는 2001년 블록버스터에 5000만 달러에 매각하려고 했으나 블록버스터가 이를 거절했다. 스스로 살 길을 찾아야 했던 넷플릭스는 DVD 시장의 어두운 미래를 예측하고 2007년부터 온라인 스트리밍 사업을 도입해 구독 경제의 전형을 만들어냈다. 당시 뉴미디어에 대해 불신과 적개심을 가지고 있던 할리우드 제작사들 때문에 겨우 1000여 편의 콘텐츠로 스트리밍 서비스를 시작해야 했다.

스트리밍 사업 초기에 겪은 이러한 어려움은 넷플릭스로 하여금 높은 판권을 요구하는 영화에 의존하는 대신 상대적으로 규모가 작은 방송사의 TV 시리즈물에 관심을 기울이도록 만들었고, 결국 오리지널 콘텐츠 제작으로 비즈니스 방향을 바꾸도록 했다. 2013년 〈하우스 오브 카드House of Cards〉의 성공을 시작으로 넷플릭스는 세계에서 가장 많은 콘텐츠를 만드는 회사가 되었다. 에미상, 아카데미상에 가장 많은 작품이 노미네이트되는 성과를 올리고 2019년에는 미국 영화제작사협회에까지 가입해 단순한 유통사가 아니라 제작까지 하는 회사가 되었다.

이런 성장 과정을 통해 2000년도에 30만 명에 불과하던 이용자가 2002년 60만 명, 2005년 420만 명, 2007년 750만 명, 2009년 1200만 명, 2018년 1억 3900만 명으로 폭발적으로 성장했다.

넷플릭스의 발전 과정

넷플릭스가 운영하는 넷플릭스미디어센터media.netflix.com에서는 넷플릭스를 "영화와 TV쇼를 보는 방법을 혁명적으로 바꾼 회사"라고 소개하면서 넷플릭스의 역사를 다섯 단계로 구분하고 있다. 다섯 단계는 1997~2001년, 2002~2006년, 2007~2011년, 2012~2016년, 2017년~현재이다.

1997~2001년

1997년에 리드 헤이스팅스와 소프트웨어 책임자 마크 랜돌프가 온라인으로 영화 대여를 하는 넷플릭스를 설립했다. 1998년 처음으로 DVD를 대여하고 판매하는 사이트인 netflix.com을 론칭했다. 1999년에는 저렴한 비용으로 DVD를 무제한 대여해 주는 구독 서비스를 도입했다. 2000년에는 넷플릭스 가입자가 평가한 등급을 사용해 넷플릭스 회원들의 취향을 정확하게 예측하는 개인 맞춤형 영화 추천 시스템 시네매치를 시작했다.

2002~2006년

2002년에는 나스닥에 기업을 공개 상장했다. 미국 회원은 60만 명이었고, 나스닥 코드는 'NFLX'였다. 2005년에는 회원이 420만 명으로 증가했다.

2007~2011년

2007년에 회원들이 개인 컴퓨터에서 바로 TV쇼와 영화를 볼 수 있는 스트리밍 서비스를 도입했다. 2008년에는 엑스박스360, 블루레이 디스크 플레이어, TV 셋톱박스 등에 스트리밍하기 위해 가전 회사와 제휴를 맺었으며, 2009년에는 플레이스테이션3, 인터넷이 연결된 TV 및 디바이스로 제휴를 확대했다. 2010년에는 애플 아이패드, 아이폰, 아이팟 터치, 닌텐도 위wii 등에서도 넷플릭스를 이용할 수 있도록 했다. 또한 처음으로 해외인 캐나다에 진출했다. 2011년에는 남미와 캐리비안 국가들에까지 서비스를 확장했다.

2012~2016년

2012년에는 영국, 아일랜드, 북유럽 국가에 진출했다. 또한 처음으로 프라임타임 에미상에서 엔지니어링 부문상을 수상했다. 2013년에는 네덜란드에 서비스를 시작했으며, 오리지널 프로그램 〈하우스 오브 카드〉, 〈헴록Hemlock〉, 〈못 말리는 패밀리Arrested Development〉, 〈오렌지 이즈 더 뉴 블랙Orange is the New Black〉을 출시했다. 2014년에는 오스트리아, 벨기에, 프랑스, 독일, 룩셈부르크, 스위스 등 유럽 6개국에 서비스를 시작했다. 프라임타임 에미상에서는 31개 부문에서 수상 후보작을 냈고, 〈하우스 오브 카드〉는 3개 부문에서 수상했다. 회원 수는 전 세계 5000만 명을 넘어섰다. 2015년에는 호주, 뉴질랜드, 일본, 이탈리아, 스페인, 포르투갈 등에 진출했다. 넷플릭스의 첫 상업 영화 〈비스트 오브 노 네이션Beasts of No Nation〉을 공개했다. 2016년에는 한국을 포함해 130개국을 추가해 전 세계 190개국에 서비스하게 되었다. 전 세계에서 찬사를 받고 많은 상을 받은 〈기묘한 이야기〉 방영을 시작했다.

2017년~현재

2017년 다큐멘터리 단편 부문에서 〈화이트 헬멧The White Helmets〉으로 첫 오스카상을 받았다. 처음으로 회원 수가 1억 명이 넘었다. 숀다 라임스Shonda Rhimes, 젠지 코한Jenji Kohan과 프로듀서 계약을 체결했다. 윌 스미스가 출연한 첫 텐트폴 액션 영화 〈브라이트Bright〉를 공개했다. 2018년에는 〈이카루스Icarus〉로 다큐멘터리 장편 부문에서 오스카상을 수상했다. 라이언 머피Ryan Murphy, 케냐 배리스Kenya Barris, 제이슨 베이트맨Jason Bateman과 프로듀서 계약을 맺었다. 한편 덴마크에서 〈더 레인The Rain〉, 인도에서 〈신성한 게임Sacred Games〉, 멕시코에서 〈꽃들의 집La Casa de las Flores〉, 스페인에서 〈종이의 집, 엘리트La Casa de Papel, Elite〉 등의 오리지널을 제작해 선보였다. 2018년 프라임타임과 크리에이티브 아트 에미상 시상식에서 가장 많은 112개 후보작을 냈고, 〈갓리스Godless〉, 〈세븐 세컨즈Seven Seconds〉, 〈글로우GLOW〉 등 23개 작품이 상을 거머쥐었는데, 이는 HBO와 동일한 수이다.

넷플릭스 창업자

리드 헤이스팅스

리드 헤이스팅스의 본명은 윌멋 리드 헤이스팅스 주니어Wilmot Reed Hastings Jr.로 1960년 미국 매사추세츠주 보스턴시에서 태어났다. 보든대학Bowdoin College에서 수학을 전공했고, 평화봉사단의 일원으로 스와질란드에서 1983년부터 2년 동안 고등학생에게 수학을 가

그림 2-2 **리드 헤이스팅스**

르쳤으며, 1988년 스탠포드대학교에서 컴퓨터공학 석사 학위를 받았다.

　대학원을 졸업한 후에는 어댑티브 테크놀로지Adaptive Technology에 입사해 소프트웨어 디버깅 도구를 개발하다가 1991년 그만두었다. 그 뒤 곧바로 첫 회사인 소프트웨어 개발자를 위한 도구를 만드는 퓨어 소프트웨어를 설립했다. 퓨어 소프트웨어가 빠르게 성장하자 헤이스팅스는 관리 능력이 없다는 이유로 그만두려고 했으나 이사회가 이를 거부했다. 퓨어 소프트웨어는 1995년 상장을 했다. 1996년에는 아트리아 소프트웨어Atria Software를 인수해 퓨어 아트리아 Pure Atria Corporation로 회사명을 바꾸었다. 이 시기에 헤이스팅스는 마크 랜돌프를 만났다. 퓨어 아트리아는 1997년 래셔널 소프트웨어 Rational Software에 7억 달러에 매각되었다. 래셔널 소프트웨어는 2003

년 다시 IBM에 인수되었다. 헤이스팅스는 합병이 마무리되는 4개월 동안 랜돌프와 함께 샌타크루즈에 있는 집을 왔다 갔다 하면서 넷플릭스에 대한 아이디어를 구상했다.

헤이스팅스는 CD가 손상 없이 우편으로도 잘 배송되는지 보기 위해 집 근처 매장에서 CD를 하나 사서 우체국에서 자기 집으로 부쳤다. 다음 날 헤이스팅스와 랜돌프는 우편 봉투가 이상 없이 제대로 도착하자 사업의 가능성을 발견하고 창업을 결심했다. 당시 헤이스팅스는 래서널 소프트웨어에서 맡고 있던 CTO(최고 기술 책임자)를 그만두고, 1997년 8월 29 캘리포니아 스코츠 밸리에서 마크 랜들프와 넷플릭스를 창업했다. 현재 넷플릭스 본사는 캘리포니아 로스 가토스Los Gatos에 있다. 창업 후 1년 동안은 헤이스팅스가 스탠포드 대학원에 다니느라 랜돌프가 CEO를 맡았기에 헤이스팅스가 CEO를 맡기 시작한 것은 1999년부터였다. 컴퓨터공학을 전공한 그는 2000년까지 넷플릭스 추천 알고리즘을 직접 만들었다.[2] 넷플릭스가 급성장하자 운영비나 마케팅 비용이 기하급수적으로 상승해 넷플릭스는 자금난에 시달렸는데, 이때 헤이스팅스는 투자자를 끌어와 회사를 기적적으로 되살렸고 세계적인 기업으로 성장시켰다. 헤이스팅스가 펀딩 능력을 발휘해 회사를 회생시키자 초기에 기반을 만든 랜돌프는 넷플릭스의 주도권을 잃고 퇴사하게 되었다.

2009년 《뉴욕타임스》와 가진 인터뷰에서 헤이스팅스는 "변혁이 일어나고 있다. 나는 2년 안에 모든 텔레비전에 와이파이와 넷플

---

2 강일용, "연체료 40달러에 화난 그 남자가 설립한 기업 넷플릭스", 《IT동아》, 2017.
6.12.

그림 2-3　헤이스팅스가 CD를 사서 우편 발송 테스트한 우체국 위치

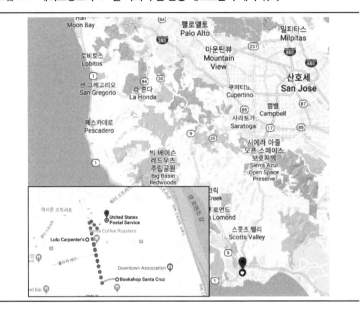

릭스가 설치될 것이라고 생각한다"라며 온라인 스트리밍 시대를 예
언했는데 그 말이 적중했다.[3] 이 때문에 헤이스팅스에게는 '파괴적
혁신의 아이콘'이라는 수식어가 따라다닌다. 파괴적 혁신이란 시장
의 'A to Z'가 파괴되어 새로운 질서가 만들어지고 혁신을 바탕으로
기업이 시장 지배적인 위치에까지 오르는 과정을 말한다.[4]

3　　Brad Stone, "C.E.S. Interview: Reed Hastings of Netflix on TV's Future", *New York Times*, 2009.1.9.

4　　손미정, "[세계의 기업가⑤ 리드 헤이스팅스 넷플릭스 CEO] "넷플릭스 시대 온다" 예언 10년… 엔터테인먼트 'A to Z' 바꾸다", ≪헤럴드경제≫, 2019.4.15.

마크 랜돌프

넷플릭스의 공동 창업자 마크 랜돌프는 1958년 뉴욕에서 태어났다. 뉴욕 해밀턴대학Hamilton College에서 지질학을 전공했다. 1981년 대학을 졸업하고 뉴욕의 체리 레인 뮤직Cherry Lane Music Company에 입사해 우편 주문을 담당했다. 여기서 고객의 구매 행동을 추적하는 컴퓨터 소프트웨어에 매력을 느꼈고 이는 넷플릭스의 사용자 환경을 개발하는 데 궁극적으로 도움이 되었다. 1988년부터 1995년까지 볼랜드 인터내셔널Boland International에서 D2C direct-to-consumer 마케팅을 담당했다. 컴퓨터 우편 주문 회사인 맥웨어하우스MacWarehouse와 마이크로웨어하우스MicroWarehouse를 공동 창업하면서 야간 배달과 고객 유지 방법을 개선했다. 결국 넷플릭스의 야간 배송은 도시에서 경쟁사인 블록버스터를 물리치는 데 주효했다. 1996년 헤이스팅스가 CEO로 있던 퓨어 아트리아는 랜돌프가 마케팅을 맡고 있던 인테그리티QA Integrity QA를 인수했다. 랜돌프는 합병회사 퓨어 아트리아에서 마케팅 담당 부사장을 맡았다. 그는 1997년 8월 29일 헤이스팅스와 공동으로 캘리포니아 스코츠 밸리에서 넷플릭스를 창업했다. 랜돌프는 회사이름을 넷플릭스로 지었고, 초기의 이용자 인터페이스와 브랜딩을 디자인했으며, 헤이스팅스가 스탠포드 대학원을 다니는 동안에 CEO를 맡았다. 그는 넷플릭스 서비스를 1998년 4월 14일 출시했다.

이 둘의 관계를 분석한 어느 글에 따르면 "랜돌프는 낙천적인 성격으로 넷플릭스 창업 초기, 가족 같은 분위기를 만들어 누구나 회사의 전략에 자유롭게 의견을 낼 수 있는 기업문화를 주도했다. 그러나 랜돌프와 헤이스팅스의 운영 스타일은 잘 맞지 않았다. 1999

그림 2-4 **마크 랜돌프**

년 헤이스팅스가 공동 CEO로 경영에 참여하면서 두 사람은 삐걱대기 시작했다. 랜돌프는 가족적인 분위기에서 누군가 모자란 사람이 있어도 안고 가려는 스타일인 반면, 헤이스팅스는 냉정하고 효율적인 인사를 선호했다"라고 한다.[5] 1999년에 랜돌프는 미치 로에Mitch Lowe와 헤이스팅스가 거부한 영화 렌털 키오스크인 넷플릭스 익스프레스Netflix Express를 테스트했는데, 미치 로에는 나중에 이를 레드박스Redbox로 변경했다.

랜돌프는 넷플릭스 설립 초반에 회사의 기반을 닦았으나 헤이스팅스가 경영 전반을 맡으면서 뒷전으로 밀려났고, 결국 2002년 넷플릭스를 떠났다.

---

5   권민수, "리드 헤이스팅스의 네트워크", ≪미디어 SR≫, 2018.6.22.

2015년 그는 5차 스파크랩스 데모데이 SparkLabs Demoday 행사에 연사로 참석해 창업자들에게 끊임없는 도전을 주문하기도 했다. 랜돌프는 이 자리에서 "DVD 대여 사업을 2년 반 하는 동안 '이러다가 사업이 망하겠다' 싶었으나 결국 새로운 아이디어를 통해 성공을 거둘 수 있었다. 결론적으로 성공을 거둘 때까지 계속 시도해야 하고 도박할 때 배팅하는 것처럼 계속 투자해야 한다"라고 말했다.[6]

초기 기반을 만든 것은 헤이스팅스가 아니다

넷플릭스 하면 대부분 리드 헤이스팅스를 떠올린다. 그러나 창립 당시에는 랜돌프가 주로 체계를 잡았다. 무엇보다 그는 회사에 '고객이 왕'이라는 철학을 집요하게 심어주려 했다.[7] 앞서 언급한 바와 같이, 헤이스팅스는 스탠포드 교육대학원에 다녔기 때문에 랜돌프는 1997년부터 1998년 4월 14일 넷플릭스 홈페이지를 오픈할 때까지 주도적으로 넷플릭스를 운영했다.[8] 1999년 헤이스팅스가 CEO로 합류하면서 넷플릭스 경영의 주도권은 헤이스팅스가 맡았다. 랜돌프가 우편배달 회사를 경영한 경험이 없었다면 넷플릭스는 초반 DVD 배송 시스템을 체계화하는 데 어려움을 겪었을 것이다. 랜돌프는 소비자 의견을 온라인 매장에 반영하면 실시간으로 반응이 일어난다는 것을 발견했으며, 이를 "스테로이드 약물을 복용한 DM"이라고 불렀을 정도로 그는 온라인에 많은 경험을 갖고 있었다.

---

6   백봉삼, "마크 랜돌프 넷플릭스 창업자 "실패해도 계속 도전해야"", ≪ZDNet Korea≫, 2015.6.23.
7   최재붕, 『포노 사피엔스』, 371쪽.
8   지나 키팅, 『넷플릭스, 스타트업의 전설』, 13쪽.

넷플릭스의 비즈니스 모델

인터넷이 발달하면서 플랫폼이 매우 중요해졌다. 이러한 현상을 넷스케이프 공동 창립자인 마크 앤드리슨Marc Andreessen은 일찍이 "소프트웨어가 세계를 집어삼키고 있다"라고 표현한 적이 있는데, 이제는 "플랫폼이 세상을 집어삼키는"[9] 상황이 된 것이다. 이러한 환경에서는 비즈니스 모델을 어떻게 수립하느냐가 매우 중요하다. 알렉산더 오스터왈더Alex Osterwalder와 예스 피그누어Yves Pigneur는 비즈니스 모델을 "어떻게 조직이 가치를 창출하고 전달하고 획득하는지를 논리적으로 정리한 것"[10]이라고 정의했는데, 넷플릭스는 20여 년에 걸쳐 비즈니스 모델을 잘 변화시켰다.

송민정은 헨리 체스브로Henry Chesbrough의 이론에 따라 비즈니스 모델 최적화 과정을 〈그림 2-5〉와 같이 정리했다. 1단계는 비차별화 비즈니스 모델, 2단계는 일부 차별화 비즈니스 모델, 3단계는 세분화된 비즈니스 모델, 4단계는 외부 활용 비즈니스 모델, 5단계는 통합 비즈니스 모델, 6단계는 플랫폼 리더십으로, 넷플릭스의 비즈니스를 단계별로 구분했다.[11] 그리고 넷플릭스는 1단계에서는 이용 편의성 중심의 경쟁, 2단계에서는 새로운 파괴적 기술 중심의 경쟁, 3단계에서는 가입자 확대 중심의 경쟁, 4단계에서는 핵심 서비스

---

9   마셜 밴 앨스타인·상지트 폴 초더리·제프리 파커, 『플랫폼 레볼루션』, 이현경 옮김(부키, 2017), 125쪽.

10 알렉산더 오스터왈더·예스 피그누어, 『비즈니스 모델의 탄생』, 유효상 옮김(타임비즈, 2011).

11 송민정, 「동영상 스트리밍 기업인 넷플릭스의 비즈니스모델 최적화 연구」, 《방송통신연구》, 통권 93호(2015년 겨울), 63쪽.

그림 2-5 넷플릭스의 비즈니스 모델 혁신 단계

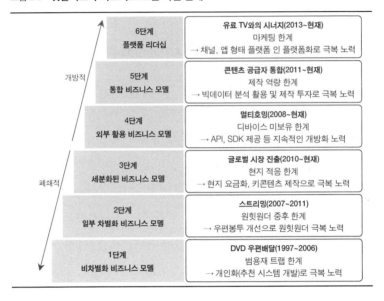

조기 확산 중심의 경쟁, 5단계에서는 핵심 자산의 비즈니스 모델 통합 중심의 경쟁, 6단계에서는 실질적인 플랫폼 리더십 중심의 경쟁에 맞추어 비즈니스 모델들을 개선하고 혁신했다고 주장했다.

남대일 등은 비즈니스 모델을 가치사슬형, 플랫폼형, 사회적 가치 기반형으로 구분했는데, 넷플릭스에 대해서는 플랫폼형 중에서도 플랫폼 거래유형별 - 집합형 - 거래형으로 분류했다.[12] 남대일 등은 비즈니스 모델을 마크 존슨Mark Johnson, 클레이턴 크리스텐슨 Clayton Christensen, 헤닝 카거만Henning Kagermann이 분류한 네 가지 분류틀[13]인 제공가치Customer Value Proposition, 수익공식Profit Formula, 핵심 자

---

12   남대일 외, 『101가지 비즈니스 모델 이야기』(한스미디어, 2018), 88~91쪽.

그림 2-6 넷플릭스의 비즈니스 모델

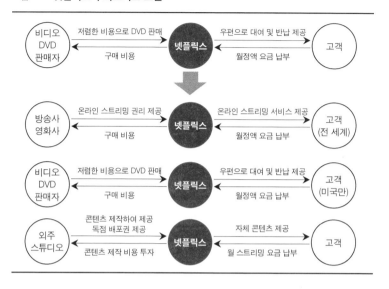

원 Key Resources, 핵심 프로세스 Key Process로 설명했다. 〈그림 2-6〉에서 보는 것처럼, 넷플릭스의 제공가치는 영화, 드라마, 다큐 등 다양한 영상물이다. 수익공식은 월 구독료(이용료)이다. 핵심 자원은 언제 어떤 장소에서도 광고 없이 스트리밍으로 영상 서비스를 제공하는 것이다. 핵심 프로세스는 스튜디오를 설립해 직접 제작하거나 구매한 콘텐츠를 한 번에 공개하는 것이다.

초기: DVD 우편 배송

헤이스팅스는 비디오 연체료가 과다하다는 생각에서 아이디어

---

13 Mark W. Johnson, Clayton M. Christensen and Henning Kagermann, "Reinventing your business model", *Harvard Business Review*(2008.12), pp.50~59.

그림 2-7 넷플릭스의 초기 서비스 프로세스

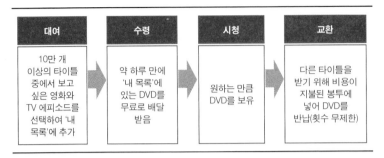

를 얻어 퓨어 소프트웨어에서 함께 일했던 엔지니어 마크 랜돌프와 함께 DVD 대여 서비스 사업을 시작했다. 초기 사업 모델은 사람들이 콘텐츠를 소비하면서 원하는 편의성과 연체료에 대한 소비자의 부담을 정확히 반영했다. 왜냐하면 사용자가 홈페이지에 접속해 DVD를 주문하면 이를 우편으로 배달해 주었기 때문이다. 이용자는 DVD를 다 보면 대여점까지 갈 필요 없이 반송 봉투에 넣어 우편으로 다시 보내면 되었다. 1999년에는 매월 일정 금액을 내면 무제한으로 DVD를 즐길 수 있는 '정액제'를 도입했다. 물론 헤이스팅스가 그토록 불만을 가졌던 연체료도 없었다.

당시에는 월 8.99달러를 내면 한 편의 영화를 계속 빌려볼 수 있었으며, 16.99달러를 내면 세 편의 영화를, 47.99달러를 내면 여덟편의 영화를 한꺼번에 빌릴 수 있었다. 넷플릭스 입장에서는 소비자가 DVD를 늦게 반환하더라도 월정액을 받았기 때문에 연체를 걱정할 필요가 없었다. 소비자 입장에서는 본인이 DVD를 늦게 반환하더라도 연체료가 없기 때문에 불만이 없었다.

당시 미국 전체 소매시장에서 온라인 거래가 차지하는 비중은 1%

표 2-1　**DVD 월정액에 대한 초기 넷플릭스의 블루오션 전략**

제거	증가
연체료 대여점 DVD당 대여료	월정액 가입자 DVD 타이틀
감소	**창조**
배송시간 대여점 방문 시간	온라인 주문 월정액제 큐 서비스 / 시네매치

도 되지 않았으나 넷플릭스는 과감하게 온라인 거래를 시작했다.

가정용 비디오 유통산업은 1977년 마그네틱비디오회사의 사장이던 안드레 블레이Andre Blay가 20세기폭스로부터 50편의 영화 판권을 사들이면서 처음 시작되었다. 베타맥스와 VHS로 복제한 영화는 한 편에 50달러였고 비디오 플레이어도 가격이 1000달러나 했지만 블레이는 1만 3000건의 주문을 받아냈다.[14]

넷플릭스의 DVD 우편 배송 서비스는 여러 경영전략 중에서 블루오션 전략과 가장 부합한 것처럼 보인다. 블루오션 전략은 2004년 프랑스 인시아드INSEAD 경영대학원의 김위찬W. Chan Kim과 르네 마보안Renee Mauborgne 교수가 「블루오션 전략Blue Ocean Strategy」이라는 논문에서 주장한 이론으로, 경쟁이 심한 레드오션을 벗어나 경쟁이 없는 독창적인 새로운 시장을 창출하고 발전시켜야 한다는 경영 전략이다. 여기서는 ERRC(Eliminate: 제거, Reduce: 감소, Raise: 증가, Create: 창조) 네 가지 액션 프레임워크를 통해 전략을 수립한다.

14　지나 키팅, 『넷플릭스, 스타트업의 전설』, 36쪽.

〈표 2-1〉은 ERRC 프레임으로 넷플릭스를 분석한 것이다.

넷플릭스는 DVD 연체료와 대여점을 없애는 한편, 월정액을 통해 가입자를 늘리는 정책을 폈다. 효율적인 DVD 배송을 위해 우체국과 협력해 DVD 배송 봉투를 제작했고, 자동인식률을 높여 배송 기간을 단축시켰다. 1999년 7월, 랜돌프가 DVD 하나당 가격을 매기는 시스템을 버리고 한 달에 일정 금액을 내고 여러 영화를 볼 수 있는 시스템을 창조했다. 이때 도입한 것이 '마키 요금제marquee plan'로, 한 달에 15.95달러를 내면 네 편의 영화를 마음껏 골라볼 수 있는 상품이었다. 또한 자기가 선호하는 영화 리스트를 볼 수 있는 '큐' 서비스를 시작했다. 이 모델을 통해 매출이 300% 증가했고, 2000년 1월 '시네매치'라는 이름으로 영화 추천 엔진을 공개했다. 협력적 필터링collaborative filtering으로 알려진 이 기법은 가령 두 사람이 10편의 영화에 똑같은 평점을 매겼다면 그들은 상대가 높은 평점을 매긴 다른 영화도 좋아할 가능성이 높다는 가정에서 출발한다.[15] 2000년 밸런타인데이에 넷플릭스는 개별 요금제를 전면 중단하고 마키 요금제를 '무제한 대여 서비스Unlimited Movie Rental Service'로 명칭을 바꾼 뒤 요금을 매월 19.95달러로 인상했다.[16]

2004년 7월 15일 블록버스터도 넷플릭스를 벤치마킹해 온라인 서비스를 출시하면서 치열한 가격 경쟁이 펼쳐졌다.

그러나 오프라인 배송은 인터넷이 발달함에 따라 사양길로 접어들었다. 애널리스트 톰 애덤스Tom Adams는 2001년부터 2004년까지

---

15   같은 책, 57쪽.
16   같은 책, 94쪽.

그림 2-8 넷플릭스 비즈니스 흐름도

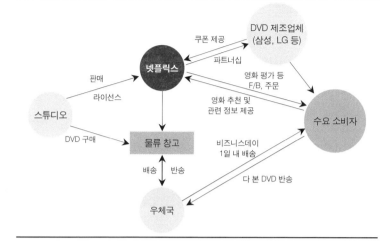

비디오 대여산업의 매출이 19% 감소했으며, 문을 닫은 비디오 대여점은 개인 매장을 비롯해 블록버스터, 할리우드비디오, 무비갤러리 같은 대형 체인까지 전부 합쳐 미국에서만 7만 개에 달했다고 밝혔다.[17] 초기에 넷플릭스가 추구했던 비즈니스 모델을 정리하면 〈그림 2-8〉과 같다.[18]

중기: 스트리밍

넷플릭스는 초기의 위기를 극복하고 2003년부터 흑자로 돌아섰다. 2006년 100만 달러의 상금을 걸고 영화 추천 알고리즘 개선 대

---

17 같은 책, 169쪽.

18 Happist, "넷플릭스(Netflix)의 파괴적 혁신으로 미디어 시장을 지배하다", ≪Disqus≫, 2016.6.20.

회를 개최하자 알고리즘이 급격히 개선되었다. 누적 적자를 탈피한 2007년에는 온라인 스트리밍 서비스를 도입했다. 당시 60만 명의 가입자를 보유한 넷플릭스는 아이폰의 탄생, 네트워크 속도의 증가를 지켜보면서 온라인 스트리밍 서비스 모델을 도입했다. 처음에는 DVD 사업과 온라인 스트리밍 서비스 둘 다 운영했으나, 2010년부터 사업의 축을 온라인 스트리밍으로 옮겼다. 〈표 2-2〉는 이러한 중기 모델을 블루오션 전략에 적용해 ERRC를 분석한 것이다.

스트리밍서비스를 실시하면서 넷플릭스는 빅데이터 분석을 통해 시청자의 취향을 파악했고 이를 근거로 맞춤형 콘텐츠를 제공하기 시작했다. 헤이스팅스는 "인터넷의 장점은 개인화가 가능하다는 것"이라면서 "TV를 반쯤 보다가 식사를 준비하고, 저녁식사를 마친 뒤 다른 기기에서 그 프로그램을 다시 본다 해도 정확히 누가 어디까지 시청했는지를 다 안다는 건 큰 경쟁력"이라고 말했다. 넷플릭스는 추천 서비스를 통해 영화를 출연배우, 주제, 장르, 배경 등 세분화된 카테고리로 나누고, 개인에게 최적화된 콘텐츠를 추천했다.[19]

스트리밍 서비스를 통해 우편 배송에 소요되는 비용을 절감했으며, 우편배달 시간을 제거했다. 시네매치에 개인이 좋아할 리스트를 쌓아놓고 추천할 수 있게 함으로써 온라인 회원의 참여를 증가시켰다. 이로써 더 이상 콘텐츠를 기다리지 않고 바로 볼 수 있는 모델을 만들었다.

헤이스팅스는 투자자들에게 현재 디지털 전송 서비스에는 크게

---

19 손미정, "[세계의 기업가⑤ 리드 헤이스팅스 넷플릭스 CEO] "넷플릭스 시대 온다" 예언 10년… 엔터테인먼트 'A to Z' 바꾸다".

표 2-2 **스트리밍 서비스에 대한 중기 넷플릭스의 블루오션 전략**

제거	증가
실물 DVD	월정액 / 온라인 회원
우편배달 시간	해외 가입자
감소	**창조**
DVD 배송 인력	스트리밍
DVD 배송 비용	시네매치

세 가지 시장이 존재한다고 설명했다. 겹치는 영역이 일부 존재하지만 넷플릭스의 회원제 스트리밍, 애플 아이튠스의 파일 다운로드, 그리고 유튜브의 무료 스트리밍, 이렇게 세 가지인데, 넷플릭스는 그중에서 회원제 스트리밍 시장을 정복할 계획이라고 밝혔다.[20]

넷플릭스의 스트리밍 서비스는 케이블 업체인 스타즈Starz와 계약을 체결해 고급 콘텐츠를 확보함으로써 콘텐츠 제공자로서 유선 방송과 대등한 지위를, 그것도 아주 적은 비용으로 획득할 수 있었다. NBC유니버설과 체결한 계약도 마찬가지였다. 넷플릭스는 얼마 안되는 사용료를 내고 인기 프로그램 〈새터데이 나이트 라이브Saturday Night Live〉를 비롯해 온갖 신작과 인기작들을 서비스할 수 있었다.

그 후 넷플릭스는 파라마운트, 라이온스게이트, MGM이 공동 소유한 유료 채널 에픽스Epix로부터 5년짜리 콘텐츠 사용권을 8억 달러에 사들였다. 이 계약이 발표되자 다른 저작권자들도 앞 다퉈 넷플릭스로 몰려와 사업계획을 제안했다.[21]

---

20   지나 키팅, 『넷플릭스, 스타트업의 전설』, 320쪽.
21   같은 책, 343쪽.

일반적으로 스트리밍 서비스와 오리지널 전략은 넷플릭스가 처음 실시한 것으로 알고 있는데 그렇지 않다. 블록버스터의 에드워드 스테드Edward Stead와 존 안티오코John Antioco는 이미 DVD를 우편으로 발송하는 사업을 건너뛰고 중앙 서버를 통해 집 안의 TV로 영화를 곧장 전송한다는 더 큰 목표를 갖고 있었다.[22] 그러던 중 냅스터 사건[23]을 계기로 온라인에 대한 저작권이 인정받게 되자 영화사들은 더 적극적으로 온라인 배포권을 내걸었고 안티오코 또한 유니버설, MGM, 아르티장 엔터테인먼트, 트라이마크, 라이온스게이트 같은 영화사로부터 다운로드 판권을 대량으로 사들였다.[24] 그러나 넷플릭스에 밀리면서 17개국에서 6500여 개의 대여점을 운영하던 경쟁자 블록버스터는 2010년 9월 파산했다.

또한 안티오코는 블록버스터가 100% 지분을 소유한 제작사 DEJ 프로덕션을 지원해 영화 제작 및 배급에도 투자하기 시작했다.[25] 그러나 이사진이 회사의 방향을 잘못 잡아 기회를 넷플릭스에 넘겨주고 말았다.

현재: 오리지널 제작

넷플릭스가 급격하게 성장하자 콘텐츠 권리자는 공급 가격을 높이기 시작했다. 이에 넷플릭스는 콘텐츠를 직접 제작하는 모델을

22   같은 책, 115쪽.
23   냅스터(Napster)는 1999년 6월부터 2001년 7월까지 운영된 음악 파일 공유 서비스이다. 미국 음반산업협회(The Recording Industry Association of America: RIAA)가 음악 저작권 침해로 소송을 제기해 2001년 2월 제9순회 연방 항소법원에서 유죄 판결을 받았다.
24   지나 키팅, 『넷플릭스, 스타트업의 전설』, 117쪽.
25   같은 책, 114쪽.

도입했다. 오리지널 콘텐츠의 힘을 인식하면서 넷플릭스는 현재 100억 달러 규모의 오리지널 콘텐츠를 확보하고 있다. 오리지널에는 자체 제작 오리지널, 공동 제작 오리지널, 직접 제작은 하지 않지만 온라인에서만 처음 공개하는 온라인 오리지널 등이 있다.

세계적인 경영컨설턴트 마이클 포터Michael E. Porter의 경쟁우위 전략에 따르면 넷플릭스는 OTT 업체로서 가입자와 콘텐츠를 확보하는 측면에서 경쟁우위를 갖고 있다. 마이클 포터의 파이브 포스 모델five forces modes은 흔히 해자垓子, moat에 비유된다. 해자는 원래 적의 침입을 막기 위해 성곽을 따라 파놓은 못을 가리키는 것으로, 경영에서는 기업을 보호해 주는 높은 진입장벽과 경쟁우위를 뜻한다. 여러 업체가 사활을 걸고 넷플릭스에 대응하고 있는 상황에서 넷플릭스가 해자를 깨고 공략을 할지 주시해야 할 것이다.

데이터를 따라가면 경제적 타당성도 찾을 수 있다. 영화는 두세 시간이면 끝나는 데 반해, 드라마는 전편을 모두 감상하는 데 수십 시간이 걸리고, 그에 따라 이용률과 만족도가 상승할 확률이 높다. 이런 요구에 부응해 넷플릭스는 2006년 폭스가 시리즈를 중단한 드라마 〈못 말리는 패밀리〉의 네 번째 시즌을 제작해 폭스에 거센 비난을 퍼부었던 시청자들을 끌어들였다.[26]

2011년 넷플릭스의 카탈로그를 송두리째 바꿔놓은 여러 가지 요인은 테드 서랜도스Ted Sarandos와 코리 베넷Cory Bennett, 헤이스팅스가 수년 전 시도했다가 포기했던 사업에 다시 눈을 돌리는 계기로 작용했다. 바로 독자적인 콘텐츠를 제작하는 것이었다. 시장 상황과

---

26   같은 책, 372~373쪽.

표 2-3 **오리지널 제작 모델에 대한 넷플릭스의 블루오션 전략**

제거	증가
구매 협상	월정액 가입자
구매 비용	오리지널 작품 수
	유명 프로듀서, 감독 등

감소	창조
구매작 및 구매료	에미상, 오스카상 수상
	글로벌 유통
	지적재산권을 통한 부가사업

시네매치의 데이터에 따르면 리스크를 감수하고 독자적인 콘텐츠를 제작해야 가입자들의 마음을 돌릴 수 있었다. 헤이스팅스는 획일적인 방영 시간표의 수명은 앞으로 5년일 것이고, 대부분의 시청자들은 시간과 장소로부터 자유로운 온라인에서 더 많은 볼거리를 찾을 것이라고 예상했다.[27]

이에 넷플릭스는 콘텐츠 제작에 투자하는 규모를 꾸준히 증가시키고 있다. 2015년 50억 달러를 시작으로 2016년 60억 달러, 2017년 89억 달러, 2018년 120억 달러, 2019년 150억 달러까지 증가하고 있다.

〈표 2-3〉은 블루오션 전략의 ERRC를 넷플릭스의 오리지널 제작 모델에 적용한 것이다. 오리지널 제작 전략은 할리우드 콘텐츠 제작자에게서 콘텐츠를 구매하는 데 필요한 협상 과정을 제거할 수 있다. 또한 구매 비용도 제거할 수 있다. 반면 오리지널을 통해 가입자를 증가시킬 수 있으며, 에미상이나 오스카상을 수상한다면 브

---

27   같은 책, 373~375쪽.

그림 2-9 OTT 서비스 업체의 콘텐츠 유형 분석

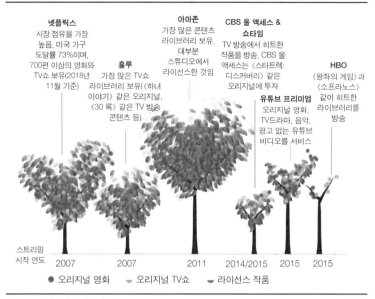

넷플릭스
시장 점유율 가장
높음. 미국 가구
도달률 73%이며,
700편 이상의 영화와
TV쇼 보유(2018년
11월 기준)

홀루
가장 많은 TV쇼
라이브러리 보유(〈하녀
이야기〉 같은 오리지널,
〈30 록〉 같은 TV 방송
콘텐츠 등)

아마존
가장 많은 콘텐츠
라이브러리 보유.
대부분
스튜디오에서
라이선스한 것임

**CBS 올 액세스 &
쇼타임**
TV 방송에서 히트한
작품을 방송. CBS 올
액세스는 〈스타트렉:
디스커버리〉 같은
오리지널에 투자

유튜브 프리미엄
오리지널 영화,
TV드라마, 음악,
광고 없는 유튜브
비디오를 서비스

HBO
〈왕좌의 게임〉과
〈소프라노스〉
같이 히트한
라이브러리를
방송

스트리밍
시작 연도   2007   2007   2011   2014/2015   2015   2015

● 오리지널 영화   ◟ 오리지널 TV쇼   ◝ 라이선스 작품

주: 이파리 하나가 10편을 의미함.

랜드 가치도 높일 수 있다. 오리지널 제작을 하면 넷플릭스가 추구
하는 글로벌 유통을 쉽게 할 수 있으며, 지적재산권을 통해 게임,
MD 사업 등을 추진할 수도 있다.

〈그림 2-9〉는 넷플릭스, 훌루, 아마존, CBS, 유튜브, HBO 등
OTT 업체가 오리지널 영화, 오리지널 TV쇼, 구매 작품을 얼마나 많
이 보유하고 있는지를 나무줄기와 나뭇잎으로 표현한 것이다. 아마
존의 구매작이 압도적으로 많고, 다음으로는 넷플릭스가 많다. 분
홍색은 오리지널을 표현한 것으로 넷플릭스의 오리지널 분량이 가
장 많다는 것을 쉽게 알 수 있다.[28]

넷플릭스의 변화는 계속되고 있다. 넷플릭스는 스탠드업 코미디

를 미국 위성 라디오인 시리어스엑스엠SiriusXM의 새로운 코미디 채널에 공급하기로 했다. 이는 넷플릭스가 처음으로 다른 구독 서비스와 제휴를 맺은 것이다. 2019년 4월 15일부터 시리어스엑스엠 채널 93에서는 〈넷플릭스 이즈 조크 라디오Netflix is a Joke Radio〉라는 프로그램이 방영되고 있다.[29] 그리고 넷플릭스가 진출하지 못한 대표적인 국가인 중국에는 아이치이를 통해 넷플릭스 콘텐츠를 공급하고 있다.

넷플릭스 펀딩 현황

회사는 자금이 없으면 현재의 비즈니스를 운영할 수 없고 새로운 먹거리에 투자도 할 수 없다. 넷플릭스가 지속 성장할 수 있었던 데에는 위기 때마다 헤이스팅스가 펀딩에 성공한 것이 큰 요인으로 작용했다.

넷플릭스는 초기에 DVD 공급을 활성화시켜야 넷플릭스 가입을 늘릴 수 있기 때문에 DVD 플레이어 제조업체와 협조해 DVD 플레이어 박스에 무료 쿠폰을 제공했다. 제조사는 쿠폰을 무료로 받을 수 있으니 마다할 이유가 없었으며, 소비자는 무료 쿠폰을 받아서 넷플릭스의 회원으로 가입했다. 당시 닷컴 기업들은 거의 0원에 가

28   Ashley Rodriguez and Youyou Zhou, "The streaming video landscape is starting to resemble regular old TV", *Quartz*, 2018.11.21.

29   Sara Jerde, "Netflix's Stand-Up Specials Will Be Available Soon on SiriusXM's New Comedy Channel", *Adseek*, 2019.4.11.

표 2-4 **넷플릭스 펀딩 현황** 단위: 백만 달러

날짜	타입	금액	투자 주도	투자자
1997.10.1	Series A	2	리드 헤이스팅스	2명
1998.3.1	Series A	0.25~		
1998.6.1	Series B	6~	인스티튜셔널 벤처 파트너스	2명
1999.2.1	Series C	15.2~	파운데이션 캐피털	4명
1999.7.7	Series D	30.3	아르노 그룹	3명
2000.4.17	Series E	50	TCV	3명
2011.11.21	Post-IPO Debt	200	TCV	1명
2013.1.29	Post-IPO Debt	500		
2014.2.4	Post-IPO Debt	400		
2018.4.24	Post-IPO Debt	1900		

자료: https://www.crunchbase.com/organization/netflix#section-funding-rounds

까운 가격으로 고객을 유치함으로써 시장 점유율을 확보하는 가격
효과 정책을 폈다.[30] 그러나 초기에 회원 수가 급증하지 않으면 부
채만 늘어나는 모델이다. 그래서 넷플릭스는 설립 초기에 점차 적
자에 시달렸고, 결국 투자자로 물러나 있던 헤이스팅스가 회사에
뛰어들면서 본격적으로 투자금을 끌어모으고 새로운 수익 모델을
찾기 시작했다.

넷플릭스는 지금까지 총 10차례의 투자를 받았다. 2002년 기업
공개 이전에 6번, 기업공개 후에 4번, 총 10번에 걸쳐 31억 달러의
투자를 받았다. 한 번에 적게는 25만 달러에서 많게는 19억 달러
(2018년 4월 24일)까지 받았다.[31] 대부분의 투자는 오리지널 콘텐츠

---

30 마셜 밴 앨스타인·상지트 폴 초더리·제프리 파커, 『플랫폼 레볼루션』, 62쪽.

31 https://www.crunchbase.com/organization/netflix/funding_rounds/funding_rounds
    _list#section-funding-rounds

제작을 위한 것이다. 넷플릭스는 2018년 말 기준 83억 달러의 장기 부채를 보유하고 있다.

넷플릭스 가입자 현황

넷플릭스는 처음부터 가입자 모델로 서비스를 시작했다. 1998년에 DVD 모델로 시작했고, 2007년부터는 스트리밍 모델을 시작했다. 현재는 스트리밍이 대세로 DVD 가입자는 계속 감소하고 있다.

스트리밍 가입자 현황

넷플릭스가 공개한 IRInverstor Relations(기업 활동) 자료[32]에 따르면 2019년 6월 기준으로 무료 포함 스트리밍 가입자 수는 2018년 말에 비해 916만 명이 증가해 1억 5762만 명으로 증가했다. 이 중에서 39.1%인 6168만 명이 미국의 가입자이고, 나머지 9594만 명은 해외 가입자로 60.9%를 차지하는데, 해외 가입자는 계속 비중이 늘고 있다. 또한 전체 가입자 중에서 96.2%인 1억 5156만 명이 유료 가입자이고, 3.8%인 606만 명이 한 달 무료trial 가입자이므로 유료 가입자의 증가는 지속될 것으로 보인다(〈표 2-5〉 참조).

2018년 말 93.8%이던 유료 회원 비율은 2019년 6월 말에 96.2%로 2.4%p나 증가했다. 요금을 인상했음에도 유료 회원이 증가한 것

---

32 https://s22.q4cdn.com/959853165/files/doc_financials/quarterly_reports/2019/q1/
FINAL-Q119-Shareholder-Letter.pdf

표 2-5　2019년 6월 말 기준 넷플릭스 가입자 현황　　　　　　　　　단위: 천 명

구분	유료	무료	계
미국	60,103	1,575	61,678(39.1%)
해외	91,459	4,481	95,940(60.9%)
계	151,562(96.2%)	6,056(3.8%)	157,618(100%)

은 넷플릭스에 긍정적인 신호이다. 해외 유료 회원의 비율도 59.2%에서 60.2%로 증가했다.

전체 가입자 중에서 미국이 차지하는 비율은 39.1%이고 해외가 60.9%이다. 갈수록 해외 가입자가 증가할 것으로 예상되므로 이 비율은 더 크게 벌어질 것이다. 넷플릭스는 한 달 동안 요금을 내지 않고 넷플릭스 콘텐츠를 시청할 수 있도록 하면서 사람들의 가입을 유도하고 있다. 무료 가입자는 2019년 6월 말 기준으로 미국이 158만 명(미국 회원의 2.6%)이고, 해외 무료 가입자는 448만 명(해외 회원의 4.7%)이다. 이들은 대부분 유료 회원으로 전환하므로 앞으로도 가입자가 상당히 증가할 것이다. 그러나 미국의 경우 2019년 2분기에는 1분기에 비해 가입자가 12만 6000명 감소했고 실적을 발표한 2019년 7월 17일에는 넷플릭스 주가가 11%나 하락했다. ≪비즈니스 인사이더≫는 가입자가 하락한 이유를 두 가지로 들고 있다. 하나는 미국에서 1월에 가격을 인상했기 때문이고, 다른 하나는 킬러 콘텐츠가 부족하기 때문이다. 넷플릭스가 점차 기존 방송사처럼 행동하는 특징을 보이고 있다는 것이다. 지금까지는 좋은 콘텐츠를 수급해서 서비스했지만, 디즈니와 NBC 등에서 콘텐츠 공급을 중단하고 넷플릭스가 콘텐츠를 직접 제작하면서부터 킬러 콘텐츠가 적어져 가입자가 이탈한다고 보았다.[33]

1998년부터 DVD 대여 사업으로 시작한 넷플릭스는 1999년 가입자 10만 7000명이었다가 2003년에 141만 명으로 처음으로 100만 명을 넘어섰다. 2007년부터 온라인으로 스트리밍 서비스를 시작하면서 가입자가 급증하기 시작했다. 2009년에는 가입자가 1227만 명으로 1000만 명을 넘어섰다. 2010년에 경쟁사인 블록버스터가 파산하면서 기록적으로 가입자가 늘어 1년 만에 2000만 명으로 증가했다. 넷플릭스는 2010년 12월 31일부터 스트리밍 서비스와 DVD 서비스를 분리했다. 두 서비스를 분리해 월 9.99달러이던 이용료를 각각 7.99달러로 변경했는데, 한 서비스만 이용하는 가입자는 2달러를 절약하게 되었지만, 둘 다 사용하는 가입자는 6달러를 더 내게 되었다. 요금 정책은 대부분 소비자에게 유리했지만, 소비자에게 불공정하게 비추어져 100만 명이 이탈했다.[34] 이에 성장세도 주춤해지고 어려움을 겪기도 했으나 이를 극복하고 2012년부터 다시 급성장했다.

넷플릭스는 2019년 6월 말 기준으로 1억 5762만 명의 회원을 보유하고 있다. 넷플릭스는 미국 내에서만 6179만 명의 회원을 보유하고 있으며, 유료 회원은 6023만 명에 달한다. 또한 2010년부터 해외로 진출하기 시작해 2019년 6월 말 기준 9594만 명의 회원을 확보했으며, 유료 회원은 9146만 명이다(〈그림 2-10〉 참조). 미국과 해외를 합하면 전 세계 1억 5762만 명이 넷플릭스에 가입했으며, 이중 1억 5156만 명이 매월 요금을 내는 유료 회원이다.

---

33   Audrey Schomer, "Netflix's Q2 sub drop highlights the difficulty of direct-to-consumer content", *Business Insider*, 2019.7.19.

34   댄 애리얼리·제프 크라이슬러, 『부의 감각』, 이경식 옮김(청림, 2018), 237쪽.

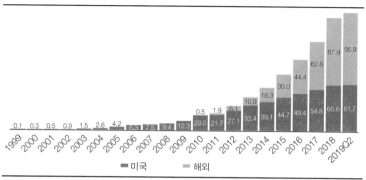

그림 2-10 **넷플릭스 가입자 누적 추이(무료 포함)**   단위: 백만 명

자료: 넷플릭스 연차보고서(2002~2018) 및 재무보고서(2019년 2분기)를 토대로 구성.

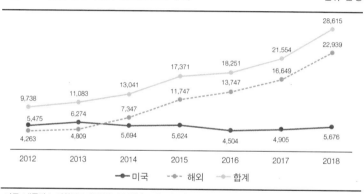

그림 2-11 **넷플릭스 가입자 연도별 증가 추이**   단위: 천 명

자료: 넷플릭스 연차보고서(2002~2018)를 토대로 구성.

연도별 증가 추이를 보면, 미국은 2013년 이후 가입자 증가량이 감소하고 있지만 해외에서는 2014년부터 가입자가 급속도로 증가하고 있다(〈그림 2-11〉 참조). 2012년부터 매년 1000만 명 이상 증가하다가 2018년에는 무려 2861만 명이나 증가했다. 국내에서 풀의 가입자가 크게 증가하지 못하는 것과는 매우 대조적이다.

OTT 시장이 포화 상태라는 의견이 대두되고 있는 가운데 넷플릭스를 상대로 한 디즈니 등의 대응이 본격화하는 2019년에는 스트리밍 전쟁의 진검승부가 펼쳐질 것으로 보인다.

넷플릭스의 DVD 가입자 현황

한편 넷플릭스는 아직도 DVD 렌털 서비스를 하고 있다. 1998년부터 서비스를 시작했으며, 1999년 가입자 수는 10만 7000명이었다. 2003년 148만 명으로 처음으로 회원 수가 100만 명을 돌파했고, 이후 급속도로 회원이 증가했다. 특히 경쟁사였던 블록버스터가 2010년 9월 파산하면서 넷플릭스는 경쟁 상대 없이 성장했다. 그러나 인터넷이 발달함에 따라 DVD 사업은 2011년을 기점으로 하락세를 면치 못하고 있다. 〈그림 2-12〉를 보면 2007년부터 2010년까지는 DVD 가입자와 스트리밍 서비스 가입자가 혼재되어 있다. 넷플릭스는 2007년부터 스트리밍 서비스를 시작했는데, 스트리밍 서비스와 DVD 서비스를 분리하지 않다가 2010년 12월 31일부터 분리했다. 따라서 2011년부터 통계도 분리해 발표하고 있다. 미국에서 한동안 황금알을 낳는 사업이라고 불렸던 한국 방송 콘텐츠의 비디오/DVD 사업도 2007년부터 사양길로 들어섰는데,[35] 넷플릭스는 시대의 흐름을 잘 읽고 여기에 대응해 왔다고 할 수 있다. DVD 렌털 가입자는 2011년 1117만 명에서 계속 감소하고 있지만, 2019년 6월 말 기준 아직도 241만 명이나 된다.

---

35   유건식, 『한국 방송콘텐츠의 미래를 열다』(푸른사상, 2018), 128쪽.

그림 2-12　**넷플릭스 DVD 가입자 누적 추이(무료 포함)**　　　단위: 백만 명

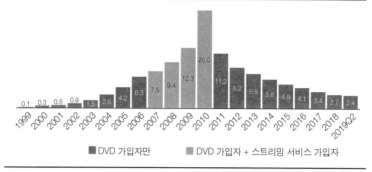

■ DVD 가입자만　　■ DVD 가입자 + 스트리밍 서비스 가입자

자료: 넷플릭스 연차보고서(2002~2018) 및 재무보고서(2019년 2분기)를 토대로 구성.

미국 OTT 시장에서의 넷플릭스의 점유율

넷플릭스는 가입자 규모로는 유튜브에 이어 2위이다. 이마케터에 따르면 2018년 7월 현재 유튜브의 가입자가 1억 9200만 명, 넷플릭스는 1억 4750만 명, 아마존 프라임 비디오는 887만 명, 훌루는 5500만 명, HBO나우는 1710만 명, 슬링TV는 680만 명이다(〈그림 2-13〉 참조).[36]

미국의 스트리밍 서비스 시장 점유율을 보면 넷플릭스가 압도적이다. CNBC의 2018년 조사에 따르면 넷플릭스가 51%, 아마존 프라임 비디오가 33%, 훌루가 14%를 차지한다(〈그림 2-14〉 참조).[37]

36　https://www.emarketer.com/Chart/US-Over-the-Top-OTT-Video-Service-Viewers-by-Provider-2018-millions/220561

37　https://www.cnbc.com/2018/03/29/nearly-60-percent-of-americans-are-streaming-and-most-with-netflix-cnbc-survey.html

그림 2-13 **플랫폼별 미국 OTT 가입자 현황(2018년 7월 기준)** 단위: 백만 명

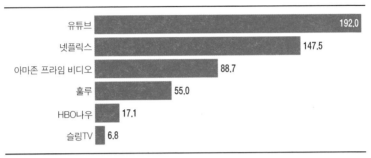

자료: eMarketer, 2018.7.

그림 2-14 **플랫폼별 미국 스트리밍 서비스 시장 점유율(2018년 3월 기준)**

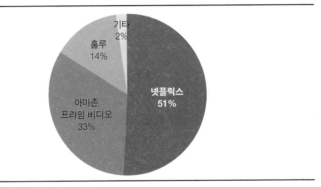

자료: CNBC.

넷플릭스가 진출한 국가

넷플릭스는 〈그림 2-15〉에서 보는 바와 같이 2010년부터 이웃 국가인 캐나다부터 시작해 해외에 진출하기 시작했다. 2011년에는 라틴아메리카, 2012년에는 영국, 아일랜드, 핀란드, 덴마크, 스웨덴, 노르웨이, 2013년에는 네덜란드, 2014년에는 독일, 오스트리아, 스

그림 2-15 **넷플릭스가 해외로 진출한 국가 현황**

2010년 9월	2011년 9월	2012년 1월	2012년 10월	2013년 9월	2014년 9월	2015년 5월	2015년 9월	2015년 10월	2016년 1월
캐나다	라틴 아메리카	영국 아일랜드	핀란드 덴마크 스웨덴 노르웨이	네덜란드	독일 오스트리아 스위스 프랑스 벨기에 룩셈부르크	호주 뉴질랜드	일본	스페인 포르투갈 이탈리아	기타 (중국, 크림반도, 북한, 시리아는 제외)

자료: *Netflix 2017 Annual Report*, 2018, p.24.

그림 2-16 **넷플릭스 해외 진출과 가입자 증가 현황** 　　　　　　　　　　 단위: 천 명

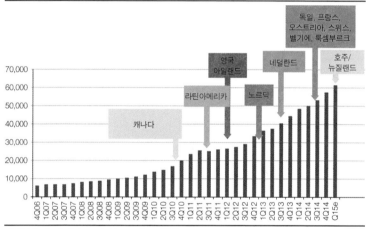

자료: http://radicalhub.com/a-big-year-for-netflix/

위스, 프랑스, 벨기에, 룩셈부르크, 2015년에는 호주, 뉴질랜드, 일
본, 스페인, 포르투갈, 이탈리아, 2016년에는 중국, 크림반도, 북한,
시리아를 제외한 전 세계 190개 국 이상으로 확장했다. 한국에서는
2016년 1월부터 서비스를 시작했다.

　〈그림 2-16〉을 보면 해외 진출 국가가 증가할수록 가입자가 증가

그림 2-17 **연도별 해외 가입자 증가 현황** 　　　　　　　　단위: 천 명

자료: 넷플릭스 연차보고서(2010~2018) 및 재무보고서(2019년 2분기)를 토대로 재구성.

하고 있음을 알 수 있다. 해외 가입자는 2010년 50만 9000명에서 시작해 2013년에 1000만 명을 넘어섰고, 2019년 6월 말 현재 9594만 명으로 기하급수적으로 증가했다. 한 달 동안 이용료를 납부하지 않는 가입자도 꾸준히 증가하고 있어 유료 회원은 계속 증가할 것으로 보인다(〈그림 2-17〉 참조).

디지털 TV 리서치에 따르면 2023년에는 넷플릭스의 회원 수가 2017년보다 82% 증가한 2억 1400만 명에 이를 것이다. 〈그림 2-18〉에서 보는 바와 같이 아시아, 서유럽, 북미에서 가입자 증가가 두드러질 것으로 내다봤다. 2023년 북미와 서유럽의 가입자는 2017년 76%에서 62%로 감소하는 반면, 아시아는 2017년보다 4배 증가한 2800만 명에 이르러 14%를 차지할 것으로 예상했다. 넷플릭스 가입자 상위 5개 국가는 미국, 영국, 브라질, 캐나다, 독일이며, 가입자 수는 각각 6910만 명, 1210만 명, 910만 명, 800만 명, 730만 명이다. 가입자 증가에 따라 넷플릭스의 매출은 2018년 158억 달러에서

그림 2-18　지역별 넷플릭스 가입자 증가 전망　　　　　　　단위: 백만 명

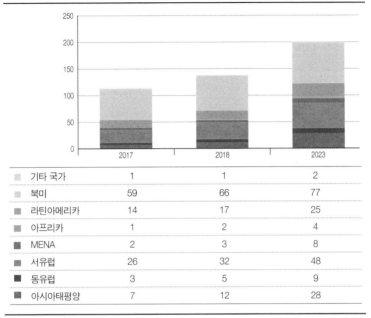

	2017	2018	2023
기타 국가	1	1	2
북미	59	66	77
라틴아메리카	14	17	25
아프리카	1	2	4
MENA	2	3	8
서유럽	26	32	48
동유럽	3	5	9
아시아태평양	7	12	28

자료: https://www.digitaltveurope.com/2018/05/16/netflix-to-experience-largest-subscriber-growth-to-date-in-2018/

2023년에는 288억 달러로 증가할 것으로 전망했다.[38]

　이마케터에 따르면, 넷플릭스가 진출한 국가 중 2018년 7월 기준 상위 점유율이 높은 10개 국가는 미국(64.5%), 노르웨이(62.4%), 캐나다(56.3%), 덴마크(54.9%), 스웨덴(50.2%), 네덜란드(43.6%), 호주(42.7%), 핀란드(39.7%), 독일(35.5%), 영국(33.8%)이다(〈그림 2-19〉 참조). 이들 국가는 주로 유럽에 분포하고 있으며, 아시아에서는 호

38　Andrew McDonald, "Netflix to experience largest subscriber growth to date in 2018", *Digital TV*, 2018.5.16.

그림 2-19　**넷플릭스 점유율 상위 10개국**

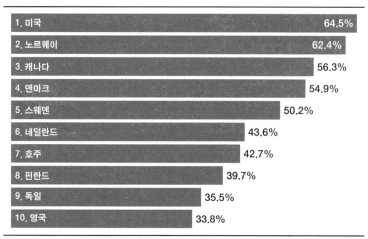

1. 미국	64.5%
2. 노르웨이	62.4%
3. 캐나다	56.3%
4. 덴마크	54.9%
5. 스웨덴	50.2%
6. 네덜란드	43.6%
7. 호주	42.7%
8. 핀란드	39.7%
9. 독일	35.5%
10. 영국	33.8%

자료: eMarketer 239299, 2018.7.

주가 유일하게 포함되어 있다. 넷플릭스는 아시아에서는 지역 사업
자와 매우 치열한 경쟁을 펼치고 있는데, 로컬 콘텐츠가 부족한 것
이 주요 이유라고 밝히고 있다. 미국의 스트리밍 서비스 가입자 3명
중 2명은 최소 한 달에 한 번 넷플릭스에 접속한다.[39]

넷플릭스는 일본에서는 애니메이션에 중점을 두고 있다. 넷플릭
스는 사브리메이션 등 일본 3개 제작사와 업무 제휴를 맺고 수년간
여러 개의 작품을 선보일 계획이다. 이들 기업은 일본에서 인기 있
었던 일부 만화나 드라마 원작들을 바탕으로 애니메이션을 제작해
2~3년 내에 서비스를 시작할 예정이다.[40]

---

[39]　https://www.emarketer.com/Chart/Top-10-Countries-Ranked-by-Netflix-User-Penet
ration-2018-of-digital-video-viewers/220373
[40]　윤은숙, "넷플릭스 日애니로 디즈니에 맞선다… 3개사 제휴로 콘텐츠 생산", ≪아주경

넷플릭스는 최근에 스페인까지 진출했으며, 첫 유럽 제작기지 production hub를 스페인의 마드리드에 오픈했다. 여기에서 두 개의 스페인 오리지널 〈El 이노센테El inocente〉와 〈El 크리멘 델 시그로El crimen del siglo〉를 제작하고 있다.[41] 아프리카 첫 오리지널 애니메이션 〈마마 K 팀 4Mama K's Team 4〉도 공동으로 제작할 예정이다.[42]

넷플릭스의 확장 방식

넷플릭스는 가입자를 늘리는 데 사활을 걸고 있다. 가입자 증가율이 감소했다는 발표가 나오면 주가에 바로 반영된다. 가입자를 늘리기 위해 넷플릭스는 미국 내에서 케이블TV, 통신사 등과 파트너십을 맺고 있으며, 해외에서도 다양한 방법을 활용하고 있다. 특히 가장 약한 고리를 파고드는 것이 주요 전략이다.

가입자를 늘리기 위해 넷플릭스는 다음과 같은 전략을 채택하고 있다. 첫째, 인터넷이 연결되는 모든 플랫폼과 협력하고 있다. 넷플릭스는 2016년 2200만 명의 가입자를 보유한 미국 케이블TV 1위 업체인 컴캐스트와 X1 셋톱박스에서 넷플릭스를 이용할 수 있도록 빅딜을 체결했고,[43] 미국 통신 1위 업체인 버라이즌과도 계약을 체결했다. 미국 케이블TV 3위 업체인 콕스와도 파트너십을 체결했다.

제≫, 2019.3.12.

41   https://worldscreen.com/tveurope/2019/04/05/netflix-opens-madrid-hub/

42   https://worldscreen.com/tvkids/netflix-launching-its-first-original-african-animated-series/

43   Shelby Carpenter, "Netflix Is Coming To Comcast Cable TV And It's A Really Big Deal", *Forbes*, 2016.7.5.

둘째, 해외 IPTV, 케이블TV, 제작사와의 협력이다. 유럽에서 가장 큰 통신 사업자인 도이치텔레콤과 파트너십을 체결했고, 한국에서도 딜라이브, LGU+, CJ헬로비전과 파트너십을 맺었다.

셋째, 로컬 오리지널 제작이다. 넷플릭스에 가장 부족한 것이 로컬 콘텐츠이다. 한국에서도 초기에 세력을 확장하지 못한 이유가 지상파 방송사와 콘텐츠를 제휴하지 못했기 때문이다. 넷플릭스는 방송 콘텐츠를 적극 유치하는 한편, 직접 오리지널을 제작해 독점으로 유통하고 있다. 넷플릭스는 유럽 오리지널 콘텐츠의 생산거점으로 2019년 10월부터 영국의 셰퍼턴 스튜디오를 활용하기로 했다. 런던 서부에 위치한 5만 평 규모의 시설을 10년간 독점 이용하는 것이다. 이번 계약으로 넷플릭스는 유럽에서 더 많은 콘텐츠를 제작하려는 것으로 보인다.[44]

넷째, 다양한 형태의 협력이다. 한 예로 호텔과 협력해 투숙객이 호텔앱에서 자신의 아이디로 넷플릭스에 로그인할 수 있도록 하고 있다. 이를 통해 휴가나 출장 중에도 가입자가 자신의 계정을 이용할 수 있도록 편의를 제공하고 있다. 이는 호텔과 넷플릭스 모두가 윈윈하는 모델이다.[45]

넷플릭스는 2018년에도 전 세계적으로 오리지널을 더욱 많이 제작했다. 2018년 4분기에 공개된 멕시코 오리지널 〈클럽 디 쿠에르보스Club de Cuervos〉, 〈엘 차포를 만난 날The Day I Met El Chapo〉 등은 멕시코를 제외한 국가에서도 높은 시청률을 기록했다.

---

44   박진형, "넷플릭스, 영국에 오리지널 콘텐츠 생산거점 만든다", ≪전자신문≫, 2019.7.4.
45   Erin Corbett, "Hilton And Netflix Partnering For In-Room Personalized Streaming", *Fortune*, 2019.1.29.

또한 오리지널 드라마는 TV 프로그램과 달라서 적극적으로 홍보하지 않으면 시청자들에게 다가가기가 쉽지 않기 때문에 마케팅 비용 지출도 늘어나고 있다. 넷플릭스는 기존 13억 달러이던 마케팅 비용을 20억 달러까지 확대해서 사용할 계획이다. 최근 발표한 몰아보기[46]에 이어 빈지 레이싱Binge Racing 같은 마케팅도 넷플릭스의 오리지널 콘텐츠가 단기간에 빠르게 소비되도록 유도하는 전략이다. 이는 넷플릭스는 마케팅 전략 없이 움직이지 않는다는 사실을 잘 보여준다.[47]

넷플릭스의 재무 상황

넷플릭스는 가입자를 기반으로 한 사업 모델을 운영하고 있으므로 가입자 증가가 절대적으로 중요하다. 〈그림 2-20〉에서 보듯, 넷플릭스는 1999년부터 2003년까지 적게는 1108만 달러(1998년)에서 많게는 5736만 달러(2000년)의 적자를 기록해 5년간 총 1억 4888만 달러(약 1667억 원)라는 천문학적인 적자를 봤다. 그러나 투자자들로부터 비즈니스 모델에 대한 신뢰를 이끌어내어 지속적으로 투자를 유치했다. 미국이라는 국가가 막대한 자금을 보유하고 있기에 가능한 일이다. 한국이라면 이러한 적자를 감수하기 어려웠을 것이다. 다행히 넷플릭스는 2003년부터 적자를 면하고 흑자로 돌아섰

46   몰아보기의 기준은 3시간 이상 보는 경우를 말한다. Kevin McDonad and Daniel Smith-Wowsey, *The Netflix Effect*(New York: Bloomsbury Academic, 2016), p.101.
47   김조한, "오리지널 콘텐츠의 시대, 넷플릭스의 시대", ≪IT동아≫, 2018.1.23.

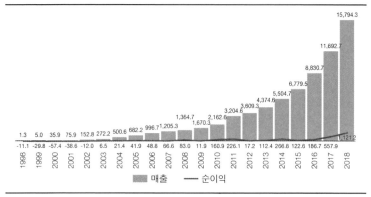

그림 2-20 **넷플릭스의 매출 및 순이익 추이** 단위: 백만 달러

자료: 넷플릭스 연차보고서(2010~2018)를 토대로 구성. 넷플릭스의 재무 상황은 넷플릭스 투자자를 위한 웹페이지에서 확인할 수 있다. https://www.netflixinvestor.com/financials/sec-filings/default.aspx에서 연 도별 10K(세금신고서)를 찾아서 보면 된다. 연도별 금액이 상이한 경우가 있는데, 이는 다음 해에 수치가 일부 조정이 된 것으로 보인다. 따라서 최근 데이터를 기준으로 작성했다.

으며, 2008년부터는 2007년까지의 누적 적자를 청산하고 누적 흑자 상태를 이어가고 있다. 2010년과 2013년을 제외하고는 상당한 규모의 흑자를 기록했는데, 최근에는 흑자 규모가 증가하는 경향을 보이고 있으며 2018년에는 11억 2124만 달러의 순이익을 기록했다. 그럼에도 오리지널 콘텐츠 제작을 위해 2009년 1월 요금을 인 상했다. 회원 수가 절대적인 영향을 미치는 구조에서 넷플릭스의 요금 인상이 어떠한 결과를 불러올지 세계가 주목하고 있다. 개인 적으로는 가입자 이탈이 크지 않을 것이라고 본다. 월정액으로 보 면 그렇게 부담되는 금액이 아니기 때문이다.

연평균 성장률Compound Annual Growth Rate: CAGR을 산출해 보면 매출 증 가는 59.8%이고, 순이익 증가는 26%에 달한다. 매출 증가보다 순 이익 증가가 낮은 것은 오리지널 제작에 막대한 금액을 투자하고

144 넷플릭소노믹스

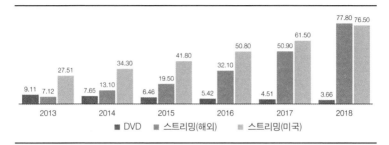

그림 2-21 **넷플릭스의 분야별 매출 현황**   단위: 억 달러

있기 때문으로 보인다.

구체적으로 DVD 매출, 미국의 스트리밍 매출, 해외의 스트리밍 매출로 나눠서 보면 〈그림 2-21〉과 같다.[48] 가입자 규모에 따라 DVD 매출은 2013년 9.11억 달러에서 2018년 3.66억 달러로 감소했다. 해외 스트리밍 매출은 2013년 7.12억 달러에서 2018년 77.8억 달러로 증가했다. 미국 내 스트리밍 매출은 2013년 27.51억 달러에서 2018년 76.5억 달러로 증가했지만, 2018년에는 해외 매출이 미국 매출보다 높아졌다.

〈표 2-6〉에서 보듯 넷플릭스는 2018년에 157.9억 달러의 매출을 올렸다. 환율을 1120원으로 계산할 경우 17조 7000억 원 정도이다. 유료 가입자가 증가함에 따라 2017년도에 비해 매출이 35.1% 증가했다. 순이익도 11억 2124만 달러로 전년 대비 101%나 증가했다. 주당 순이익은 2.8달러로 2017년 1.3달러보다 115.5%가 증가했다.

반면 넷플릭스는 다른 미디어 기업과 달리 현금 흐름은 그다지

---

48   https://craft.co/netflix/revenue에서 다양한 통계를 얻을 수 있다.

표 2-6 **넷플릭스의 매출 및 비용 현황** 단위: 천 달러

구분		2018	2017	증감	증감률
	매출	15,794,341	11,692,713	4,101,628	35.1%
비용	매출원가	9,967,538	8,033,000	1,934,538	24.1%
	마케팅	2,369,469	1,436,281	933,188	65.0%
	기술/개발	1,221,814	953,710	268,104	28.1%
	일반관리비	630,294	431,043	199,251	46.2%
	계	14,189,115	10,854,034	3,335,081	30.7%
영업이익		1,605,226	838,679	766,547	91.4%
순이익		1,121,242	557,929	563,313	101.0%
주당 순이익(달러)		2.8	1.3	1.5	115.5%

좋지 않다. 콘텐츠 제작을 위해 막대한 자금을 투입하면서 지난 5년 동안 현금 흐름이 좋지 않았다. 콘텐츠 제작을 위한 투자를 받지 않는다면 부실로 전환될 수도 있다.[49]

2017년 말 마이너스 20.2억 달러의 현금 흐름을 보였고, 2018년 말에는 현금 흐름이 마이너스 30.2억 달러로 급증했다. 2019년 상반기에도 현금 흐름이 마이너스 10억 537만 달러가 늘어났다. 〈그림 2-22〉를 보면 넷플릭스는 다른 미디어 그룹에 비해 현금 흐름이 좋지 않다는 사실을 알 수 있다. 이를 타개하기 위해 넷플릭스는 제작 투자 규모를 줄이는 움직임도 보이고 있다. 넷플릭스는 〈지정생존자〉 시즌4, 성인 애니메이션 〈투가 앤 버티Tuca & Bertie〉 시즌2, 〈오에이The OA〉 시즌3을 제작하지 않는다고 발표했다.[50]

---

49   Ashley Rodriguez and Youyou Zhou, "The Streaming video landscape is starting to resemble regular old TV", *Quartz*, 2018.11.21.

50   Joe Otterson, "'The OA' Canceled After Two Seasons at Netflix", *Variety*, 2019.8.5.

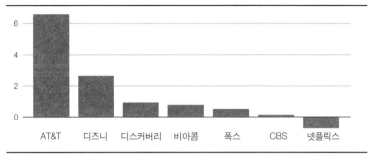

그림 2-22 미국 주요 미디어 그룹의 현금 흐름　　　　　　　　단위: 십억 달러

자료: *Quartz*, 2018.11.21.

넷플릭스의 시장 가치

넷플릭스는 2002년 5월 23일 기업공개를 했는데 주당 15달러로 출발했다. 2013년 이후로 주가는 꾸준히 상승했으며, 2017년부터 2018년 6월까지는 급상승했다. 역대 최고가는 2018년 6월 22일로 411.09달러였다. 2018년 하반기부터는 미국 증시의 하락과 함께 급격하게 하락했으나 2018년 12월 중순부터 또 다시 주가가 상승하고 있다. 2019년 7월 5일 기준 주가는 380.55달러이고, 시가총액은 1663.84억 달러에 이른다. 주가 수익률은 145.24%이다(〈그림 2-23〉 참조).

한편 JP모건J.P. Morgan의 분석가 사믹 채터지Samik Chatterjee는 애플이 넷플릭스를 1890억 달러에 사야 한다고 제시했다. 현재 넷플릭스보다 더 작은 기업을 인수해 스트리밍 마켓에 대응하는 것은 잘못된 아이디어라고 밝혔다. 이럴 경우 애플은 20%의 프리미엄을 주어야 할 것이고, 그 가격은 1890억 달러이다. 다행히 애플은 이

그림 2-23 **넷플릭스 주가 추이**

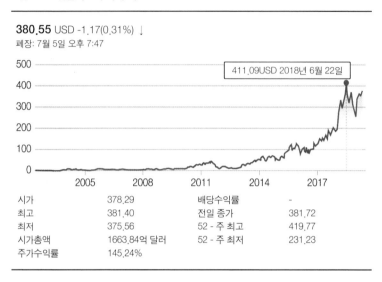

380.55 USD -1.17(0.31%) ↓
폐장: 7월 5일 오후 7:47

시가	378.29	배당수익률	-
최고	381.40	전일 종가	381.72
최저	375.56	52 - 주 최고	419.77
시가총액	1663.84억 달러	52 - 주 최저	231.23
주가수익률	145.24%		

금액을 현금으로 지급할 여력이 있다.[51] 과연 넷플릭스의 앞날은 어떻게 될까?

넷플릭스 시청 규모

우리는 보통 작품이 얼마나 인기 있는지 알고 싶어 한다. 영화는 극장에서 개봉하고 극장 관객 수를 기준으로 인기를 가늠한다.

---

51   Michael Sheetz, "Apple should buy Netflix but it would likely cost at least $189 billion, JP Morgan says", *CNBC*, 2019.2.4.

2019년 7월 말 기준 한국의 1000만 영화는 1761만 명이 본 〈명량〉을 비롯해 총 24편이다.[52] 드라마는 회별 시청률 또는 평균 시청률로 인기를 말한다. 회별 기준으로 가장 높은 기록을 보유한 드라마는 1996년 4월 20일 65.8%를 기록한 KBS 주말드라마 〈첫사랑〉이다. 평균 기준으로는 1991년 59.6%를 기록한 MBC 주말드라마 〈사랑이 뭐길래〉이다.

그러나 넷플릭스는 콘텐츠를 몇 명이 봤는지 완전하게 공개하지 않는다. 이는 아마존 프라임 비디오가 더 심하다.[53] 그 이유는 첫째, 다른 어떤 콘텐츠보다 상위에 있는 키즈 콘텐츠의 재시청Re-run 숫자 때문이다. Z세대 시청자들은 좋아하는 콘텐츠를 한 번만 보지도 한 편만 보지도 않는다. 모든 에피소드를 보는 것이다.[54]

둘째, 넷플릭스는 광고로 수익을 내지 않기 때문이다. 원래 시청률 조사를 실시하는 것은 광고주에게 광고 시청자가 얼마인지 제시하기 위해서이다. 넷플릭스 관계자도 "넷플릭스는 광고가 있는 서비스가 아니라서 수치 공개를 하지 않아온 측면이 있다"라고 설명했다.

셋째, 창작자의 창의성을 존중하기 때문이다. 넷플릭스 관계자는 "넷플릭스에서는 창작자가 원래 의도대로 창의적인 창작을 할 수 있다는 장점이 있다"라고 설명했다. 넷플릭스 오리지널 〈킹덤〉을 연출한 김성훈 감독도 "우리가 촬영한 것이 액션이라고 하면, 관객

52   http://kobis.or.kr/kobis/business/stat/offc/findFormerBoxOfficeList.do
53   Jason Lynch, "Amazon Still Won't Say How Many People Are Streaming Its Biggest Shows, Unlike Netflix", *Adweek*, 2019.7.27.
54   김조한, "한국 시장에서 넷플릭스를 배척하고 싶다? 글로벌에서 싸울 각오를 해야 한다", ≪IT동아≫, 2018.7.11.

들의 반응은 리액션이다. 개봉하는 시점이 리액션의 정점이다. 무대인사를 가면 200~300명 정도를 오프라인에서 만난다. 잘되었을 때는 쾌감을 느끼지만, 그 반대인 경우도 있다. 이번에는 그런 리액션을 받을 수 없어서 김은희 작가와 처음에는 기뻐했다. 하지만 지금은 안개 속에 있는 것 같아 답답하기도 하다"라고 말했다.[55]

그러나 최근 넷플릭스는 인기 있는 일부 콘텐츠에 대해 선별적으로 시청자 수를 밝히고 있으며, 투명성을 강조하기 위해 콘텐츠 이용 데이터를 공개하려는 움직임을 보이고 있다. 넷플릭스 콘텐츠 총괄 책임자Chief Content Officer 테드 서랜도스는 "더 구체적이고 세분화된 자료를 공개하기 시작할 것이다. 프로듀서에게 먼저 시청 데이터를 제공하고, 다음으로는 가입자, 마지막으로 언론순으로 자료를 공개할 것"이라고 밝혔다. 영국에서는 넷플릭스 시청 상위 10위 영화와 TV 시리즈를 공개하는 테스트를 진행했는데, 이를 다른 국가로 확대할 계획도 갖고 있다.[56]

다만, 시청 데이터는 가끔 공개하고 있는데, 앞으로 시청 데이터 공개를 확대할 것이라고 밝혔다. 2015년 〈나르코스Narcos〉는 〈왕좌의 게임〉보다 시청자 수가 많다고 밝혔다. 넷플릭스는 2019년 초 이례적으로 넷플릭스 오리지널 〈버드 박스Bird Box〉가 2018년 12월 21일 개봉한 이후 첫 4주 동안에 8000만 명이 시청했다고 밝혔다. 이 수치는 에피소드의 70% 이상을 시청한 경우만 카운트한 것이라

55   이은지, "넷플릭스가 조회수를 공개하지 않는 두 가지 이유", ≪SPOTV News≫, 2019.
     1.31.
56   Julia Alexander, "Netflix execs say they'll finally start releasing viewership data soon",
     The Verge, 2019.4.17.

고 한다. 또한 드라마 〈당신의 모든 것You〉과 영국 드라마 〈오티스의 비밀 상담소Sex Education〉는 첫 4주 동안 4000만 명이 볼 것이라고 예측했다.[57]

최근에도 〈트리플 프론티어Triple Frontier〉는 5200만 명, 〈엄브렐러 아카데미〉는 4500만 명, 〈하이웨이맨The Highwaymen〉은 4000만 명, 〈기묘한 이야기〉 시즌3는 4070만 명이 시청했다고 밝혔다. 영국에서는 상위 10위권을 알려주는 서비스 '톱 10'을 오픈할 예정이라고 밝혔다.

그러나 FX의 존 랜드그래프John Landgraf는 넷플릭스가 TV 시청자수를 파악하는 방법은 TV비평가협회Television Critics Association의 방법과 다르다며, 닐슨 자료를 인용해 실제로는 〈오티스의 비밀 상담소〉는 에피소드당 300만 명, 〈당신의 모든 것〉은 800만 명에 불과할 것이라고 반박했다. 리서처 회사인 7파크 데이터7Park Data에 따르면 넷플릭스가 많은 비용을 투자함에도 불구하고 넷플릭스 시청의 80%는 오리지널이 아닌 〈오피스The Office〉나 〈셰임리스Shameless〉 같은 구매 콘텐츠에서 나오며, 넷플릭스 시청자의 42%는 오리지널을 보지 않았다고 한다.[58]

넷플릭스에서 히트한 작품 현황은 〈표 2-7〉과 같다. 넷플릭스는 2017년을 '몰아보기bingeing의 해'라고 명명하면서 재미있는 통계를 발표했다. 2016년 11월 1일부터 2017년 11월 1일까지 1년 동안 전

---

57 Todd Spangler, "Netflix Original Content Outscores HBO, Hulu, Amazon on Customer-Satisfaction Survey", *Variety*, 2019.2.21.

58 David Z. Morrish, "Netflix Original Content Has Grown By 88% This Year, But Old TV Still Rules the Remote", *Fortune*, 2018.8.12.

표 2-7 넷플릭스에서 히트한 작품 현황

제목	시청시간	스튜디오	만료 시점
오피스	521억 분	NBC유니버설	2021년
프렌즈	326억 분	워너브라더스	2019년
그레이 아나토미	303억 분	디즈니	방송 후 3년
슈퍼 내추럴	183억 분	워너브라더스	방송 후 3년
플래시	121억 분	워너브라더스	방송 후 3년
워킹 데드	96억 분	AMC	방송 후 3년

자료: Lucas Shaw, "Hollywood Studios Say They're Quitting Netflix, But the Truth Is More Complicated", *Bloomberg*, 2019.5.30.

세계 회원은 매일 1억 4000만 시간, 일주일로 치면 10억 시간 동안 넷플릭스 콘텐츠를 시청했다. 매일 넷플릭스에 가장 많이 접속한 나라는 멕시코였다. 멕시코에서는 넷플릭스 가입자가 거의 매일 넷플릭스에 접속했으며, 1월 1일이 연중 넷플릭스를 가장 많이 시청한 날이었다. 넷플릭스 가입자는 평균 60편의 영화를 시청했는데, 이 중에는 북극에서 넷플릭스를 본 기록도 있었고, 〈캐리비안의 해적: 블랙 진주의 저주Pirates of the Caribbean The Curse of the Black Pearl〉는 365일 매일 시청한 기록도 있었다.

넷플릭스는 네 가지 타입의 시청 행태를 소개한다. 열혈 시청devoured, 선호 시청savoured, 바람피우는 시청cheated, 가족 시청brought together이다. 열혈 시청은 하루에 2시간 이상 시청한 경우로 〈아메리칸 반달American Vandal〉이 1위를 차지했다. 선호 시청은 하루에 2시간 미만 시청하는 경우로, 〈크라운The Crown〉이 1위를 차지했다. 바람피우는 시청은 신경을 써야 하는 상대방 앞에서도 상대방을 챙기지 않고 시청하는 경우로, 〈나르코스〉가 1위이다. 가족 시청은 가족이 함께 시청한 경우로 〈기묘한 이야기〉가 1위를 기록했다.[59]

넷플릭스는 이 외에도 넷플릭스 가입자 가운데 50%는 매주 몇 시간씩 넷플릭스를 이용하고 있고, 2017년 매주 10억 시간의 콘텐츠를 시청했으며, 동영상을 보는 시간 중 8%는 넷플릭스를 시청한다고 발표했다.

오리지널을 개봉하는 날이면 많게는 900만 명의 시청자가 넷플릭스를 시청한다. 인기가 많았던 〈기묘한 이야기〉는 다른 콘텐츠의 두 배 이상인 897만 명이 시청해 기존 방송사와 거의 비슷한 시청자 수를 기록했다. 다음은 〈루머의 루머의 루머13 Reasons Why〉가 407만 명, 〈버드 박스〉가 348만 명, 〈오렌지 이즈 더 뉴 블랙〉이 340만 명을 기록했다.[60]

넷플릭스를 살린 것은 블록버스터이다

넷플릭스가 출범한 것은 닷컴버블이 꺼지던 1990년대 말이었다. 따라서 대부분의 사람들은 넷플릭스의 우편 배송 아이디어를 비웃으며 이 사업이 곧 망할 것이라고 예상했다. 인터넷 주문 방식 역시 생소했으며, 미국의 우편 서비스는 달팽이 우편이라는 별명이 붙을 정도로 느린 것으로 인식되고 있었다. DVD 시장 자체도 작았다. DVD로 출시되는 작품은 연 500여 개에 불과했고 DVD 플레이어도 보급되기 전이었다. 그리고 이미 블록버스터라는 오프라인 공룡이

59   https://media.netflix.com/en/press-releases/2017-on-netflix-a-year-in-bingeing
60   Jason Lynch, "The Office, Friends and Grey's Anatomy Were Netflix's Most Streamed Shows Last Year", *Adweek*, 2019.5.9.

미국 전역에 9000여 개의 매장을 운영 중이었는데, 이 기업은 4000만여 명의 회원을 거느리고 매년 30억 달러 이상의 수입을 올리고 있었다. 블록버스터는 비디오를 빌려보는 문화가 막 싹트던 1980년대에 비디오 대여 체인 1위 사업자로 성장했다.[61]

당시 블록버스터에게는 넷플릭스가 상대도 되지 않는 골리앗 같은 존재였다. 넷플릭스는 블록버스터에 자사를 5000만 달러에 인수해 달라고 요청했으나 블록버스터는 응하지 않았다.

앞에서 보았듯이 블록버스터는 높은 점유율을 무기로 시장 상황에 잘 대응하고 있었다. 블록버스터의 CEO 존 안티오코는 2005년 뉴잉글랜드 패트리어츠와 필라델피아 이글스가 맞붙은 슈퍼볼 경기에 광고를 삽입해 당일과 다음 날까지 약 4만 명을 가입시키는 실적을 거두기도 했다.[62] 그러나 2007년 존 안티오코는 이사진과의 갈등으로 사임하고 세븐일레븐 CEO 출신인 제임스 키스James W. Keyes가 영입되었다. 제임스 키스는 세븐일레븐의 성공 방식에서 벗어나지 못한 채 블록버스터 매장 중심으로 대여점을 운영하기 위해 막대한 금액을 투자했다가 파산하고 말았다. 플랫폼의 발전을 다룬 책 『플랫폼 레볼루션』에서는 블록버스터의 오프라인 DVD 대여 시스템은 넷플릭스의 유통 경제를 따라잡지 못했기 때문에 망했다고 분석한다.[63] 실제로 블록버스터가 조금만 잘 대응했더라면 지금의 넷플릭스는 존재하지 않았을지도 모른다.

---

61   이재형, "'블록버스터'를 파산시킨 벤처 '넷플릭스'의 전략 이야기(1)".
62   지나 키팅, 『넷플릭스, 스타트업의 전설』, 197쪽.
63   마셜 밴 앨스타인·상지트 폴 초더리·제프리 파커, 『플랫폼 레볼루션』, 125쪽.

제3장

넷플릭스의 특징과 전망

넷플릭스의 성공 요인

> "성공한 기업은 과거에 누군가가 용감한 결정을 한 기업이다."
>
> – 경영의 구루, 피터 드러커Peter Drucker

넷플릭스의 미래에 대해 불투명하게 보는 시각도 있으나, 현재로서는 넷플릭스가 엄청난 성공을 거두고 있다. 세계 각국이 넷플릭스를 경쟁 상대라고 여기면서 이에 대응하는 것을 'OTT 전쟁'이라고까지 표현하고 있다. 넷플릭스의 성공 요인에 대해 분석하지 않은 언론이 거의 없을 정도이다. 넷플릭스가 성공한 요인은 다음과 같이 정리할 수 있다.

첫째, 실리콘밸리의 막대한 자금력으로부터 도움을 받았다. 넷플릭스는 창립 이후 31억 달러에 달하는 투자를 유치했다. 적자가 날 때도 가능성을 보고 투자가 이루어졌다. 2004년 흑자로 전환되기 전까지 1억 달러 이상의 투자를 받았다. 투자가 이루어지지 않으면 파산하게 되는데 넷플릭스는 고비 때마다 투자를 받아서 현재의 넷플릭스로 성장했다. 그러나 모든 기업이 이렇게 성공하는 것은 아니다. 〈그림 3-1〉에서 보는 바와 같이 100만 건의 아이디어가 나오면 투자가 이루어지는 것은 60건에 불과하며, 그중에서도 10%인 6

그림 3-1 **사업 아이디어가 상장 회사로 성공할 가능성**

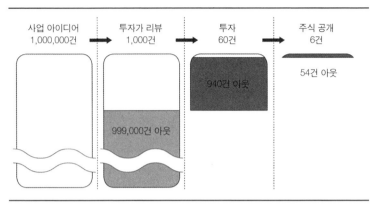

자료: 김영한·김영훈, 『비즈니스 모델 전쟁』(왕의 서재, 2011).

건 정도만 성공해 상장한다.

넷플릭스는 투자 유치를 통해 콘텐츠에 막대한 금액을 투자하고 있다. 헤이스팅스는 2019년 3월 전 세계 기자 60여 명이 참석한 랩스데이Labs Day 행사에서 사업 모델의 변화를 묻는 질문에 넷플릭스는 140억 달러를 투자하고 있으며 콘텐츠 제작에 집중한 것이 성장의 비결이라고 밝혔다. 또한 앞으로도 광고 모델은 도입하지 않을 것이며, 뉴스나 스포츠 등 라이브 중계도 하지 않고 드라마와 영화 등 오리지널 제작에 집중하겠다고 했다.[1]

둘째, 파괴적 혁신 능력이다. 처음에는 오프라인 매장을 없애고 온라인으로 주문받는 시스템으로 바꾸어 고정비용을 획기적으로 절감했으며, DVD 배송 시스템을 효율화하기 위해 우체국과 협업

---

1   손재권, "美LA서 리드 헤이스팅스 CEO 랩스데이 개최", ≪매일경제≫, 2019.3.19.

해 프로세스를 개선했다. 또한 아날로그 형태의 DVD를 디지털 형태의 VOD로 변화시켰다.

빅데이터 개념을 도입해 소비자의 선호도를 정확히 파악한 뒤 이를 콘텐츠 구매와 제작에 활용했다. 하나씩 빌려주고 비용을 지불받는 기존의 모델에서 벗어나 정액제 모델을 만듦으로써 관리 비용을 절감했다. 무엇보다 전국 어디에서든 DVD를 주문하면 그다음 날 받아볼 수 있는 익일 배송 시스템을 도입하면서 넷플릭스는 빠르게 성장했다.

추천 알고리즘은 넷플릭스의 대표적인 자산이다. 넷플릭스는 추천 서비스 예산이 1억 5000만 달러에 달하지만 일반 유료 TV의 추천 서비스 예산은 1000만 달러에 불과하다. 넷플릭스 가입자의 1인당 연간 추천 서비스 비용은 2.3달러인 반면, 유료 TV는 1달러이다. 월간 단위로 보면 넷플릭스는 0.19달러이나 유료 TV는 0.08달러이다(〈표 3-1〉 참조).[2] 넷플릭스는 추천 시스템의 확률을 높이기 위해 2006년 '넷플릭스 100만 달러 챌린지'라는 도전장을 전 세계의 통계학자, 수학자, 경영과학자들에게 내밀었다. 당시 넷플릭스는 48만 명의 회원이 1만 7000여 편의 영화에 매긴 1억 개의 평점 자료를 보유하고 있었는데, 이 대회에서 수상하기 위한 조건으로 추천 영화를 선택할 확률이 기존 대비 10% 높아져야 한다는 것을 내걸었다.

이 대회는 3년 동안 진행되었으며, 150개국에서 예측·모델링 전문가 4만 개 팀이 몰려들어 경쟁을 벌였다. 그 결과 2009년 벨코즈

---

2   Colin Dixon, "Netflix spends 20X more than pay TV on recommendations", *nscreenmedia*, 2016.1.26.

표 3-1 넷플릭스와 유료 TV가 추천 시스템에 지출하는 1인당 비용

	넷플릭스 스트리밍	전통적 유료 TV 가입자
1인당 가입료	11달러	100달러
전 세계 가입자	6500만 명	1000만 명
추천 시스템 예산	1억 5000만 달러	1000만 달러
연간 추천 시스템에 투자된 가입자당 금액	2.30달러	1.0달러
월 기준 금액	0.19달러	0.08달러
월 1인당 가입료에서 차지하는 비중	2.0%	0.09%

자료: Digitalsmiths, 2016.

프래그매틱 카오스BellKor's Pragmatic Chaos팀이 우승해 100만 달러의 상금을 차지했다.

이 대회는 기대했던 것 이상의 효과를 거두었다. 벨코즈 프래그매틱 카오스팀은 텍스트를 최소화하고 이미지를 극대화한 직관적인 플랫폼을 디자인했으며 작품을 다 본 후에 이용자가 다음 작품을 자연스럽게 선택하도록 했다.

넷플릭스는 온라인 스트리밍 시장을 적극 도입했다. 당시 온라인 스트리밍은 전체 영화 시장에서 차지하는 비율이 한 자릿수에 불과했지만 빠른 속도로 성장하고 있었고, 실리콘밸리에서는 아마존, 이베이 등 전자상거래 기업이 속속 생겨나고 있었다. 헤이스팅스는 콘텐츠 유통 시장이 오프라인에서 온라인으로 완전히 옮겨갈 것이라 내다보고 초창기부터 인터넷 서비스를 구상해 왔다. 그 결과, 인터넷 스트리밍을 시작한 다음 해인 2008년 넷플릭스 구독자 수가 25.6% 증가했으며 그 이듬해에는 30.7% 증가했다. 지금은 DVD 우편 대여 사업부를 완전히 분리해 내고 스트리밍에만 집중하고 있다. 넷플릭스는 오프라인과 온라인에서의 차별화 전략을 통해 시장

그림 3-2 **2009년 '넷플릭스 100만 달러 챌린지'에서 우승한 벨코즈 프래그매틱 카오스**

자료: https://www.wired.com

을 차차 잠식해 나갔다. 그리고 결국 블록버스터는 넷플릭스에 왕좌를 내주고 2010년에 파산을 신청했다.

넷플릭스는 미디어 산업의 기본인 '관심경제attention economy'의 법칙을 깼다. 관심경제는 1978년 노벨경제학상을 수상한 허버트 사이먼Herert A. Simon이 처음 사용한 용어로, 인간의 관심을 일종의 희소 상품으로 취급한다. 예를 들어, 드라마가 16부작이라면 8주 동안 사람들의 관심이 지속되지만 16부작을 한꺼번에 공개하면 관심경제의 이익을 얻지 못한다는 법칙이다.[3] 넷플릭스는 이처럼 기존의 사고를 깨고 새로운 영역을 개척했다.

헤이스팅스는 "창업자는 반드시 반대를 보는 관점Contrarian View을 가져야 한다"라고 말한 바 있다. 창업자뿐만 아니라 모두 새겨들어

---

3   강수환, 『넷플릭스, 뉴미디어 시대의 극장』(세계와 나, 2017).

야 할 말이다. 넷플릭스에서 부사장을 지낸 깁슨 비들Gibson Biddle이 습관 컨퍼런스Habit Summit에서 밝힌 바에 따르면, 넷플릭스는 '소비자 과학Customer science'을 통해 '고객 중심Customer focus'을 뛰어넘은 '고객 집착Customer obsession'을 지향했다고 한다. 몇 가지 예를 들면, 단지 고객이 말하는 것을 듣는 것이 아니라 소비자 과학을 통해 테스트하고 배우는 것이다. 고객이 현재 필요로 하는 욕구를 이해하는 것에서 나아가 예상하지 못한 미래의 욕구를 만들어 전달하는 것이다. 이는 고객 만족뿐만 아니라 장기적 고객의 기쁨도 창출한다.[4]

셋째, 구독 모델이다. 당시 비디오 대여점을 장악하고 있던 블록버스터의 운영 방식은 국내 비디오 대여점과 비슷했다. 빌려간 비디오를 약속 기간 안에 반납하지 않으면 연체료를 무는 식이었다. 하지만 넷플릭스는 이러한 운영 방식을 월정액이라는 구독 모델로 발전시켰다. 헬스클럽처럼 매달 정액제로 사용료를 낸 뒤 편수의 제한 없이 연체료도 물지 않고 이용할 수 있도록 했다. 비디오를 반납해야 다른 비디오를 보내주는 방식이어서 장기 연체 고객이 생길 우려도 없었다.

이러한 방식은 월 10달러 정도의 금액으로 모든 콘텐츠를 즐길 수 있어 값비싼 케이블이나 위성TV 대신 선택할 수 있는 대안이 되었다. 2019년에도 요금을 인상했지만, 가입자들은 아직 이 비용을 감내할 용의가 있다는 조사 결과도 있다. 다수의 이용자가 아이디를 공유하는 시스템 또한 더욱 저렴한 요금으로 넷플릭스를 더 많

---

4   Nir Eyal, "How Netflix's Customer Obsession Created a Customer Obsession", *Medium*, 2018.4.5.

이 가입하는 요인으로 작용한다.

넷째, 합리적인 가격이다. 이는 넷플릭스의 성장세를 견인한 주된 요인이다. 넷플릭스는 한 달에 최소 7.99달러만 내면 콘텐츠를 무제한으로 즐길 수 있다. 케이블 유료방송 서비스의 이용료가 한 달에 최소 50달러 정도이니, 넷플릭스가 3~4배는 저렴하다. 한국의 경우에는 넷플릭스를 4명이 동시에 이용하는 요금제가 월 1만 4500원이다. 반면 푹은 3명이 이용할 수 있는 패키지가 2만 400원(할인가 1만 6400원)이다. 따라서 여러 명이 이용한다고 보면 넷플릭스가 푹보다 36% 정도 저렴하다.

소비자의 입장에서 보면 콘텐츠를 편당 소비하지 않고 정액제로 무제한 관람하면 자연스럽게 한 편당 돈을 낸다는 인식이 없어지고 서비스 자체에 돈을 낸다는 인식이 강해진다. 편당 비용을 부담해야 하는 부담감이 사라지고 같은 값에 이것도 볼 수 있고 다른 것도 볼 수 있는 무제한 조건이 마련되는 것이다.

다섯째, 광고를 보지 않아도 되는 편의성이다. 일반적으로 미국에서 TV를 보려면 한 시간에 4~6번의 중간광고를 보아야 한다. 넷플릭스는 이러한 불편함을 없앴다. 〈굿닥터〉가 리메이크되어 2017년 5월 LA 스크리닝 기간에 소니픽처스에서 시사회를 가졌는데, 당시 광고 없이 본 작품과 본방송으로 본 작품이 같은 드라마라는 생각이 들지 않을 정도였다.

여섯째, 〈하우스 오브 카드〉로 대변되는 오리지널 콘텐츠의 힘이다. "오리지널은 황금 거위"[5]라는 말까지 있을 정도이다. 넷플릭

---

5   David Brier, "How Your Brand Can Implement Netflix's Unorthodox Growth Strategy",

스는 오리지널 콘텐츠를 만들어 다른 업체와 차별화하면서 이용자를 늘려가고 있다. 오리지널 콘텐츠의 사례로는 비틀스가 다른 아티스트가 쓴 곡을 녹음하는 것을 거부하고 자신만의 오리지널 음악을 녹음한 것, 애플이 자신의 앱 스토어에서만 이용할 수 있는 오리지널 앱을 개발한 것, HBO가 오리지널 콘텐츠를 만들면서 스튜디오나 방송사가 제공하는 프리미엄 콘텐츠를 뛰어넘은 것, 아마존이 오리지널 콘텐츠를 만든 것, 식료품과 주류를 주로 판매하는 미국 기업 트레이더 조Trader Joe's가 자신만의 상품을 만들어 제공한 것 등을 들 수 있다.[6]

넷플릭스가 파일럿 없이 바로 시즌을 만드는 방식은 TV 비즈니스의 표준을 바꾸고 있다. 넷플릭스는 세계에서 시장 가치가 가장 높은 미디어 회사의 하나로 성장했고, 디즈니보다 더 높은 가치를 갖고 있다는 평가를 받기도 한다. 넷플릭스는 시즌 전체를 한 번에 공개해 몰아보기binge-watching 관행도 만들고 있다.

넷플릭스는 2019년 약 150억 달러를 콘텐츠 제작에 투자할 예정이며, 독점 콘텐츠를 늘려서 이용자를 붙잡으려고 한다. 넷플릭스 CEO 헤이스팅스는 애플의 스트리밍 서비스에도 참여하지 않는다. 그는 "애플은 훌륭한 회사이다. 하지만 우리 콘텐츠는 넷플릭스에서만 보도록 하고 싶다"라고 말했다. 애플이 구독 서비스를 시작하더라도 애플이 넷플릭스 가입 통로가 되는 일은 없도록 하겠다는 뜻이다. 애플을 통해서 서비스를 가입하면 애플이 앱 수수료를 떼

Medium, 2018.6.19.

6   손미정, 「세계의 기업가⑤ 리드 헤이스팅스 넷플릭스 CEO! "넷플릭스 시대 온다" 예언 10년… 엔터테인먼트 'A to Z' 바꾸다」.

므로 수익이 줄어들 것이기 때문이다.

일곱째, 빅데이터를 활용한 경영이다. 가트너Gartner 수석 부회장 피터 손더가드Peter Sondergaard는 "데이터는 21세기의 원유이다. 그리고 분석은 그 원유를 연소하는 엔진이다"라고 말했다. 4차 산업혁명이 핫이슈가 되고 있지만 그 근간에는 '빅데이터'라는 '21세기 원유'가 동력으로 자리 잡고 있다. 빅데이터는 디지털 사회에서 생성되는 다양한 데이터를 뜻한다. 데이터를 어떤 식으로 분석·활용하느냐에 따라 다양한 가치가 생산되기 때문에 빅데이터 분석은 디지털 혁명의 꽃이라 할 수 있다. 넷플릭스는 오래 전부터 빅데이터의 잠재력을 인식하고 이를 적극 활용해 성공한 기업이다.

미국 경영매거진 ≪패스트 컴퍼니Fast Company≫의 공동 설립자인 빌 테일러Bill Taylor는 ≪하버드 비즈니스 리뷰Harvard Business Review≫에 「경쟁의 미래를 보기 위해서는 넷플릭스를 주시하라」라는 제목의 글을 실어 "빅데이터는 강력하며", "넷플릭스는 분석, 알고리즘, 디지털 스트리밍 혁신이 소비자의 영화와 드라마 시청 방식을 어떻게 바꾸는지를 보여준 기술 조직"이라고 했다. 실제로 넷플릭스는 1억 명이 넘는 가입자들의 시청 습관이 담긴 데이터를 콘텐츠를 제작하는 데 활용했다. 2013년 공개한 오리지널 제작 드라마 〈하우스 오브 카드〉를 통해 빅데이터를 이용하면 인기 드라마까지 만들 수 있음을 증명했다. 원작을 검색하거나 시청한 사람들의 데이터를 분석했으며, 이를 바탕으로 시청자들이 선호할 만한 배우와 감독을 캐스팅했다. 그 결과 〈하우스 오브 카드〉는 별도의 마케팅을 하지 않고도 단숨에 인기작으로 떠올랐고, 전체 넷플릭스 이용자의 85% 이상이 이 드라마를 시청한 것으로 알려졌다. 기술 기업이 '미디어 기업'의 길을 본격적으로 걷게 된 것도 이 무렵이다. 무엇보다 헤이스팅스에게 자체 콘텐츠에 대한 확신을 준 것은 〈하우스 오브 카드〉 공개 이후 넷플릭스 가입자가 10%나 늘었다는 사실이다. 넷플릭스가 최초로 만든 영화 오리지널은 2015년에 아프리카 소년병의 이야기를 다룬 〈국적 없는 짐승들Beasts of No Nation〉이다. 또한 넷플릭스는 AI를 활용해 소비자가 넷플릭스에 더 오래 머물도록 만들고 있다.

여덟째, 시즌을 한 번에 공개하는 릴리스 정책이다. 기존 방송이 매주 한 편(한국은 두 편)의 드라마를 공개하는 것과 달리 넷플릭스는 시즌 전체의 에피소드를 한꺼번에 모두 공개한다. 일반적으로 드라마에 빠지면 끝까지 보는 속성이 있는데, 이를 적극적으로 도입한 전략이다. 이는 모바일 이용자의 비중이 큰 넷플릭스 고객의 사용 패턴과 맞물려, 더 많은 고객을 더 많이 유료 고객으로 전환시키는 마중물 역할을 하고 있다.[7]

아홉째, 최고의 화질과 사운드를 제공하는 스트리밍 기술력이다. 넷플릭스는 유튜브와 함께 영상 스트리밍 기술 개발에 가장 많이 투자하고 있는 회사이다. 돌비 오디오가 지원되는 4K와 HDR 영상을 다운로드할 필요 없이, 구독자의 디바이스에 맞춰 최소한의 데이터 전송률로 끊기지 않게 제공하는 최적의 코덱 기술은 세계 최고라 평가받고 있다.

열째, 전략적 제휴이다. DVD 플레이어나 DVD 플레이어가 내장된 노트북을 판매하는 기업과 제휴를 맺어 이들 제품에 넷플릭스 무료 이용권 쿠폰을 넣어 배포하는 등 마케팅 전략을 적극 펼치며

---

7   알려줌 팬질, "넷플릭스(NETFLIX)의 강점과 약점 알려줌", ≪1boon≫, 2017.8.25.

시장의 판을 키웠다. 해외에서는 케이블TV, IPTV, 호텔 등 확장할 수 있는 방법을 최대한 활용하고 있다.

열한째, 제휴 전략을 적극 활용해 고객과의 접점을 늘렸다. DVD 대여 사업에 주력하던 시절에는 DVD 플레이어를 판매하는 기업과 제휴를 맺어 넷플릭스를 알렸고, 일본 진출 시에는 소프트뱅크 대리점과 웹사이트를 통해 넷플릭스에 가입할 수 있도록 계약을 체결했다. 한국에서는 케이블방송사 딜라이브와 제휴를 맺었다. 케이블방송사가 넷플릭스의 경쟁 상대라는 점을 감안하면 파격적인 협정이다. 이처럼 넷플릭스는 적과의 동침도 마다하지 않는 등 제휴 전략을 적극 활용했다. 넷플릭스는 윈도 PC와 매킨토시, 엑스박스360, 플레이스테이션3, 닌텐도 위, 애플TV, 아이패드, 아이폰, 구글TV 등 다양한 환경에서 넷플릭스를 시청할 수 있도록 지원했다.

넷플릭스 오리지널

넷플릭스가 성공한 대표적인 요인 가운데 하나는 오리지널 콘텐츠 제작이다. 넷플릭스는 사업 초기에는 영화나 TV드라마 판권을 구입해 콘텐츠를 서비스했다. 2012년부터 직접 콘텐츠를 제작했는데, 2018년부터는 방송사나 케이블보다 더 많은 비용을 투자해 콘텐츠를 제작하고 있으며, 이를 통해 가입자가 지속적으로 늘어나는 선순환을 보이고 있다. 여기서는 넷플릭스가 오리지널을 제작하는 이유는 무엇인지, 얼마나 많은 비용을 제작에 투자하고 있는지, 넷플릭스 오리지널에는 어떤 형태가 있는지 알아보려 한다.

넷플릭스가 오리지널을 제작하는 이유

넷플릭스가 매년 엄청난 돈을 투자해 오리지널 프로그램 제작을 중심으로 한 콘텐츠 확보에 노력하고 있는 이유는 무엇일까? 비디오 대여업으로 성공한 넷플릭스는 2007년부터 OTT 사업을 시작했다. 가장 시급하고 중요한 일은 콘텐츠를 확보하는 것이었는데, 콘텐츠 제공업자들과의 협상에서 주도권을 잡기가 쉽지 않은 것이 가장 큰 고민이었다.

넷플릭스의 첫 사업 형태는 할리우드 영화의 DVD 판권을 구매해 우편으로 배달하는 것이었다. 그렇다 보니 콘텐츠를 확보하는 일이 가장 중요했다. 처음에는 1개월 무료 서비스를 통해 회원을 증가시키는 전략을 사용했는데, 이로 인해 회원이 증가할수록 막대한 손실도 발생했다. 그 후 넷플릭스는 유료 케이블 업체인 스타즈에 2008년부터 연간 3000만 달러를 5년간 지급하고 2500개의 영화와 TV쇼를 공급받는 계약을 맺었다. 그러나 넷플릭스의 회원이 급증하면서 순이익이 증가하자 스타즈는 2012년 재계약 협상에서 콘텐츠 비용을 10배 올려 3억 달러를 지불할 것을 요구했고, 그 결과 계약이 결렬되었다. 이에 따라 넷플릭스의 주가가 폭락했으며 순이익도 2011년 2억 2613만 달러에서 2012년 1715억으로 2억 달러 이상 감소했다. 이러한 상황을 겪은 뒤 넷플릭스는 오리지널을 제작하기로 방향을 틀었다.

디즈니가 2019년부터 디즈니 콘텐츠를 라이센싱하지 않기로 함에 따라 넷플릭스는 오리지널 제작에 더욱 막대한 자금을 투입하고 있다. 콘텐츠를 구입하면 계약 기간 동안만 이용 가능하고 이후에는 다시 협상을 해야 하지만, 오리지널은 초기 비용은 들어가는 대신 작품이 인기 있는 한 계속해서 수익이 창출된다. 이는 콘텐츠 비즈니스에서 적용되는 한계 비용 체감의 법칙 때문이다. 이러한 현상은 IT 잡지 ≪와이어드Wired≫ 편집장 크리스 앤더슨Chris Anderson이 쓴 『롱테일 법칙』에서 밝혀졌다. 넷플릭스는 제레미 리프킨Jeremy Rifkin이 말한 '한계비용 제로'[8]까지 추구하고 있다.

넷플릭스는 2012년 갱스터가 노르웨이 릴레함메르에서 생활하면서 벌어지는 일을 소재로 한 유쾌한 전원생활 드라마 〈릴리 해머Lily Hammer〉를 시작으로 오리지널 작품을 시작했다. 이 드라마는 2014년 시즌3까지 제작했지만 큰 성과를 내지는 못했다. 하지만 2013년 공개한 〈하우스 오브 카드〉가 크게 성공하자, 이를 계기로 넷플릭스 인지도가 높아졌고 가입자 규모도 급성장했다. 또한 영화 위주의 콘텐츠에서 드라마의 중요성을 인식하고 드라마 제작에 많은 노력을 기울이게 되었다. 테드 서랜도스는 "더 많은 콘텐츠가 더 많은 시청을 부르고, 더 많은 시청은 더 많은 구독을, 더 많은 구독은 더 높은 매출을, 더 높은 매출은 더 많은 콘텐츠를 부른다"[9]라고 선순환 구조를 이야기했다. 다시 말하면, 넷플릭스는 콘텐츠를 추가할 때마다 새로운 가입자를 유도할 뿐만 아니라 넷플릭스의 기존 작품도 더 보게 만든다. 가입자가 넷플릭스의 콘텐츠를 더 많이 볼수록 넷플릭스는 가입자의 시청 습관에 대한 데이터를 더 많이 모을 수 있고, 이것은 앞으로 제작할 콘텐츠의 성공 가능성을 높여준다.

넷플릭스는 오리지널 제작을 더욱 확대할 계획이다. 2018년 10

---

8   제레미 리프킨, 『한계비용 제로의 사회』, 안진환 옮김(민음사, 2014).
9   Vince Martin, "Questions Persist on Netflix's Content Strategy After Q2 Subscriber Miss", *Investor Place*, 2018.7.26.

월 뉴멕시코에 소재한 ABQ 스튜디오를 인수했고, 유럽의 오리지널 콘텐츠 생산거점으로 2019년 10월부터 영국의 셰퍼턴 스튜디오를 활용하기로 한 데 이어, 뉴욕시에 1억 달러를 투자해 제작 허브를 만들고 있다. 맨해튼에서 일하는 콘텐츠, 마케팅, 제작 개발 인력을 현재 32명에서 2024년까지 127명으로 확장할 계획이며, 브루클린에 여섯 개의 음향 스튜디오를 운영할 예정이다. 이에 뉴욕시는 400만 달러의 세액 공제 혜택을 제공하기로 했다.[10]

넷플릭스가 오리지널을 만드는 비결

미국 잡지 ≪벌처Vulture≫에는 2018년 "몰아보기 공장 내부에서 Inside the Binge Factory"라는 제목의 글이 실렸는데, 이 글에서는 넷플릭스가 어떻게 오리지널 콘텐츠를 만드는지를 다루고 있다.[11] 이 글은 넷플릭스가 오리지널을 만드는 비결을 다섯 가지로 정리했다. 첫째, 최고의 콘텐츠 제작자에게 투자를 아끼지 않는다. 넷플릭스는 최고의 콘텐츠를 만들어온 최고의 히트 메이커들을 거액을 투자해 스카우트했다. ABC의 숀다 라임스와 1억 달러, FX의 라이언 머피와 3억 5000만 달러, 데이브 샤펠Dave Chappelle과 6000만 달러, 크리스 록Chris Rock과 4000만 달러 계약을 맺었다. 오스카 수상 감독인 데이미언 셔젤Damien Chazelle, 멕시코 영화감독 기예르모 델 토로 Guillermo del Toro와도 작업하고 있으며, 이 시대 가장 성공적인 시트콤 제작자 척 로어Chuck Lorre에게도 콘텐츠를 제작하도록 했다. 벼락 오

10   Kristin Brzoznowski, "Netflix to Open NYC Production Hub", *World Screen*, 2019. 4.18.

11   Josef Adalian, "Inside the Binge Factory", *Vulture*, 2018.6.10.

바마 및 미셸 오바마와도 TV쇼 및 영화를 제작키로 하고 거액의 계약을 체결했다. 비욘세 지젤 놀스Beyonce Giselle Knowles와는 세 개의 프로젝트에 대해 6000만 달러 계약을 체결했다. 첫째 프로젝트는 〈홈커밍Homecoming〉이다. 2018년에는 코첼라Coachella 공연에 대한 비하인드신 다큐멘터리를 제작하기도 했다.[12] 최근에는 〈포즈Pose〉의 감독 겸 프로듀서 겸 작가인 자넷 모크Janet Mock와 수백만 달러에 3년간 계약을 체결했다. 그녀는 성공한 첫 트랜스젠더 여성으로 화제를 불러일으키고 있다.[13] 또한 2019년 초 그만둔 마케팅 책임자 켈리 베넷Kelly Bennett의 후임으로 BBC 스튜디오의 책임 프로듀서 재키 리-조Jackie Lee-Joe를 영입했다.[14] 이는 유럽에서 더욱 공격적인 행보를 하기 위한 포석으로 보인다.

둘째, 제작진에게 결정권을 주고 있다. 넷플릭스는 많은 콘텐츠를 제작하기 위해 분권화된 기획/제작 조직을 만들었으며, 다수의 팀에 자체 의사 결정 권한을 부여했다. 심지어 이들은 넷플릭스 최고 콘텐츠 책임자 테드 서랜도스가 반대하더라도 제작을 진행할 수 있는 권한을 가지고 있다. 서랜도스는 "우리가 지금 하고 있는 일들을 규모와 품질 모든 측면에서 제대로 하기 위한 유일한 방법은 팀에게 의사 결정 권한을 주는 것뿐이다. 제작팀 임원들은 할리우드의 누구보다 구매 권한이 크다"라고 말했다.

셋째, 로컬 오리지널 작품을 많이 만들고 있다. 넷플릭스는 미국

---

12 Shirley Halperin and Jem Aswad, "Beyonce's Netflix Deal Worth a Whopping $60 Million", *Variety*, 2019.4.19.

13 Matt Donnelly, "Janet Mock Signs Landmark Overall Netflix Deal", *Variety*, 2019.6.19.

14 Andreas Wiseman, "Netflix Appoints BBC Studios Exec Jackie Lee-Joe As Chief Marketing Officer", *Deadline*, 2019.7.12.

그림 3-3 **넷플릭스의 제작 임원**

넷플릭스의 임원들. 왼쪽부터 에이미 레인하드(Amy Reinhard) 콘텐츠 구매 부사장, 벨라 바자리아(Bela Bajaria) 콘텐츠 구매 부사장, 테드 서랜도스 콘텐츠 최고 책임자, 신디 홀랜드(Cindy Holland) 오리지널 콘텐츠 부사장, 에릭 바맥(Erik Barmack) 국제 오리지널 부사장.
자료: https://medium.com/ebadaknews/netflix-swallows-tv-a3873a3cff08

보다 해외에서 급성장하고 있기 때문에 로컬 작품을 많이 만들려고 한다. 독일에서 만든 스릴러물 〈다크Dark〉, 멕시코의 〈언거버너블 Ingobernable〉, 브라질 〈3%〉 등이 해당된다. 넷플릭스는 자신이 외국 시장에서 더욱 성장하기 위해서는 그 지역에서 그 지역의 창작자가 만든 콘텐츠를 구독자들에게 제공할 필요가 있다고 믿고 있다.

넷째, 가입자를 취향 집단으로 구분하고 있다. 넷플릭스는 기존의 인구통계적 구분을 '취향 집단Taste Community'이라는 개념으로 대체해 활용하고 있다. 인류학적으로 추정하는 것이 아니라 실제 시청 기록을 중심으로 전체 구독자를 약 2000개의 세부적인 집단으로 나눈다. 취향 집단을 이렇게 디테일하게 나눈 뒤 비슷한 취향을 가진 사람들의 행동을 분석해 시청자들이 더 좋아할 만한 콘텐츠를 찾아 제안함으로써 새로운 것을 더 많이 보게 유도하는 도구로 활용한다. 그렇기에 개개인마다 추천받는 콘텐츠가 다르다. '당신의 넷플릭스와 나의 넷플릭스는 다르다'라는 말이 나온 것은 이 때문이다.

다섯째, 데이터에 의한 의사 결정이다. 넷플릭스는 과감하게 새로운 콘텐츠를 시도하지만, 진행 도중 아니라고 판명되면 가차 없이 포기한다. 넷플릭스 쇼 중 80%는 1~2개 시즌 후 후속 제작이 중단된다. 또 반응이 좋았던 쇼들도 철저한 재검증을 거쳐 추가 투자 여부를 결정한다. 코미디언 마리아 뱀포드Maria Bamford의 이야기를 다룬 〈레이디 다이너마이트Lady Dynamite〉도 두 번째 시즌이 로튼 토마토 평점 100%로 호평을 받았음에도 불구하고 시청자 수가 적었기 때문에 후속 제작이 불발되었다. 서랜도스도 "〈레이디 다이너마이트〉는 개인적으로 정말 매료되었던 쇼였다. 전통 사업자들은 임원이 그 쇼의 팬이라는 이유로 속편을 제작하는 경우가 왕왕 있지만 우리는 그렇지 않다"라고 말했다.

오리지널 콘텐츠에 소요되는 비용

넷플릭스가 콘텐츠 제작에 투자하는 금액은 천문학적인 액수이다. 넷플릭스가 오리지널 콘텐츠 제작에 쏟아부은 비용은 2013년 약 20억 달러, 2017년 63억 달러, 2018년 120억 달러로 급증했고, 현금 흐름이 마이너스 30억 달러임에도 불구하고 2019년에는 150억 달러, 2020년에는 175억 달러를 콘텐츠 제작에 투자할 전망이다.[15] 골드만삭스에 따르면 2022년에는 제작 투자액이 225억 달러

---

15   Todd Spangler, "Netflix Spent $12 Billion on Content in 2018. Analysts Expect That to

까지 증가할 것으로 보인다. 테드 서랜도스는 이 중에서 85% 정도를 오리지널 제작에 사용한다고 말했다.[16] 반면 2017년 HBO의 제작 투자액은 25억 달러, CBS는 40억 달러에 불과했다.[17]

상황이 이러하자 우수한 프로듀서, 감독들이 넷플릭스행을 택하고 있다. 엄청난 금액을 받고 넷플릭스로 옮긴 대표적인 사람으로는 스탠드업 개그의 독보적인 존재 크리스 록Chris Rock, 15년간 〈그레이 아나토미Grey's Anatomy〉 등 ABC 드라마를 책임진 숀다 라임스, CBS 심야 토크쇼를 이끌었던 데이비드 레터맨David Letterman 등이 있다. 넷플릭스는 2018년에만 82개의 상업 영화를 제작했는데, 이는 워너브라더스의 23개, 디즈니의 10개와 크게 대비된다.

넷플릭스는 아마존과 더불어 애니메이션 제작에도 많은 투자를 하고 있다. 애니메이션은 몰아보기할 만한 콘텐츠이기 때문이다.[18] 〈캐슬바니아Castlevania〉는 방송사에서 거절당한 콘텐츠였으나 넷플릭스에서 인기를 끌었다. 이를 계기로 애니메이션에 관심이 집중되었다. 넷플릭스의 어린이 및 가족 콘텐츠 담당 부사장인 멜리사 콥Melissa Cobb은 "애니메이션은 넷플릭스의 핵심 영역"이라고 밝혔다. 2018년에 넷플릭스는 오리지널 예산의 11%인 11억 달러를 애니메이션에 투입했고, 아마존도 예산의 10% 정도인 3억 달러를 애니메이션에 투자했다. 2022년에는 넷플릭스는 오리지널 예산의 15%인

Grow to $15 Billion This Year", *Variety*, 2019.1.18.

16 Todd Spangler, "Netflix Original Content Outscores HBO, Hulu, Amazon on Customer-Satisfaction Survey".

17 http://fortune.com/2018/07/08/netflix-original-programming-13-billion/

18 Wendy Lee, "Netflix and Amazon spark animation revival, spending heavily in quest for binge-worthy shows", *Los Angeles Times*, 2018.11.18.

49.8억 달러, 아마존은 오리지널 예산의 14%인 18.6억 달러를 애니메이션에 투자할 것으로 예측된다.

애니메이션 제작 현황

넷플릭스는 어린이 시장을 공략하기 위해 많은 노력을 기울이고 있다. 아이들이 보기 시작하면 부모가 넷플릭스를 가입할 수밖에 없고, 어릴 때부터 충성 고객이 되면 평생 갈 수 있기 때문이다. 특히 일본에서는 애니메이션 제작에 중점을 두고 있다.

넷플릭스 가입자의 60%가 아동과 가족 콘텐츠를 보는데, 이들이 보는 콘텐츠의 75%가 애니메이션 프로그램이고, 이들의 해지율은 평균 가입자의 절반에 불과하다. 그렇기 때문에 넷플릭스는 30분짜리 에피소드를 일반 가격의 두 배 정도인 최고 120만 달러를 지급하고 구매한다.[19]

〈그림 3-4〉는 2018년 1월부터 10월까지 각 플랫폼에서 제공한 애니메이션 수이다. 넷플릭스가 60편 이상을 확보해 경쟁사인 아마존과 훌루보다 압도적으로 많음을 알 수 있다. 넷플릭스는 2018년 전체 콘텐츠 예산의 11%인 11억 달러를 사용했고, 2022년에는 15%인 49.8억 달러로 증가할 것으로 전망했다(〈그림 3-5〉 참조).

인터랙티브 콘텐츠 제작

넷플릭스는 인터넷의 양방향 특성을 활용해 인터랙티브 콘텐츠[20]

---

19 Jessica Toonkel, "How Netflix Created a Boom in the Cartoon Industry", *The Information*, 2019.2.6.

20 전 세계에서 최초로 만들어진 인터랙티브 비디오는 아케이드 게임인 〈용의 굴(Dragon's

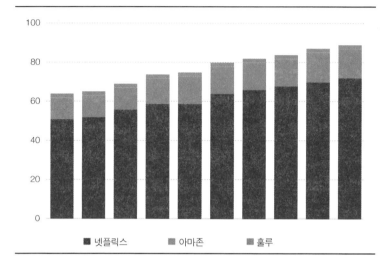

그림 3-4 **OTT에서의 애니메이션의 성장**　　　　　　　　　　　단위: 편

■ 넷플릭스　　　■ 아마존　　　■ 훌루

를 만들고 있다. 화제가 된 작품으로는 〈블랙 미러: 밴더스내치Black Mirror: Bandersnatch〉가 있으며, 〈당신과 자연의 대결You vs. Wild〉도 출시했다. 온라인 신문 ≪레딧≫이 밝혀낸 바에 따르면 〈블랙 미러〉는 주요 결말 5개를 포함해 총 13개의 결말이 준비되어 있다.[21] 그 이전에도 〈장화 신은 고양이: 동화책 어드벤처 Puss in Book: Trapped in an Epic Tale〉를 시작으로 〈버디 썬더스트럭: 어쩌면 봉투Buddy Thunderstruck: The Maybe Pile〉, 〈스트레치 암스트롱: 탈출Stretch Armstrong: The Breakout〉, 〈마인크래프트: 스토리 모드Minecraft: Story Mode〉 같은 아동용 콘텐츠가 있

Lair)〉(1983)이다. 김조한, 「플랫폼이 주도하는 콘텐츠의 미래, 넷플릭스의 인터랙티브 비디오」, ≪방송 트렌드 & 인사이트≫, 18호(2019).

21　Tasha Robinson, "The Reddit detectives are hard at work decoding Black Mirror: Bandersnatch", *The Verge*, 2018.12.28.

그림 3-5 **오리지널 애니메이션 예산 및 비중**

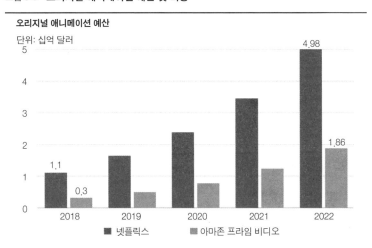

오리지널 애니메이션 예산

단위: 십억 달러

■ 넷플릭스   ■ 아마존 프라임 비디오

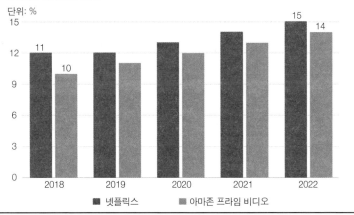

오리지널 애니메이션 비중

단위: %

■ 넷플릭스   ■ 아마존 프라임 비디오

자료: Loup Ventures.

었다. 이를 통해 유추할 수 있는 것은 넷플릭스는 인터랙티브 콘텐
츠를 단순히 인터랙티브 비디오로 한정하는 것이 아니라 플랫폼을
만들고 콘텐츠를 게임으로 확장하고 어린이용에서 성인용으로 확

그림 3-6 넷플릭스 인터랙티브 영화 〈블랙 미러: 밴더스내치〉

대하는 전략을 갖고 있는 것으로 보인다.[22]

모든 오리지널을 넷플릭스가 직접 제작하는 것은 아니다

오리지널 콘텐츠라고 해서 전부 넷플릭스 혼자 제작하는 것은 아니다. 공동 제작하거나 독점 판권을 사서 공급하는 경우를 오리지널이라고 부르기도 한다.

오리지널은 크게 제작Production Original과 독점 배급Licensing Original으로 구분된다. 제작에는 자체 제작 오리지널Original Production과 공동 제작 오리지널Co-production Original이 있다. 자체 제작은 넷플릭스가 모든 비용을 부담해 지식재산권Intellectual Property: IP을 보유하고 시즌이나 속편 제작 등 저작권과 관련해 영구적인 권리를 행사하는 것으

---

22 홍성윤, "넷플릭스 '밴더스내치'와 인터랙티브 콘텐츠 연대기", ≪매일경제≫, 2019.1.9.

로, 〈하우스 오브 카드〉나 〈오렌지 이즈 더 뉴 블랙〉 같은 작품이 해당된다. 공동 제작 오리지널은 파트너와 공동으로 제작한 것으로 노르웨이의 공영방송 NRK와 제작한 〈릴리함메르〉나 캐나다 방송사 시티City와 공동 제작한 〈비트윈Between〉 등이 해당된다.

독점 배급은 제작사와의 계약에 따라 특정한 시기에 특정 지역 또는 일부 지역을 제외한 나머지 지역에 대해 배급권을 독점 행사하는 것을 의미한다. 〈스타트렉: 디스커버리〉처럼 작품에 따라 제작비의 100%를 지불하는 경우도 있고, 〈미스터 션샤인〉처럼 제작비 대비 일정 비율을 지불한 후 판권을 획득하는 경우도 있다. 이 경우 지식재산권이나 저작권은 행사할 수 없으며 시즌 리뉴와 같은 제작 관련 권한도 없다. 오직 배급만 독점적으로 행사할 수 있다.

〈미스터 션샤인〉은 오프라인에서는 tvN에서 처음으로 방송했지만, 온라인에서는 넷플릭스가 첫 방송을 한 오리지널이다. 영국에서 2002년 이후 최고 시청률을 기록한 BBC 드라마 〈보디가드Body Guard〉도 이와 동일한 방식으로 진행되었다. 제작은 ITV 스튜디오에서, 첫 방송은 BBC에서 했지만, 온라인에서는 넷플릭스가 오리지널이다.

넷플릭스의 오리지널 작품 현황

미국에서는 2018년 한 해 동안 496편의 드라마가 제작되어 2017년 487편보다 1.8% 증가했다. 방송사에서 146편(2017년 153편), 유료 케이블에서 45편(2017년 42편), 베이직 케이블에서 145편(2017년 175편), 스트리밍이나 온라인에서 160편(2017년 117편)이 제작되었다.[23] 이를 보면 기존 방송사는 드라마를 줄이고 있는 반면, 넷플릭

그림 3-7 **미국의 오리지널 드라마 제작 현황**

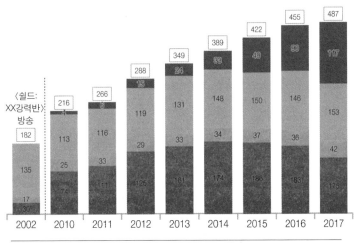

배급 방식	증감률	
	2018 vs 2002	2018 vs 2014
■ 온라인	++	+385%
■ 방송	+8%	-1%
■ 유료 케이블	+165%	+32%
■ 베이직 케이블	+380%	-17%
□ 전체	+172%	+27%

자료: FX Networks Research, 2018.12.5.

스를 포함한 스트리밍사업자나 온라인 사업자는 드라마 제작을 늘리는 추세이다. 2004년과 비교하면 스트리밍 업체의 드라마 제작 편수는 385%나 증가했다(〈그림 3-7〉 참조).

그중에서 디지털 오리지널은 2017년 147편 대비 2018년에는 319

---

23 Elaine Low, "FX's John Landgraf: Netflix 'Isn't Telling You the Whole Story'", *Variety*, 2019.2.4.

그림 3-8 **각 OTT 업체의 디지털 오리지널 제작 현황**   단위: 편

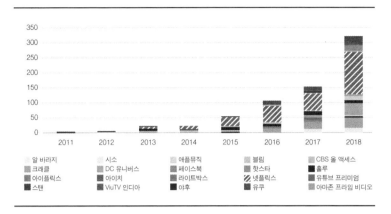

범례:
- 알 바라지
- 크래클
- 아이플릭스
- 스탠
- 시소
- DC 유니버스
- 아이치
- ViuTV 인디아
- 애플뮤직
- 페이스북
- 라이트박스
- 야후
- 블림
- 핫스타
- 넷플릭스
- 유쿠
- CBS 올 액세스
- 훌루
- 유튜브 프리미엄
- 아마존 프라임 비디오

편으로 급증했다. 이는 넷플릭스가 제작한 드라마가 2018년 139편으로 증가했기 때문이다. 〈그림 3-8〉은 전 세계에서 제작된 디지털 오리지널 현황이며, 흰색 빗금으로 표시된 부분이 넷플릭스이다.[24]

≪LA타임스≫에 따르면 넷플릭스는 2016년 91편, 2017편 172편, 2018편 323편의 새로운 오리지널 콘텐츠를 확보했다(〈그림 3-9〉 참조). 이처럼 넷플릭스의 오리지널 콘텐츠 제작 편수는 매년 급속도로 증가하고 있는데, 이것은 디즈니가 2019년부터 콘텐츠 공급을 중단하기로 했기에 불가피하게 취한 전략으로 보인다.

넷플릭스가 투자자에게 정보를 제공하는 넷플릭스미디어센터는 오리지널 프로그램 목록을 제공하고 있다. 〈표 3-2〉에 보는 바와 같이 2019년 6월 30일 기준으로 1005편의 프로그램이 제시되어 있다. 드라마가 368편으로 가장 많고, 영화 249편, 스탠드업 코미디

---

24   Parrot Analytics, "The Global Television Demand Report 2018", p.8.

그림 3-9 　넷플릭스의 디지털 오리지널 연도별 제작 현황

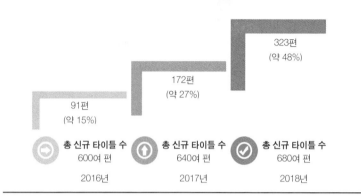

자료: *Los Angeles Times*, 2018.8.12

스페셜 142편, 다큐멘터리 129편, 어린이용 69편 등이다. 이 중에서 140편은 2019년 7월 11일 이후에 공개한다. 2019년부터 2022년까지 일정이 정해진 프로그램도 있지만, 70편은 미정이다. 드라마 〈모나르카Monarca〉와 〈마야 앤 더 쓰리Maya and the Three〉 등 7편은 2021년 공개할 예정이고, 영화 〈모자로부터의 이탈Escape from Hat〉과 〈제이컵과 바다의 야수Jacob and the Sea Beast〉는 2022년 개봉할 예정이다. 이처럼 오랜 기간에 걸쳐 작품을 만드는 관행이 좋은 작품을 낳는 것으로 보인다.

　1005편의 오리지널 작품을 유통 제한별로 분류하면 〈표 3-3〉에서 보듯이 890편은 글로벌 방영권과 유통 권리를 갖고 있고, 115편은 일부 국가에서 방영 제한이 있거나 유통 권리를 갖고 있지 않다. 글로벌 오리지널이 787편, 오리지널이 180편, 첫 방송이 14편, 미국 외 지역 최초 첫 방송이 24편이다.

표 3-2 **넷플릭스 오리지널의 카테고리 현황(2019년 6월 기준)** 단위: 편

드라마	영화	애니메이션	코미디 시리즈	코미디 스페셜	다큐멘터리	어린이	토크쇼	기타	계
368	249	24	15	142	129	69	4	5	1,005

자료: https://media.netflix.com/en/only-on-netflix#/all?page=1

표 3-3 **넷플릭스 오리지널의 유통 제한별 현황** 단위: 편

구분	글로벌 오리지널	오리지널	첫 방송	미국 외 지역 최초 방송	계
지역/유통 제한 없음	739	124	10	17	890
지역/유통 제한 있음	48	56	4	7	115
계	787	180	14	24	1,005

〈미스터 션샤인〉은 글로벌 오리지널Global Original로 분류되어 있고 한국은 예외라고 표기되어 있다. SBS에서 방송될 〈배가본드〉는 오리지널로 분류되어 있고 한국 외에서는 첫 방송으로 표기되어 있다. KBS에서 2016년 방송된 〈한 번 더 해피에딩〉과 영화 〈판도라〉는 오리지널로 분류되어 있고 한국을 제외한 오리지널로 표기되어 있다.

오리지널 중에서 UHD로 된 작품 수는 66편이다. 이는 넷플릭스가 처음부터 작품의 화질에 대해 크게 강조한 결과이며, 앞으로는 대부분 UHD 작품으로 오리지널이 제작될 것이다.

넷플릭스는 로컬에서 오리지널을 많이 제작하고 있다. 인도에서 인기 있는 오리지널 상위 10위를 보면 2019년 3월 7일~13일 한 주에 아마존의 〈미르자푸르Mirzapur〉가 9411만 회 시청으로 1위를 했지만, 8293만 회의 〈신성한 게임〉을 비롯해 7편은 넷플릭스 오리지널이다(〈표 3-4〉 참조).[25]

표 3-4 인도 시장에서 인기 있는 오리지널 작품 순위   단위: 회

순위	제목	플랫폼	평균 수요 지수
1	Mirzapur	아마존 프라임 비디오	94,112,028
2	Sacred Games	넷플릭스	82,931,185
3	The Umbrella Academy	넷플릭스	72,402,342
4	Narcos	넷플릭스	55,762,154
5	13 Reasons Why	넷플릭스	52,540,715
6	Marvel's Daredevil	넷플릭스	51,988,358
7	Stranger Things	넷플릭스	49,556,885
8	Four More Shots Please!	아마존 프라임 비디오	47,706,757
9	Marvel's The Punisher	넷플릭스	45,468,967
10	Doom Patrol	DC 유니버스	45,295,502

자료: Parrot Analytics, 2019.3.7~13.

플릭서블닷컴https://flixable.com/에서는 넷플릭스 작품을 확인할 수 있다. 이 사이트에서는 넷플릭스의 작품을 영화와 TV쇼로 구분해 장르, 평가, 언어, 연도별로 검색할 수 있다(〈그림 3-10〉 참조).

넷플릭스의 판권 확보 방식

넷플릭스는 오리지널 제작을 위해 판권을 확보하기 시작했다. 디즈니가 더 이상 콘텐츠를 공급하지 않고 인기 있던 마블의 인기 히어로 드라마 후속 시즌을 더 이상 제작하지 못하게 된 데 따른 조치로 보인다.

2017년 8월 넷플릭스는 설립 20년 만에 처음으로 인디 코믹스 출판사 밀러월드Millarworld를 인수했다. 밀러월드는 킹스맨, 원티드, 리본, 네미시스 등 인기 코믹스 판권을 소유하고 있는 회사이다. 넷플

---

25   Content Asia, eNewsletter, 2018.3.18~31. p.17.

그림 3-10 넷플릭스 오리지널 리스트를 확인할 수 있는 사이트 '플릭서블'

릭스는 2019년 2월 밀러월드 코믹스 원작의 히어로 드라마 〈엄브렐러 아카데미〉를 공개하며 마블에서 벗어났다.

여기에서 나아가 게임까지 만들고 있다. 지식재산권을 소유하고 있기 때문에 〈기묘한 이야기〉를 게임으로까지 제작할 수 있는 것이다(〈그림 3-11〉 참조). 넷플릭스의 인터랙티브 콘텐츠가 가상현실과 연결되면 바로 게임으로 연결된다. 앞으로도 지식재산권을 활용해 게임에 지속적으로 진출할 것이다. 또한 에픽게임즈를 비롯한 게임사와의 협업도 진행하고 있다. 에픽게임즈가 만든 게임 '포트나이트'에는 〈기묘한 이야기〉에 나오는 아이스크림 가게가 등장하기도 한다. 이처럼 넷플릭스는 기존 영상화 콘텐츠와 게임을 연계한 콘텐츠를 계속 시도함으로써 DVD 우편 배송 → 스트리밍 서비스 → 오리지널 제작에 이어 지식재산권을 통한 부가사업으로까지 발을 넓힐 것이다.

그림 3-11 게임으로 제작되는 〈기묘한 이야기〉의 한 장면

넷플릭스는 배우의 영향력도 바꾸고 있다

넷플릭스가 제작에 뛰어들면서 제작과 관련된 배우들의 몸값도 변하고 있다. 넷플릭스 영화나 드라마에 출연해 인기가 좋을 경우 다음 작품에서의 출연료가 증액되기 때문이기도 하지만 작품을 계속 제작하면서 누적되는 출연료가 많아지기 때문이다.

2017년 6월 1일부터 2018년 6월 1일까지 세계에서 가장 많은 수입을 올린 미국 남자 배우 10명을 조사한 결과에 따르면, 1위는 2억 3900만 달러로 조지 클루니George Clooney가 차지했다. 10명 중에서

한물 간 배우 취급을 받은 윌 스미스Will Smith는 4200만 달러로 6위, 애덤 샌들러Adam Sandler는 3950만 달러로 8위에 올랐다. 샌들러는 2014년 넷플릭스 오리지널 영화 네 편에 출연계약을 맺었는데, 넷플릭스 자체 평가 결과 영화 반응이 좋아 2017년 네 편에 대한 계약을 다시 체결하면서 많은 수입을 올렸다. 아이러니한 것은 샌들러가 출연한 2015년 영화 〈리디큘러스 6The Ridiculous 6〉는 로튼 토마토 평가 점수가 0점이고, 2016년 영화 〈두 오버The Do-Over〉도 5점밖에 얻지 못했다. 샌들러가 넷플릭스에서 찍은 대부분의 영화는 평론가들로부터 30점이라는 낮은 점수를 얻었다. 그럼에도 넷플릭스는 효율성 때문에 샌들러를 좋아한다.[26]

넷플릭스는 극장용 영화를 계약하는 방식을 바꾸고 있다. 영화를 한 편씩 계약하는 형태에서 탈피해 드라마 시즌 계약처럼 몇 편씩 계약하고 있다. 영화가 잘되면 시즌제처럼 제작하거나 유사한 장르 영화를 제작하기 때문이다. 이러한 방식의 밑바탕에는 추천 시스템을 통해 계속 보게 만드는 전략이 깔려 있다.

따라서 넷플릭스는 '핫'하지는 않더라도 오래 봐와서 친숙하거나 '뭘 보게 될지 이미 알고 있는' 배우들을 오히려 선호한다. 〈오렌지 이즈 더 뉴 블랙〉을 만든 것도 당시 이용자가 선호하는 콘텐츠로 홍콩 느와르 장르가 많았기 때문에 이와 유사한 작품을 제작하기 위해서였다. 서랜도스도 "비평가의 평가와 소비자의 반응은 분명히 다르다"라고 말했다.

---

26 Nathan McAlone, "Will Smith and Adam Sandler are 2 of the highest-paid actors thanks to terrible Netflix original movies", *Business Insider*, 2018.8.23.

콘텐츠 선택이 극단적으로 개인화됨에 따라 사람들은 타인의 선택, 즉 시대 흐름과 최신 유행에 그만큼 덜 민감해지고 있으며, 밴드 웨건 같은 현상도 극히 줄어들고 있다. 애덤 샌들러의 경우 그의 영화를 기존에 극장에서 소비하다가 트렌드에 떨어지는 탓에 샌들러에게서 멀어졌던 시청자를 다시 끌어들였다고 할 수 있다.

대중문화평론가 이문원은 다음과 같이 분석한다. "바로 이 지점에서 넷플릭스와 같은 정액제 동영상 서비스가 가장 역동적인 역할을 할 수 있다. 콘텐츠를 편당 소비하지 않는 상황에서는 배우들이 기존에 지닌 '아이돌로서의 스타성'만으로도 충분히 선택될 수 있고, 심지어 그 배우를 보기 위해 넷플릭스에 가입하기도 쉽다."[27]

실제로 넷플릭스는 2019년 1분기 실적을 공개하면서 스페인어로 제작된 〈엘리트Elite〉를 예로 들었다. 이 드라마는 공개한 지 4주 동안 2000만 명의 가입자가 시청했으며, 배우의 인기가 급증하고 있는데, 그 예로 배우의 인스타그램 팔로어 수가 공개 이전에 비해 급증했다고 홍보했다(〈그림 3-12〉 참조). 실제로 아론 피페르Aron Piper는 팔로어 수가 1만 명에서 190만 명으로 19배나 증가했다.

이것은 배우뿐만 아니라 프로듀서와 감독에게까지 동일하게 적용된다. ABC의 숀다 라임스, FX/폭스의 라이언 머피, 〈라라랜드〉의 감독 데이미언 셔젤 등을 파격적인 대우로 영입하면서 할리우드의 문법을 뒤집고 있다. 넷플릭스는 극장용 영화의 티켓파워를 중심으로 상품성이 평가되던 방식을 바꾸고 있으며 이로 인해 배우, 프로듀서, 감독 등에 대한 시각도 바뀌고 있다.

---

27   이문원, "넷플릭스가 가져온 콘텐츠 시장의 변화", ≪스포츠월드≫, 2019.3.10.

그림 3-12 **드라마 〈엘리트〉 출연자의 인스타그램 팔로어 수 증가** 　　　　단위: 천 명

	마리아 페드라자	에스테르 엑스포시토	아론 피페르	미겔 베르나르도	알바로 리코	이싼 에스카미야	오마르 아유소	미나 엘 하마니
방영 전 팔로어 수 (2018.9.28)	1200	30	10	30	20	15	10	10
방영 후 팔로어 수 (2019.4)	3900	2500	1900	1900	1400	1400	1100	1000

자료: 넷플릭스.

넷플릭스 수상 실적

영국 주간지 ≪이코노미스트≫는 스마트폰 없이 살기 어려운 세대를 '포노 사피엔스Phono Sapiens'라고 칭했다.[28] 포노 사피엔스에게는 팬덤이 매우 중요하다. 넷플릭스는 팬덤을 만드는 탁월한 능력을 지니고 있다. 그 능력을 보여주는 증거 중 하나가 각종 시상식에서 후보를 내고 수상한 것이다. 스트리밍 플랫폼의 수상은 영화나 방송 콘텐츠에 새로운 트렌드가 출현했음을 의미한다.

에미상

2018년 9월 17일 마이크로소프트 극장에서 제70회 '프라임타임

---

[28] Jon Berkeley, "Planet of the phones", *Economist*, 2015.2.26. 이 용어를 확장해 성균관대 최재붕 교수는 『포노 사피엔스』를 출간했다.

그림 3-13 채널별 에미상 후보작 현황

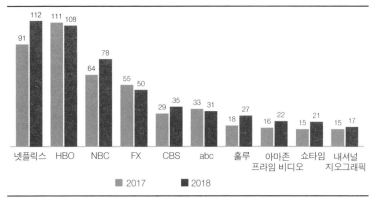

자료: Academy of Television Arts & Sciences.

에미상'Primetime Emmy Awards' 시상식이 마이클 체Michael Che와 콜린 조스트Colin Jost의 사회로 열렸다.

〈그림 3-13〉에서 보듯이 2018년에는 처음으로 넷플릭스의 후보작이 112개를 차지해, 그동안 압도적으로 많았던 HBO의 후보작 108개를 추월했다. 수상작에서는 넷플릭스가 HBO와 동일하게 23개의 부문에서 상을 받아(2017년에는 HBO 29개, 넷플릭스 20개) HBO를 넘어서지는 못했지만, 메이저 부문에서는 넷플릭스가 7개 부문에서 수상해 6개 부문에서 수상한 HBO를 앞섰다. 다음으로 NBC 16개, FX 12개, CNN과 아마존 프라임 비디오가 각각 8개 부문에서 상을 받았다. 넷플릭스는 〈그림 3-14〉에서 보는 바와 같이 2013년 처음 에미상을 받은 이후 급속도의 성장세를 보이고 있다.

골든 글로브

골든 글로브는 1944년 할리우드 외신기자협회Hollywood Foreign Press

그림 3-14 **넷플릭스의 예미상 후보작 및 수상작 추이**

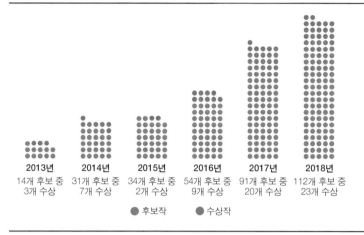

2013년	2014년	2015년	2016년	2017년	2018년
14개 후보 중 3개 수상	31개 후보 중 7개 수상	34개 후보 중 2개 수상	54개 후보 중 9개 수상	91개 후보 중 20개 수상	112개 후보 중 23개 수상

● 후보작　● 수상작

자료: Academy of Television Arts & Sciences.

Association: HFPA에서 기금을 조성하기 위해 시작된 시상식으로, 할리우드 외신 기자 협회원 93명이 미국 내외의 우수한 영화, 애니메이션 및 TV드라마 작품을 선정한다.[29] 대체로 아카데미 시상식의 전초전 성격도 갖고 있다. 슈타티스타의 통계에 따르면 아카데미에서는 감독상을 제외하고는 골든 글로브에서 수상한 작품이 수상하는 비중이 매우 높다.[30]

2019년에는 영화 15개 부문과 텔레비전 11개 부문에 대해 시상을 했다. 작품상은 영화에서 〈보헤미안 랩소디Bohemian Rhapsody〉(드라마 부문)와 〈그린 북Green Book〉(뮤지컬·코미디 부문)이 받았고, 텔레

29　www.goldenglobes.com
30　유건식, 『한국 방송콘텐츠의 미래를 열다』, 258쪽.

그림 3-15 OTT 업체의 골든 글로보 후보작 및 수상작 현황

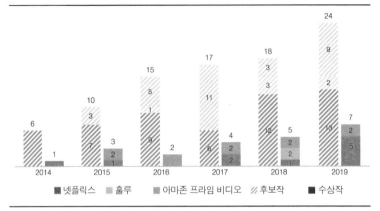

자료: https://www.statista.com/chart/16325/golden-globes-streaming/

비전에서는 FX의 〈아메리칸즈The Americans〉(드라마 시리즈), 넷플릭스의 〈코민스키 메소드The Kominsky Method〉(뮤지컬·코미디 시리즈), FX의 〈지아니 베르사체의 암살: 아메리칸 크라임 스토리The Assassination of Gianni Versace: American Crime Story〉(TV 영화)가 수상했다.

골든 글로브에서는 OTT 업계의 약진이 두드러지고 있다. 넷플릭스는 2014년 처음으로 6개의 후보작을 내서 1개의 작품이 수상했다. 2019년 넷플릭스는 영화와 텔레비전 5개 부문에서 수상해 단일 방송사보다 많은 실적으로 유명세를 탔다. 텔레비전 부문에서의 수상작은 FX와 동일한 3개였으나, 영화에서 2개를 추가해 가장 많은 수상작을 냈다. 〈그림 3-15〉에서 보듯이 넷플릭스는 2019년 13개 부문에서 후보작이 선정되었고, 영화 감독상(〈로마Roma〉의 알폰소 큐아론Alfonso Cuaron), 영화 외국어 부문상(〈로마〉), 텔레비전 뮤지컬·코미디 시리즈 작품상(〈코민스키 메소드Kominsky Method〉), 텔레비전 드라마 시리즈 부문 남우주연상(〈보디가드Bodyguard〉의 리처드 매든Richard Madden), 텔레비전 뮤지컬·코미디 시리즈 남우주연상(〈코민스키 메소드〉의 마이클 더글러스Michael Douglas) 등 5개 부문에서 수상했다.

아마존 프라임 비디오는 9개 부문에서 후보작을 냈고 텔레비전 코미디·뮤지컬 시리즈 부문 여우주연상(〈마블러스 미세스 메이슬The Marvelous Mrs. Maisel〉의 레이첼 브로스나한Rachel Brosnahan)과 텔레비전 부문 남우조연상(〈베리 잉글리시 스캔들A Very English Scandal〉의 벤 위쇼Ben Whishaw) 등 2개 부문에서 수상했다. 반면, 훌루는 2개 부문에서 후보작만 내는 데 그쳤다.

아카데미상

넷플릭스는 2019 아카데미 시상식에도 이름을 올렸다. 넷플릭스 오리지널 영화인 〈로마〉로 3관왕을 차지했다. 〈로마〉는 영화 〈그래비티Gravity〉로 유명한 알폰소 큐아론 감독의 자전적 작품으로, 멕시코시티 내 로마 지역의 한 중산층 가정의 가정부 클레오의 시선으로 1970년대 멕시코의 정치적 격랑 속에서 사람들이 겪는 가정불화와 사회적인 억압을 생생하게 표현해 낸 영화이다. 〈로마〉는 감독상, 촬영상, 외국어 영화상을 수상했다. CNBC는 "〈로마〉가 영화 산업에서 극장의 흐름을 바꾸는 변곡점turning point이 될 것"이라고까지 표현했다.[31]

이러한 성과를 올릴 수 있었던 것은 넷플릭스가 영화에 막대한

---

31 Alex Sherman, "Netflix's 'Roma' could be the turning point for the movie industry to shift away from theaters", *CNBC*, 2019.2.24.

비용을 투자하기 때문이다. 2017년 선댄스 영화제에서는 제2차 세계대전을 배경으로 하는 영화 〈머드바운드Mudbound〉를 홍보하기 위해 1250만 달러를 썼다. 또한 〈그레이 아나토미〉 작가 숀다 라임스와 새로운 드라마를 제작하기 위해 1억 달러에 계약을 맺었다. 2019년 〈로마〉의 오스카 작품상 수상을 위해서는 3000만 달러를 썼는데, 이는 영화를 오리지널로 상영하기 위해 사오는 가격의 거의 두 배에 육박하며, 일반적으로 스튜디오가 자사의 작품에 대해 오스카상 수상을 위해 쓰는 비용의 두 배가 넘는다.[32]

넷플릭스가 할리우드에 이처럼 막대한 비용을 쓰는 이유는 극장 수입과 이후 윈도에서의 수입[33] 때문이다. 〈그림 3-16〉에서 보듯이 2018년 수상작인 〈셰이프 오브 워터The Shape of Water〉는 오스카상 후보 지명 이후 극장 수입의 52%를 벌어들였다. 넷플릭스는 극장 수입이 중요하지는 않지만 유료 가입자를 유지하기 위해서는 이러한 작품이 필요하기 때문에 막대한 비용을 투자하는 것이다. 실제로 이러한 투자 덕분에 넷플릭스는 2018년에 2900만 명에 달하는 신규 가입자를 유치했다.

한편 칸영화제에서는 넷플릭스 영화를 받아들이지 않았지만, 세계 3대 영화제 중 하나인 베니스영화제에서는 영화 〈로마〉에 심사위원 만장일치로 최고상인 황금사자상을 수여했다.

---

32   Dawn Chmielewski and Natalie Robehmed, "The Great Oscars Chase: How Netflix Is Spending Millions To Win Prestige And Rewrite Hollywood's Economics", *Forbes*, 2019.2.22.

33   극장 개봉 이후 DVD, VOD, TV 등에서 발생하는 수입을 말한다. DVD, VOD, TV를 하나의 윈도로 본다.

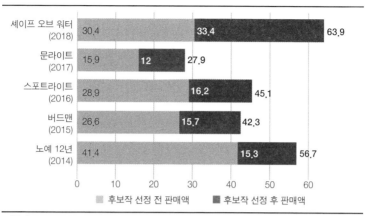

그림 3-16 **오스카상 후보작 선정이 흥행에 미친 영향**   단위: 백만 달러

셰이프 오브 워터 (2018): 30.4 / 33.4 / 63.9
문라이트 (2017): 15.9 / 12 / 27.9
스포트라이트 (2016): 28.9 / 16.2 / 45.1
버드맨 (2015): 26.6 / 15.7 / 42.3
노예 12년 (2014): 41.4 / 15.3 / 56.7

■ 후보작 선정 전 판매액 ■ 후보작 선정 후 판매액

자료: Comscore.

MPAA에 가입한 넷플릭스

2019년 1월 넷플릭스는 미국영화협회Motion Picture Association of America: MPAA 회원이 되었다.[34] MPAA는 영화 기업가들이 제작업자와 배급업자를 포함해 1922년 설립한 영화 단체로, 폐쇄적인 성격으로 유명하다. 그렇기 때문에 넷플릭스가 MPAA 회원이 된 것은 인터넷 기업으로는 최초로 미국 영화계에서 입지를 다졌음을 보여주는 일로, 미디어 산업 전반적으로도 의미 있는 사건이다. 인터넷 기업이 할리우드의 6개 메이저 스튜디오를 대변하는 MPAA에 가입한 것은 97년 만에 처음 있는 일이기 때문이다.

MPAA는 2019년 1월 22일 동영상 스트리밍 기업 넷플릭스를 협회의 새로운 파트너로 맞이한다고 발표했다. 찰스 리브킨Charles Rivkin

---

34   https://www.mpaa.org/press/mpaa-welcomes-netflix-as-new-member/

MPAA 회장 겸 CEO는 "MPAA 회원들은 스토리텔링과 함께 시청자에게 다가가는 방법에 있어 영화와 텔레비전 산업을 발전시키기 위해 노력하고 있다"라며 "넷플릭스의 합류는 전 세계의 창의적 스토리텔러를 지지하는 협회의 노력을 더욱 효과적으로 만들어줄 것"이라고 밝혔다.

넷플릭스가 2019년에 약 150억 달러를 제작에 투자할 만큼 가장 큰 규모의 콘텐츠 생산자가 됨에 따라 영화사와 비슷한 입장에 놓인 것도 협회 가입에 영향을 주었다고 볼 수 있다.

넷플릭스의 경우 스트리밍 서비스를 대중화함으로써 불법 콘텐츠 유통을 막는 데 상당 부분 기여한 공로도 작용했다. 2017년부터 넷플릭스는 아마존과 함께 ACEAlliance for Creativity and Entertainment를 통해 MPAA 회원 및 다른 콘텐츠 크리에이터들이 펼치는 불법 콘텐츠 유통 반대 정책을 옹호해 왔다.[35] 이를 통해 회사 정체성의 무게 중심을 실리콘밸리 테크 기업에서 영화계로 옮기려는 암시를 주기 시작했다.[36]

폭스와 디즈니의 합병으로 발생할 회원의 공백을 메워야 하는 MPAA 입장에서 넷플릭스는 매력적인 회원 후보였을 것이다. 결과적으로 넷플릭스는 테크 기업들의 정책 로비 기관인 인터넷협회Internet Association에서 탈퇴한 후 MPAA의 일원이 되었고, 이는 기업 정체성을 본격적으로 재정립하는 중요한 기점이 되었다. 넷플릭스가 MPAA 회원으로 가입한 것을 두고 다양한 해석이 있지만 넷플릭

---

35 Steven Overly, "Netflix joins major Hollywood lobbying group", *Politico*, 2019.1.22.
36 최재원, 「미국영화협회 가입한 넷플릭스, 영화산업 일원 됐다」, ≪신문과 방송≫, 3월호 (2019), 104~108쪽.

표 3-5 **2018 글로벌 TV 디맨드 어워드 순위**

순위	디지털 오리지널		TV 시리즈	
	제목	DEx/c	제목	DEx/c
1	Stranger Things	3.07	The Working Dead	7.75
2	13 Reasons Why	2.22	Vikings	6.22
3	Chilling Adventures of Sabrina	2.17	Game of Thrones	5.69
4	Black Mirror	2.10	The Big Bang Theory	4.10
5	Narcos	2.06	Grey's Anatomy	3.43

스가 어려움을 겪고 있는 중국 시장 진출에 추진력을 얻기 위해서라는 분석도 있다.[37]

2018 글로벌 TV 디맨드 어워드

분석 기관인 패럿 애널리틱스가 처음 개최한 2018 글로벌 TV 디맨드 어워드2018 Global TV Demand Award[38]에서 〈워킹 데드The Walking Dead〉가 TV 시리즈 부문 1위를 기록해 수상했고, 디지털 오리지널 부문에서는 〈기묘한 이야기〉가 1위를 수상했다(〈표 3-5〉 참조).

DEx/c는 Demand Expressions per capita의 약자로 영상에 대한 개인별 요구지수이다. 즉, 모든 시장에 걸쳐서 얼마만큼의 요구가 있는지를 비교하기 쉽게 만든 지표로, 〈그림 3-17〉과 같이 100명당 수요로 단순화시킨 것이다.[39]

---

37 Adam Gaines, "What Netflix's Membership In The MPAA Means", *Forbes*, 2019.2.5.

38 Parrot Alalytics, 'The Walking Dead' announced as the Most In-Demand TV Series in the World at the Global TV Demand Awards, 2019.1.29.

39 https://support.parrotanalytics.com/hc/en-us/articles/115006241007-Demand-Expressions-per-capita

표 3-6　**글로벌 수요 측정 시스템(2018.6.9 기준)**

시장 내 수요 지수(단위: 건)			글로벌 1인당 상대 수요 지수(단위: 건)		
브라질			〈워킹 데드〉		
순위	프로그램	수요 건수	순위	국가	100명당 수요 건수
1	그레이 아나토미	19,313,537	1	미국	10.41
2	슈퍼 내추럴	18,170,668	2	프랑스	9.89
3	센스8	18,035,941	3	스페인	7.62
4	라 코사 데 마펠	17,675,217	4	브라질	7.62
5	워킹 데드	15,514,377	5	알제리	7.25

그림 3-17　**1인당 수요 지수 현황**

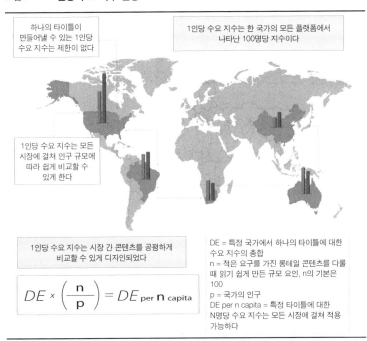

하나의 타이틀이 만들어낼 수 있는 1인당 수요 지수는 제한이 없다

1인당 수요 지수는 한 국가의 모든 플랫폼에서 나타난 100명당 지수이다

1인당 수요 지수는 모든 시장에 걸쳐 인구 규모에 따라 쉽게 비교할 수 있게 한다

1인당 수요 지수는 시장 간 콘텐츠를 공평하게 비교할 수 있게 디자인되었다

$$DE \times \left(\frac{n}{p} \right) = DE_{per\,n\,capita}$$

DE = 특정 국가에서 하나의 타이틀에 대한 수요 지수의 총합
n = 적은 요구를 가진 롱테일 콘텐츠를 다룰 때 읽기 쉽게 만든 규모 요인, n의 기본은 100
p = 국가의 인구
DE per n capita = 특정 타이틀에 대한 N명당 수요 지수는 모든 시장에 걸쳐 적용 가능하다

관객 만족도 지수

미국 관객 만족도 지수American Customer Satisfaction Index에 따르면 2019년 2월 기준 넷플릭스의 오리지널 콘텐츠는 100점 만점에 81점을 받았다. 이 점수평가에는 약 9000명이 참여했으며, 이 점수는 2018년 5월보다 2.5% 높아진 수치이다. HBO는 79점, 아마존 프라임 비디오는 76점, 훌루와 CBS 올 액세스는 75점, 유튜브는 72점이다.[40]

넷플릭스 이용 행태[41]

넷플릭스 가입자 현황은 미국의 경제력, 교육수준, 연령을 대변하고 있다. 젊은 층일수록, 교육 수준이 높을수록, 소득이 높을수록 넷플릭스를 이용하는 비율이 높게 나타났다(〈그림 3-18〉~〈그림 3-20〉참조).

미국에서 넷플릭스 가입자는 성별에 따른 차이gender parity가 나타나고 있다. 2015년에는 남자 대 여자 비율이 45 대 55였으나 2017년에는 49 대 51이 되었다. 참고로 2017년 2월 현재, 미국의 비디오나 음악 서비스 가입자 중 남자는 67%, 여자는 75%가 넷플릭스에 가입했다.[42] 여자들이 좋아하던 플랫폼이 남자들에게까지 확대된 것이다.

넷플릭스 이용자의 중간 연령대는 35~44세이다. 2015년에는

---

40   Todd Spangler, "Netflix Original Content Outscores HBO, Hulu, Amazon on Customer-Satisfaction Survey".

41   이 절은 http://www.businessofapps.com/data/netflix-statistics의 내용을 정리한 것이다.

42   https://www.statista.com/statistics/698061/netflix-subscription-by-gender/

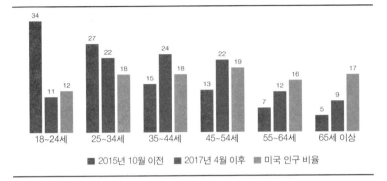

그림 3-18 **연령별 2015년과 2017년 넷플릭스 이용자 비교**　　　단위: %

■ 2015년 10월 이전　■ 2017년 4월 이후　■ 미국 인구 비율

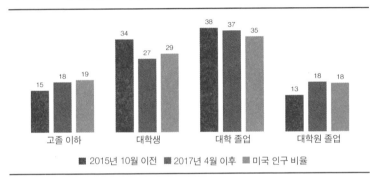

그림 3-19 **교육 수준별 2015년과 2017년 넷플릭스 이용자 비교**　　　단위: %

■ 2015년 10월 이전　■ 2017년 4월 이후　■ 미국 인구 비율

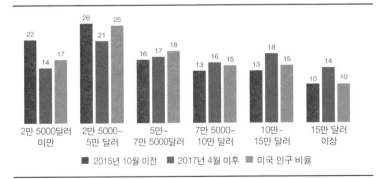

그림 3-20 **소득 수준별 2015년과 2017년 넷플릭스 이용자 비교**　　　단위: %

■ 2015년 10월 이전　■ 2017년 4월 이후　■ 미국 인구 비율

25~34세였는데, 연령이 높아지고 있다. 닐슨에 따르면 넷플릭스 이용자는 나이가 들수록 오리지널 콘텐츠를 많이 시청한다. 오리지널 콘텐츠 시청률을 보면 2~11세가 22%, 12~17세는 23%, 18~34세는 25%, 35~49세는 31%, 50~64세는 33%, 65세 이상은 33%이다.[43]

넷플릭스는 이용자의 시청 선호에 따라 1300개의 클러스터[44] 중에서 3~5개를 가입자마다 연결해 놓았다. 넷플릭스는 미국의 지역, 나이, 성별에 따라 이러한 특성을 구분하는 것이 아니라 전 세계의 이용자가 좋아하는 것을 기준으로 분류한다. 예를 들어, '클러스터 290'은 "넷플릭스의 메이저 취향 커뮤니티"로, ⟨블랙 미러: 밴더스내치⟩, ⟨로스트⟩, ⟨사랑의 블랙홀Groundhog Day⟩을 좋아하는 사람들로 구성되어 있다.[45]

사람들은 넷플릭스에 가입할 때는 주로 컴퓨터를 이용하고(40%), 시청할 때는 주로 TV를 이용한다(70%)(⟨그림 3-21⟩ 참조). 장르로 보면 다큐멘터리와 어린이 프로그램이 대체로 그렇다. 이에 넷플릭스는 2013년부터 영국의 버진사를 시작으로 전 세계 60개 TV 제조사와 넷플릭스 앱을 넣는 계약을 체결했다. 또한 큰 TV로 스트리밍 서비스를 이용하기 때문에 콘텐츠의 품질에 신경을 많이 쓴다.[46]

넷플릭스는 현재 한국어 등 23개 언어로 더빙이나 자막을 제공하

43   Jason Lynch, "The Office, Friends and Grey's Anatomy Were Netflix's Most Streamed Shows Last Year", *Adweek*, 2019.5.9.
44   Janko Roettgers, "How Netflix Wants to Rule the World: A Behind-the-Scenes Look at a Global TV Network", *Variety*, 2017.3.18.
45   Jason Boog, "Is Netflix's Cluster 290 the future of fandom?", *Medium*, 2018.7.19.
46   Peter Kafka, "You can watch Netflix on any screen you want, but you're probably watching it on a TV", *Recode*, 2018.3.7.

그림 3-21   **넷플릭스 가입 1개월 후의 시청 매체와 6개월 후의 시청 매체 변화**

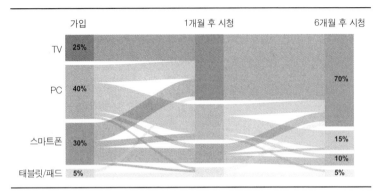

고 있다. 넷플릭스는 좋은 콘텐츠를 제공하기 위해 많은 힘을 쏟는다. 자체 온라인 테스트Hermes를 통해 자막 제작자를 확인한다. 예를 들어 〈첼시 핸들러가 말하다Chelsea Handler〉의 경우 200여 명의 번역가에게 의뢰했다. 넷플릭스는 자막 번역의 정확성과 작품의 고유 색깔을 중요시하는 것으로 유명하다. 예를 들어, 〈첼시 핸들러가 말하다〉의 자막 번역에서 가장 중요하게 여긴 것은 그녀가 하는 말의 맛을 잘 살려 여과 없이 그대로 번역해 줄 수 있는가 하는 점이었다.

　시빅사이언스Civicscience.com 조사에 따르면, 넷플릭스에만 가입한 이용자의 68%는 부모 또는 조부모이다. 이용자의 46%는 일주일에 여러 번 넷플릭스에 접속해 이용한다. 두 개 이상의 OTT 플랫폼에 가입한 경우는 대부분 부모이고, 46%가 일주일에 여러 번 넷플릭스를 이용한다. 세 개 이상의 OTT 플랫폼에 가입한 경우에는 67%가 일주일에 수차례 이용한다.[47]

2018년 인기 콘텐츠

닐슨에서 SVOD 콘텐츠에 대해 발표한 자료에 따르면, 넷플릭스는 오리지널 콘텐츠에 연간 80억 달러 이상을 투입했다. 그러나 미국에서는 〈오피스〉와 〈프렌즈Friends〉 등 라이브러리 콘텐츠를 시청한 사람이 70~80%였다. 〈표 3-7〉에서 보는 바와 같이 2018년에 1위는 521억 분의 〈오피스〉, 2위는 326억 분의 〈프렌즈〉, 3위는 303억 분의 〈그레이 아나토미〉, 4위는 212억 분의 〈NCIS〉, 5위는 197억 분의 〈크리미널 마인드〉가 차지했다.

넷플릭스 오리지널 중에서는 〈오렌지 이즈 더 뉴 블랙〉이 188억 분으로 7위, 〈오자크Ozark〉가 140억 분으로 10위, 〈루머의 루머의 루머〉가 128억 분으로 11위를 차지했다. 상위를 차지한 라이브러리 콘텐츠의 에피소드 수는 200편이 넘지만, 오리지널 콘텐츠의 에피소드 수는 대부분 100편 미만이므로 오리지널의 성과가 매우 높다는 것을 알 수 있다.[48]

몰아보기 순위

이전에도 몰아보기라는 현상이 존재했다. 대표적인 것이 만화책이다. 만화방에서 수십 권을 빌려서 보기도 하고, 비디오숍에서 한 번에 대여섯 개를 빌려 밤새워 보던 기억도 있을 것이다. 그럼에도 몰아보기라는 현상이 화제가 된 것은 넷플릭스가 시즌을 한 번에 공개하면서 시청 습관을 바꾼 것이 결정적인 계기가 되었다. 이러

---

47 https://civicscience.com/netflix-amazing-engagement-subscribers/

48 Jason Lynch, "The Office, Friends and Grey's Anatomy Were Netflix's Most Streamed Shows Last Year", *Adweek*, 2019.5.9.

표 3-7 **2018년 넷플릭스 미국 SVOD 시청 상위 20위**

순위	프로그램 명	시청시간(분)	에피소드 수(편)
1	Office, The(Us)	52,088,760	208
2	Friends	32,604,690	254
3	Grey's Anatomy	30,291,983	324
4	NCIS	21,182,154	374
5	Criminal Minds	19,693,129	306
6	Shameless	18,820,304	97
7	Orange Is The New Black	18,757,200	77
8	Supernatural	18,287,990	300
9	Parks And Recreation	14,881,230	232
10	Ozark	13,976,565	15
11	13Persons Why	12,800,205	23
12	Boss Baby Back In Business	12,057,490	17
13	Flash	12,050,662	88
14	PJ Masks	12,028,224	27
15	That 70S Show	11,877,300	220
16	Vampire Diaries, The	10,022,900	185
17	Ranch, The	9,853,964	50
18	Walking Dead, The	9,610,959	114
19	Fuller House	9,409,914	50
20	Once Upon A Time	9,278,696	151

한 현상을 빈지워치binge-watch 또는 빈지뷰binge-view라고 부르고 있다. 이러한 현상에 힘입어 점차 몰아보기할 만한 콘텐츠를 소개하는 글이 많아지고 있다. 몰아보기binge-watch라는 단어는 2015년 콜린스 영어사전Collins English Dictionary에도 등록되었다. 몰아보기는 일주일에 한 시즌을 전부 보는 경우에 카운트된다. 닐슨에 따르면 2013년에 이미 넷플릭스 가입자의 88%가 몰아보기를 했으며, 하루 평균 3시간 이상을 시청하고 있다고 밝혔다.[49]

넷플릭스는 2015년 10월부터 2016년 5월까지 세계 190개국에서

그림 3-22 **넷플릭스가 발표한 몰아보기 스케일**

정치 드라마 / 범죄 드라마 / 드라메디 / 액션 & 모험 (일부 레이블) — 역사 드라마 / 슈퍼 히어로 드라마 / SF / 공포 / 스릴러 / 영웅담 코미디

< 하루 2시간 미만 시청 ／ +하루 2시간 이상 시청

천천히 감상하는 시리즈
생각할 거리를 주는 내용 / 해석의 여지가 있는 내용

몰아보는 시리즈
즉각적인 반응을 유도하는 내용 / 감정적 반응을 이끌어내는 내용

방영된 100개 이상의 TV 시리즈를 분석해 '몰아보기 스케일Binge Scale'
을 발표했다(〈그림 3-22〉 참조).[50]

　모든 시리즈의 첫 시즌 시청 여부를 분석한 결과 평균 5일이 소요
되었다. 하루 평균 시청시간은 2시간 10분이었다. 하루 2시간 미만
으로 시청한 프로그램은 '천천히 본' 프로그램으로, 하루 2시간 이상
시청한 프로그램은 '몰아본' 프로그램으로 각각 분류한 결과, 몰아보
는 대표적인 시리즈는 〈브레이킹 배드Breaking Bad〉, 〈오렌지 이즈 더
뉴 블랙〉, 〈워킹 데드〉이고, 천천히 감상하는 대표 시리즈는 〈하우

49　https://www.nielsen.com/us/en/insights/news/2013/binging-is-the-new-viewing-
for-over-the-top-streamers.html

50　https://media.netflix.com/ko/press-releases/netflix-binge-new-binge-scale-reveals-
tv-series-we-devour-and-those-we-savor-1

그림 3-23　넷플릭스의 정주행 레이싱 현황

정주행 레이싱을 즐기는 회원 수 추이(단위: 만 명)

4년 간 20배 증가

가장 많이 정주행한 콘텐츠 10
길모어 걸스
마블 디펜더스
더 랜츠
트레일러 파크 보이즈
오렌지 이즈 더 뉴 블랙
풀러 하우스
일곱 개의 대죄(한국 미수입)
산타 클라리타 다이어트
그때 그 시절 패밀리
기묘한 이야기

스 오브 카드〉, 〈나르코스〉, 〈블러드라인Bloodline〉, 〈매드 맨Mad Men〉 등이다. 이 구분을 보면 흥미로운 시청 패턴을 발견할 수 있는데, 박진감 넘치는 내용인 경우 몰아보는 회원이 많고, 생각할 거리가 많은 드라마는 천천히 시청하는 것으로 나타났다.

넷플릭스는 2017년에는 정주행 레이싱Binge Race이라는 단어를 사용하면서 보도자료를 냈다(〈그림 3-23〉 참조).[51] 정주행 레이싱은 시즌 공개 후 24시간 이내에 전체를 보는 경우를 말한다. 2012년 이후 840만 명 이상이 콘텐츠를 정주행한 경험을 갖고 있고, 2013~2016년에는 시리즈 출시 24시간 만에 정주행을 완료한 사람의 수가 20배 이상 증가했다고 밝혔다. 한국에서 정주행 레이싱 1위 콘텐츠는

51　https://media.netflix.com/ko/press-releases/ready-set-binge-more-than-8-million-viewers-binge-race-their-favorite-series

〈마블 디펜더스Marvel's Defenders〉가 차지했다. 에콰도르에서는 〈풀러하우스Fuller House〉, 멕시코에서는 〈클럽 디 쿠에르보스〉가 1위를 차지했다. 한편 출시 24시간 동안 전 세계적으로 가장 많은 정주행 레이싱을 불러일으킨 작품은 〈길모어 걸스: 한 해의 스케치Gilmore Girls: A Year in the Life〉인 것으로 확인되었다. 정주행 레이서가 가장 많은 국가는 캐나다이다.

넷플릭스는 콘텐츠의 시청 수를 공개하지 않는다. 그런데 2018년 초에 2017년 몰아보기 상위 20위를 발표했다. 1위 〈브레이킹 배드〉, 2위 〈오렌지 이즈 더 뉴 블랙〉, 3위 〈기묘한 이야기〉, 4위 〈프리즌 브레이크Prison Break〉, 5위 〈나르코스〉, 6위 〈하우스 오브 카드〉, 7위 〈인비트위너스The Inbetweeners〉, 8위 〈아메리칸 호러 스토리American Horror Story〉, 9위 〈피키 블라인더스Peaky Blinders〉, 10위 〈프리티 리틀 라이어스Pretty Little Liars〉, 11위, 〈선즈 오브 아나키Sons of Anarchy〉, 12위 〈덱스터Dexter〉, 13위 〈가십 걸Gossip Girl〉, 14위 〈파워Power〉, 15위 〈뱀파이어 다이어리The Vampire Diaries〉, 16위 〈슈츠Suits〉, 17위 〈개빈 앤 스태이시Gavin and Stacey〉, 18위 〈크라운〉, 19위 〈살인자 만들기Making a Murderer〉, 20위 〈홈랜드Homeland〉이다.

2018년 넷플릭스 오리지널 가운데 몰아보기 상위 10위는 다음과 같다. 1위 〈온 마이 블록On My Block〉, 2위 〈살인자 만들기〉 파트2, 3위 〈루머의 루머의 루머〉 시즌2, 4위 〈라스트 찬스 대학: 인디Last Chance U: Indy〉, 5위 〈보디가드〉, 6위 〈패스티스트 카Fastest Car〉, 7위 〈힐 하우스의 유령The Haunting Of Hill House〉, 8위 〈빨간 머리 앤Anne With An E〉 시즌2, 9위 〈채울 수 없는Insatiable〉, 10위 〈오렌지 이즈 더 뉴 블랙〉 시즌6이다.[52]

넷플릭스의 인력관리 원칙

넷플릭스는 최고의 인재에게 최고의 대우를 하는 것으로 유명하다. 업데이트된 넷플릭스 문화[53]는 넷플릭스 홈페이지에서 확인할수 있다. 처음 화제가 된 것은 헤이스팅스가 2009년 8월 처음 공개한 '넷플릭스의 문화: 자유와 책임Netflix Culture: Freedom & Responsibility' 슬라이드로 1879만 명이 조회했다. 2011년에는 수정된 슬라이드[54]를 게시했다.

주요 내용을 소개하면, 먼저 넷플릭스 문화의 목적은 스스로 탁월함을 이루는 것이다. 넷플릭스 문화는 가치, 높은 성과, 자유와 책임, 통제 대신 맥락의 전달, 높은 비전 공유와 느슨한 조직 구조, 업계 최고 보수, 승진과 능력 개발 등 일곱 가지 관점을 갖고 있다.

회사에서 진짜 가치는 그럴듯한 구호가 아니라 누가 보상받고 승진하고 해고되는지로 나타난다. 그래서 넷플릭스는 판단력, 소통, 뛰어난 성과, 호기심, 혁신, 용기, 열정, 정직, 이타적 행동 등 아홉가지 자질을 보유한 직원을 중요하게 여기고, 이는 채용, 평가, 연봉, 퇴사, 승진 등의 기준이 된다.

다른 회사와 다른 점은 성과를 적당히 내는 사람들은 퇴직금을 많이 주면서 내보내고 모든 직위에 스타급 플레이어를 앉혀 놓는다는 것이다. 그리고 직원들에게 넷플릭스의 가치와 부합하는 일을 하는지 항상 의문을 가지라고 요구한다. 재능 있는 사람들이 많을

---

52 http://whatculture.com/tv/10-most-binge-watched-netflix-tv-shows-of-2018
53 https://jobs.netflix.com/culture
54 https://www.slideshare.net/reed2001/culture-2009

수록 더 많은 일을 해낼 수 있다고 보고 서로가 서로를 돕게 만든다. 넷플릭스는 직원이 업무 시간을 포함해서 사무실에 얼마나 오래 있었는지를 따지지 않고 멋진 일을 해내는 것을 중요하게 생각한다. 즉, 얼마나 많이, 얼마나 빨리, 얼마나 일을 잘했는지를 중요하게 생각한다.

넷플릭스는 책임감 있는 사람을 중시한다. 책임감 있는 사람이란 스스로 동기를 부여하고, 스스로 자각하고, 자기 수양이 되어 있고, 스스로를 개선하고, 리더처럼 행동하고, 시킬 때까지 기다리지 않고, 사무실 바닥의 휴지를 줍는 사람을 말한다.

일반적인 회사는 성장할수록 뛰어난 직원의 비중이 줄어들고 자유가 감소한다. 그래서 넷플릭스는 성과가 높은 사람들을 통제하지 않고 성장시키려고 한다. 업계 최고 수준의 임금을 지급하고 높은 성과를 낼 수 있도록 자유를 제공해 뛰어난 직원을 확보한다. 자유를 주기 위해 휴가 정책도 없다. 그래도 문제없다는 근거로 "복장에 관한 규칙이 없지만 아무도 발가벗고 출근하지 않는다"는 것을 사례로 든다. 지출, 엔터테인먼트, 선물, 출장 등에 대한 규정도 "넷플릭스에 가장 이로운 방향으로 행동하라"라는 규정으로 충분하다고 여긴다. 알아서 적절히 비용을 사용하라는 의미이다.

직원을 통제하는 대신 직원 스스로 적절한 맥락을 설정하도록 한다. 왜냐하면 퍼포먼스가 뛰어난 사람들은 맥락을 이해하고 행동할 때 일을 더 잘해내기 때문이다.

거대한 규모의 넷플릭스는 빠르고 유연하게 움직이기 위해 강하게 연결되어 있지만 느슨하게 짝지어진 조직을 지향한다. 이러한 조직의 성공 여부는 각 구성원의 퍼포먼스가 뛰어난지, 맥락을 잘 이해하는지에 달려 있다.

넷플릭스는 모든 직원이 전 세계 인력 중 상위 10%가 되길 원한다. 회사가 잘나가든 그렇지 않든, 업계의 최고 임금 상승률을 매해 반영해 업게 최고의 임금을 지불한다. 고액 연봉은 복지 방식 중 가장 효율적이라고 생각한다. 보너스도 없고 경조사 지원금도 없지만, 모든 비용을 고액 연봉에 집중 투자해 알아서 쓰도록 자유를 준다.

승진 기준은 해당 역할에서 할 일이 충분히 많고, 현재 역할에서 최고의 기량을 발휘하고 있고, 넷플릭스의 문화와 가치를 훌륭하게 대변하는 것이다. 이럴 경우 즉시 승진을 시킨다.

이러한 내용은 넷플릭스 최고 인재 책임자로 14년간 일한 패티 맥코드Patty McCord의 저서 『파워풀Powerful』에 자세히 나와 있다. 몇 가지 내용을 소개하면 다음과 같다.

> 넷플릭스에서는 직원들에게 다른 곳에 면접을 봐서 시장의 기회를 알아내도록 제안하는 일이 무척 흔하고 자연스럽게 이루어진다. 이를 통해 우리 역시 직원들에 대한 수요가 어느 정도인지, 직원들에게 보수를 얼마나 지급해야 하는지를 더 잘 파악할 수 있었다.[55]

> 사람들이 급여를 폭로하는 것이 선동적이라고 생각하는 주된 이유 중 하나는 보상이 비이성적으로 결정되는 경우가 비일비재하기 때문이다. 회사의 성과에 대한 기여보다 보스의 선호나 연공서열에 따라 보상이 정해진다는 의미이다.[56]

---

55   패티 맥코드, 『파워풀: 넷플릭스 성장의 비결』, 허란·추가영 옮김(한경BP, 2018), 150쪽.

그림 3-24 **IT 회사의 여성 인력**   단위: %

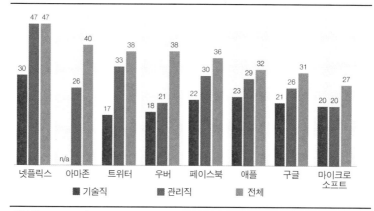

자료: Company reports.

　　'직원들이 감사의 권한을 가지고 있다'는 사실을 잊지 마라. 당신이
그들에게 권한을 주는 것이 아니다. 그들의 권한을 인정하고 완고한
정책, 승인, 절차에서 풀어줘라. 장담하건대, 그들은 놀랄 만큼 강력
해질 것이다.[57]

　　일반적으로 IT 기업들은 다른 기업에 비해 여성 인력이 많지 않
다. 그러나 슈타티스타에 따르면 넷플릭스는 다른 IT 기업에 비해
여성 인력 비율이 47%나 된다. 여성 관리직 비율도 여성 인력 비율
과 동일하게 47%로 다른 IT 기업보다 훨씬 높다(〈그림 3-24〉 참조).
이는 2015년 S&P500 기업의 여성 중역 비율 25%보다도 훨씬 높은

56　　같은 책, 210쪽.
57　　같은 책, 249쪽.

수치이다. 특히 기술 관련 분야에서는 여성 인력의 비중이 더 낮기 마련인데 넷플릭스는 기술 관련 여성 비중도 30%로 다른 IT 기업보다 높다.[58]

넷플릭스 추천 시스템의 정확성

넷플릭스에서 시청하는 콘텐츠의 80%는 추천 시스템에 의해 이루어진다. 결국 넷플릭스의 알고리즘이 만든 추천작을 선택해 보게 되는 것이다. 이처럼 강력한 영향력을 지닌 추천 시스템의 정확성은 과연 얼마나 될까? 정교한 추천 시스템이 가능한 것은 영상을 분류하는 많은 인원의 태거tagger도 한몫한다. 넷플릭스의 태거는 현재 50여 명이 근무하고 있으며, 2017년 30여 명이었을 당시에는 한국인이 3명이었다. 태거들은 콘텐츠의 줄거리, 분위기, 등장인물의 특성 등을 꼼꼼하게 기록한다.[59]

넷플릭스 추천 시스템의 특징[60]

넷플릭스의 추천 시스템은 머신러닝, 알고리즘, 창의성을 통해 이루어진다. 한 사람의 시청 습관만 분석하는 것이 아니라 모든 넷플릭스 이용자의 습관을 분석함으로써 정교화되고 있다. 추천 알고리즘 총괄 책임자인 토드 예린Todd Yellin 부사장은 넷플릭스 추천 시

---

58   https://www.statista.com/chart/4467/female-employees-at-tech-companies/
59   이민아, "넷플릭스 콘텐츠 추천의 비결 '태거(Tagger)'", ≪조선비즈≫, 2019.5.12.
60   Josefina Blattmann, "Netflix: Binging on the Algorithm", *Medium*, 2018.8.2.

그림 3-25　넷플릭스 추천 프로세스

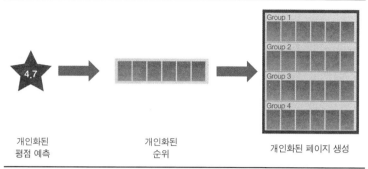

개인화된　　　　　　　개인화된
평점 예측　　　　　　　순위　　　　　　　　개인화된 페이지 생성

자료: UX 플래닛.

스템에서 지역, 연령, 성별 정보는 무시하고 개인의 취향만을 고려해 시청자의 취향을 2000개 이상으로 그룹화했다.[61]

　넷플릭스는 순위ranking, 검색search, 유사성similarity, 평가ratings 등을 활용해 머신러닝 알고리즘을 구성한다. 〈그림 3-25〉에서 보듯, 개인이 내린 평가를 바탕으로 콘텐츠의 순위가 매겨지고 개인화된 추천 페이지가 만들어진다. 추천의 정확성을 높이기 위해 넷플릭스는 취향 그룹taste groups을 운영해 TV쇼와 영화를 분류하고 각각 태그를 단다. 이렇게 해서 2000개 이상의 카테고리가 매우 구체적으로 만들어진다. 예를 들면 "비주얼이 강하고 향수를 자극하는 드라마 Visually-striking nostalgic dramas" 또는 "수수하고 낭만적인 여행 영화 Understated romantic road trip movies 같은 식이다.

61　David Z. MOrris, "Netflix says Geography, Age, and Gender Are 'Garbage' for Predicting Taste", *Fortune*, 2016.3.27.

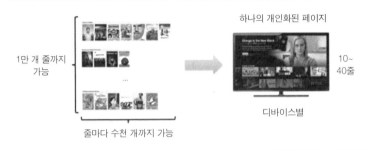

그림 3-26 넷플릭스가 추천작을 선정해 보여주는 방식

1만 개 줄까지 가능

하나의 개인화된 페이지

10~40줄

디바이스별

줄마다 수천 개까지 가능

자료: UX 플래닛.

넷플릭스는 이런 방법으로 개별 컴퓨터 또는 모바일 환경을 감안해 수만 개의 콘텐츠 중에서 10~40개 줄에 걸쳐 추천작을 보여준다(〈그림 3-26〉 참조).

최근에는 새로운 아트워크를 적용하고 있다. 다양한 이미지를 만들어 개인에 맞게 제공하는 것이다. 이러한 경험은 사람들로 하여금 넷플릭스에 오래 머무르게 만든다. 많은 사람이 선택한 것을 우선적인 이미지로 내세우지만, 개인의 취향과 선호 또한 반영하고 있다. 또한 기존에 본 영상을 기준으로 추천하는 영상의 이미지도 유사하게 노출하고 있다(〈그림 3-27〉 참조).[62]

추천작의 일치 여부

2019년 3월 28일부터 4월 2일까지 KBS 국민패널을 이용해 넷플

---

62   이에 대한 상세한 설명은 https://www.buzzfeednews.com/article/nicolenguyen/netfl ix-recommendation-algorithm-explained-binge-watching에서 확인할 수 있다.

그림 3-27 넷플릭스 추천작 아트워크

릭스 추천작이 개인의 취향과 일치하는지 여부를 묻는 설문조사를 실시했는데, 응답자 407명 중에서 65.3%가 일치한다고 응답했다 (95% 신뢰수준, 표본오차 ±4.9%)(〈그림 3-28〉 참조). 앞에서 언급한 미국의 응답률 80%보다는 낮지만 상당히 높은 수치이며, 많은 이용자가 추천 시스템을 활용하고 있음을 알 수 있다.

추천 시스템의 오류

추천 시스템이 완전하지는 않은 것 같다. 미국의 경영전문 매체인 ≪패스트 컴퍼니≫에 흥미로운 기사가 실렸는데, 조 버코위츠Joe Berkowitz 기자가 넷플릭스의 추천 알고리즘 시스템을 2주간 체험하고 쓴 내용이다. 우리는 대체로 넷플릭스 추천 알고리즘은 너무 정교해서 '나보다 나를 더 잘 안다'라고 알고 있다. 하지만 이 기사는 전혀 다른 결과를 내놓았다. 그가 2주간의 실험을 끝에 얻은 결론은, 넷플릭스의 추천 알고리즘은 넷플릭스 자체 제작 콘텐츠를 홍

그림 3-28 한국에서 넷플릭스 추천작과 개인 취향의 일치 여부　　　　단위: %

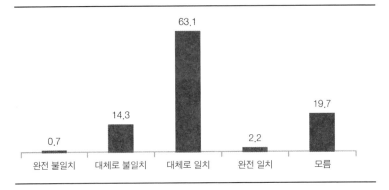

보하는 데 많은 비중을 두기 때문에 진짜 재미있는 작품을 추천해 주는 경우는 많지 않다는 것이다. 다음은 기사를 요약한 내용이다.

넷플릭스에서는 수많은 콘텐츠 중에서 볼 것을 찾는 것이 하나의 즐거움이다. 그러나 잘못된 선택을 해서 15분 만에 빠져 나올 가능성이 높아진다. 넷플릭스 이용자는 하나의 타이틀을 1.8초 동안 고민하지만, 타이틀이 너무 많기 때문에 타이틀을 고르는 데 몇 시간이 걸릴 수도 있다. 다행스러운 것은 유명한 음식점 체인인 치즈케이크 팩토리 Cheesecake Factory가 엄청나게 많은 메뉴 중에서 고객에게 맞는 메뉴를 추천하는 것처럼 넷플릭스도 지금 어떤 것을 보고 싶은지 추천하는 개인 맞춤형 알고리즘을 제공한다는 것이다. 이것이 맞는지 확인하기 위해 새로운 아이디를 만든 다음, 2주 동안 의도적으로 선택하지 않고 tabula rasa-style 추천 콘텐츠만 이용하는 실험을 했다. 넷플릭스가 추천하는 〈기묘한 이야기〉, 〈블랙 펜서 Black Panther〉, 〈굿 플레이스 The Good

Place〉를 골랐다. 그러자 넷플릭스는 최근 자체 제작 범죄 다큐멘터리 〈테드 번디 테이프Ted Bundy Tapes〉를 추천했다. 관심 있는 콘텐츠는 맞지만, 〈굿 플레이스〉와는 거리가 있었다(단지 번디가 나쁜 장소the Bad Place에 있다는 것이 연결 고리로 생각되었다).

다음으로 〈링클 인 타임Wrinkle In Time〉을 봤더니 넷플릭스 오리지널 〈레모니 스니켓의 위험한 대결Lemony Snicket's A Series of Unfortunate Events〉을 추천했다. 아동용 영화라 내키지는 않았지만 무조건 보기로 한 규칙을 따라 시청했다. 1회와 마지막회를 봤더니 이번에는 아동용 애니메이션 〈카르멘 샌디에고Carmen Sandiego〉를 추천했다. 나를 10대로 인식하는 것 같아 추천 작품만 보는 것을 포기했다.

선호하는 리스트에 〈부산행Train to Busan〉, 〈시트 크릭Schitt's Creek〉, 〈쉰들러 리스트Schindler's List〉, 〈블랙 미러: 밴더스내치〉 등 12편을 추가했다. 그랬더니 추천작으로 〈코코Coco〉, 〈몬스터 호텔 3Hotel Transylvania 3〉, 〈보스 베이비Boss Baby〉 등이 나왔다. 2015년 개봉된 암울한 로봇 세계를 그린 〈채피Chappie〉를 골랐다. 영화가 끝나자 아동용 애니메이션 〈넥스트 젠Next Gen〉을 추천했다. 다시 10대 지옥에 빠진 듯한 느낌이 들었다. 두 영화의 공통점은 단지 로봇이 나온다는 점밖에 없다.

계속된 실험을 통해 로봇 애니메이션이 뜬 이유를 알았다. 바로 넷플릭스가 만든 로봇과 연관 있는 오리지널을 추천한 것이었다. 이것은 추천이 아니라 자체 제작in-house 광고를 보는 것과 다름없었다.

드디어 〈펄프픽션Pulp Fiction〉, 〈헬보이Hellboy〉, 〈새벽의 황당한 저주Shaun of the Dead〉 등 어른용 추천 작품이 떴다. 옵션을 바꾸어 〈넥스트 프라이데이Next Friday〉를 선택했다. 그랬더니 다시 〈테드 번디 테이프〉를 추천했다. 〈넥스트 프라이데이〉와 〈테드 번디 테이프〉 사이에는 아무런 관계가 없었다. 이를 통해 발견한 사실은 넷플릭스는 기존에 본 작품과 연관되어 추천할 작품이 아무것도 없으면 오리지널 콘텐츠 중 무작위로 사용자에게 추천한다는 것이다.

디 안트보르트Die Antwoord의 멤버가 나온 영화를 본 후에 아이스 큐브Ice Cube의 영화를 보면 래퍼가 나오는 영화를 추천했다. 이 시점에서 넷플릭스가 나를 더 잘 알 것이라는 희망을 포기하기 시작했다. 넷플릭스가 다른 스튜디오의 영화와 TV쇼를 추천해 주길 바라면서 두 번째 주를 보냈다.

북한에 대한 코미디인 〈인터뷰The Interview〉를 봤다. 그 뒤 가브리엘 이글레시아스Gabriel Iglesias가 나오는 넷플릭스 오리지널로 안내해 그 콘텐츠도 봤다. 그러자 세바스찬 매니스칼코Sebastian Maniscalco가 나온 넷플릭스 오리지널 코미디 스페셜로 안내했다.

다음 저예산 호러 영화 〈맬리시우스Malicious〉를 봤다. 그랬더니 넷플릭스의 저예산 오리지널 〈침묵의 비명Malevolent〉을 추천했다. 또한 로맨틱 코미디 〈브레이크 업The Break Up〉을 봤더니, 넷플릭스 오리지널 로맨틱 코미디 〈우리가 처음 만났을 때When We First Met〉를 추천했다.

넷플릭스는 스튜디오나 TV 방송사를 따라하고 싶어 하지 않고, 모든 사람에게 모든 콘텐츠를 보여주기를 원한다. 넷플릭스는 이전에는 시청자가 보기를 원하는 것을 제공하는 플랫폼이었으나, 이제는 주로 넷플릭스 시청자가 보기를 원하는 데이터를 정교하게 취합한 넷플릭스식Netflixian 버전을 제공하는 곳이 되었다.[63]

---

63   Joe Berkowitz, "Here's what happened when I watched everything Netflix told me to

그림 3-29 넷플릭스의 콘텐츠 추천 메일

넷플릭스는 매주 추천 작품을 메일로 보내오는데, 필자가 보기에
도 필자의 성향과 그렇게 맞는 것 같지는 않다. 〈그림 3-29〉는 2019
년 3월 9일 추천받은 콘텐츠 〈잭 모턴과 언더월드〉인데, 관심이 없
어서 보지 않고 지나쳤다. 또한 이것은 넷플릭스가 DVD 사업을 하
던 초기의 비즈니스 형태와 비슷하다. 신규 고객에게는 주로 신작
을 추천하고, 기존 고객에게는 구작 위주로 추천했다. 왜냐하면 신
규 고객은 넷플릭스에서 최근 작품을 볼수록 넷플릭스에 매력을 느
끼지만, 기존 고객은 어느 정도 새로운 작품이 없어도 쉽게 해지하
지 않기 때문이다. 낚시꾼이 잡은 물고기에 관심이 없는 것과 같은
이치이다.

for two weeks", *fastcompany*, 2019. 2. 26.

넷플릭스 성장의 걸림돌

지금까지 넷플릭스는 초고속 성장을 해왔다. 이로 인해 가장 영향을 많이 받는 영화, 지상파 방송사, 유료 TV 등 올드 미디어는 넷플릭스에 대응하고 있으며 아마존, 애플, 훌루 등 IT 기업은 새로운 시장을 차지하기 위한 경쟁을 치열하게 벌이고 있다.

투자 정보 매체 ≪시킹 알파Seeking Alpha≫는 넷플릭스는 탁월한 기업이기는 하지만 거대한 거품이라고 주장하고 있다. 10년 후에는 성장세가 현 수준에 비해 크게 미달할 것이고 구독자당 콘텐츠 비용이 지속적으로 증가하리라는 것을 그 이유로 들고 있다.[64]

넷플릭스가 성장하는 데 있어 걸림돌은, 첫째, 디즈니 등 미국의 메이저 스튜디오에서 콘텐츠 공급을 중단하는 것이다. 둘째, CBS, 아마존, 애플, 훌루 등이 자체 서비스를 강화하면서 OTT 시장을 잠식하는 것이다. 셋째, 현금 흐름이 나쁜 것도 큰 문제이다. 넷째, 성장세가 지금처럼 지속되기 어려운 부분도 넷플릭스가 헤쳐가야 할 위기이다.

메이저 스튜디오의 콘텐츠 공급 중단

넷플릭스에 있어 가장 큰 위기는 콘텐츠 확보이다. 넷플릭스에서 보유하고 있는 콘텐츠 중에서 시청량의 80%는 넷플릭스가 구매한 콘텐츠였다. 그런데 이러한 콘텐츠가 공급되지 않는다면 넷플릭스 비즈니스 모델은 근본적인 위협에 처할 것이다. 그래서 넷플릭스는

---

64   Jake Huneycutt, "The Netflix Bubble", *Seeking Alpha*, 2018.3.13.

오리지널 제작에 막대한 투자를 하고 있다.

미국 디지털 오리지널 중에서 2018년 12월 첫째 주 동안 VOD 시청 4위에 오른 〈데어데빌Daredevil〉(1위는 〈나르코스〉, 2위는 〈사브리나의 오싹한 모험The Chilling Adventures of Sabrina〉, 3위는 〈기묘한 이야기〉)을 더 이상 넷플릭스에서 볼 수 없다. 〈데어데빌〉은 마블 작품이며, 넷플릭스가 제작비를 댔지만 지식재산권에 대한 권리는 전혀 갖고 있지 않다. 마블은 그 전에 〈아이언 피스트〉와 〈루크 케이지Luke Cage〉를 넷플릭스에 공급하기로 한 계약을 취소했다. 이것은 디즈니가 디즈니+를 출시하면서 변화한 환경이다.[65]

미드 〈프렌즈〉는 분석기관 패럿 애널리틱스가 2015년 10월부터 2017년 8월까지 조사한 자료에 따르면 미국에서 세 번째로 인기 있는 시트콤으로 3040만 회를 기록했다. 1위는 〈브루클린 나인-나인Brooklyn Nine-Nine〉(3750만 회)이고, 2위는 〈빅뱅이론The Bing Bang Theory〉(3410만 회)이다.[66] 워너미디어는 이들 콘텐츠를 2019년까지만 넷플릭스에 공급하고 2020년부터는 더 이상 공급하지 않기로 했다. 위너미디어가 넷플릭스에 제공하는 영화도 2010년 7300편에서 2018년 5600편으로 감소했다.

넷플릭스에서 인기가 매우 높은 〈오피스〉도 2021년이면 볼 수 없게 된다. NBC가 자체 OTT를 2020년 1분기에 출시할 계획이라서 계약이 끝나는 2020년 말 공급을 중단하기로 했기 때문이다. 이것

---

65   Geoff Boucher, "'Daredevil': Netflix Turned A Blind Eye To Viewer Demand By Canceling Marvel Series", *Deadline*, 2018.12.4.

66   Dawn C. Chmielewski, "What Would Netflix Do Without 'Friends?'", *Deadline*, 2018.10.16.

은 워너미디어가 넷플릭스에 〈프렌즈〉 공급을 중단하는 것과 같은 이유이다.[67] 현재 시즌15가 서비스되고 있는 〈그레이 아나토미〉도 2020년부터 중단될 것으로 예상된다.[68] 이렇게 되면 넷플릭스에서 가장 인기 있는 대표 작품들이 전부 빠지게 된다.

이렇게 콘텐츠를 공급이 끊어지면 어떻게 될까? ≪할리우드 리포터≫가 5월 2~5일 조사한 바에 따르면 넷플릭스가 〈오피스〉, 〈프렌즈〉, 마블 영화, 디즈니 콘텐츠를 확보하지 못한다면 18~29세 젊은 층의 49%가 넷플릭스를 해지하겠다고 응답했다. 〈그림 3-30〉은 이들 콘텐츠의 조합에 따른 해지 의사 비율을 보여준다.[69]

브라질의 가장 큰 방송사인 글로보Globo도 넷플릭스나 아마존 같은 스트리밍 업체에 콘텐츠를 절대 판매하지 않겠다고 선언했다. 글로보는 자체 플랫폼을 위해 더 많은 콘텐츠를 제작하고 있으며 전 세계에 콘텐츠를 판매하기 위해 5078만 달러를 들여 거대한 스튜디오 MG4를 설립했다. 글로보는 자체 유무료 스트리밍 서비스를 보유하고 있는데, 광고 없는 SVOD는 월 5달러이다. 넷플릭스는 브라질에서 빠르게 성장하고 있는데, 해외에서는 브라질이 영국 다음으로 두 번째로 큰 시장이다.[70]

그러나 넷플릭스의 콘텐츠 담당 책임자인 서랜도스는 겉으로는

---

67 Jill Disis, "'The Office' is leaving Netflix in 2021", *CNN Business*, 2019.6.26.

68 Kasey Moore, "ABC's Grey's Anatomy Reportedly Leaving Netflix Soon", *What's on Netflix*, 2019.3.23.

69 Sarah Shevenok, "49% of Young Viewers Would Cancel Netflix if It Loses 'Office,' 'Friends,' Disney, Marvel", *Morning Consult*, 2019.5.14.

70 Chris Ariens, "This TV Network Built a Massive $50 Million Studio Mostly to Take on Netflix", *Adweek*, 2019.8.12.

그림 3-30 **콘텐츠 배급 중단에 따른 넷플릭스 해지 의사율**

자료: Morning Consult.

크게 걱정하지 않는다. 그는 "세계에는 소비자가 좋아하는 콘텐츠가 엄청나게 많다. 따라서 치열하게 재협상할 필요가 없다. BBC와 같은 지역 공영방송사들과 협력할 것이다"라고 말했다.

한국의 지상파 방송사도 넷플릭스에 콘텐츠를 공급하고 있지 않다. 그러나 2019년부터 푹이 옥수수와 합병하면서 1년에 방송사별로 한두 작품을 공급할 수 있도록 열어놓았는데, 어떠한 결과로 이어질지 관심을 갖고 지켜볼 일이다.

과도한 콘텐츠 투자

넷플릭스에 추가된 신규 콘텐츠는 596개로 아마존 프라임 비디오 232개, 훌루 223개, HBO나우 38개에 비해 월등히 많다. 반면 넷플릭스가 보유한 전체 영화는 3000개가 되지 않는 데 비해, 아마존 프라임 비디오이 보유한 영화는 1만 7461개로 넷플릭스보다 450%나 많다. 훌루는 2336개, HBO나우는 815개의 영화를 보유하고 있다.[71] 이것을 보면 넷플릭스가 신규 콘텐츠에 얼마나 많이 투자하고 있는지 알 수 있다. 문제는 신규 콘텐츠는 증가했지만, 전반적으로 넷플릭스의 콘텐츠 양은 줄어들어 과거에 비해 상대적으로 더 비싼 요금으로 서비스를 제공하고 있다는 점이다.

미국의 OTT 전문 매체 ≪스트리밍 옵저버Streaming Observer≫의 분석에 따르면, 오리지널 콘텐츠의 평균 평점을 따졌을 때 워너미디어의 자회사인 미국의 케이블TV HBO가 75점으로 가장 높은 것으로 집계되었다. 2위는 디즈니와 NBC, 타임워너 등의 투자로 운영되었던 훌루로 74점이었다. 넷플릭스는 70점으로, AMC 73점, 아마존 72점, 스타즈 72점, FX 71점의 뒤를 이어 콘텐츠에 대한 평가는 그리 좋지 않았다.[72]

2018년 오리지널 콘텐츠에 투자한 규모는 넷플릭스가 130억 달러인 반면 훌루는 25억 달러로 넷플릭스의 5분의 1 수준이었다. 따라서 "넷플릭스가 더 많은 오리지널 콘텐츠에 투자하고 있으나 대중의 평점이 훌루보다 낮기 때문에 콘텐츠에 투자하는 막대한 비용이 대중의 인기를 견인하는 것과 반드시 직결되는 것은 아니다"라는 평가도 나오고 있다.[73]

71   Erik Gruenwedel, "Netflix Has Highest-Rated Movies", *Media Play News*, 2019.4.8.
72   David Griffin, "HBO tops Netflix, Amazon and Hulu in quality original programming according to study", *IGN*, 2018.9.7.

과도한 부채

넷플릭스는 오리지널 콘텐츠 제작에 소요되는 비용을 충당하기 위해 점점 더 많은 부채를 지고 있다. 2017년 말 부채가 154.3억 달러에서 2018년 말 207.4억 달러로 급증했다. 2019년 6월 말 기준으로도 240.6억 달러로 증가했다. 이 중에서 125.9억 달러가 장기 부채이다. 이는 독점 스트리밍 권리를 확보하기 위해 오리지널을 제작하거나 콘텐츠를 확보하는 데 막대한 비용을 지출한 결과이다.

넷플릭스는 콘텐츠 수급, 제작, 개발 등을 위한 현금 흐름이 좋지 않기 때문에 미국과 영국에서 20억 달러의 채권을 발행할 계획이다. 10월에도 추가로 20억 달러를 조달할 계획이다.[74] 2019년 디즈니+ 등 새로운 OTT 서비스가 출시될 예정이므로 넷플릭스의 전망에 따라 자금 조달에 영향을 받을 수 있다.

성장세 감소

2019년 6월 현재, 넷플릭스의 유료 구독자는 미국 6010만 명, 해외 9146만 명으로 총 1억 5156만 명이다. 1억 2600만 가구의 미국 시장에서 넷플릭스는 이미 시장의 50%를 점유하고 있어 포화 상태에 가깝기 때문에 가입자를 더 이상 늘리기가 어렵다. 실제로 해외 시장에서는 높은 성장세를 이어가고 있으나, 성장률은 지속적으로 하락하고 있다(〈그림 3-31〉참조). 2018년에는 성장률이 39.9%로 떨어졌다. 가입자 증가율이 감소하면 바로 주가에 영향을 주기 때문

---

73   최대열, "넷플릭스 제친 훌루? '콘텐츠투자규모, 인기직결 아니다'", 《아시아경제》, 2019.1.27.

74   https://worldscreen.com/netflix-looks-raise-another-2-billion-debt-content-spending/

그림 3-31 넷플릭스의 가입자 추이 및 증가율

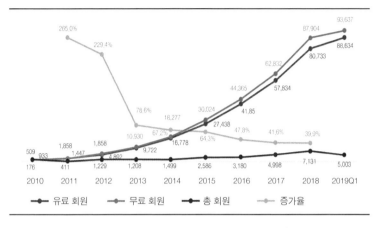

	2010	2011	2012	2013	2014	2015	2016	2017	2018	2019Q1
유료 회원	176	411	1,229	1,208	1,499	2,586	3,180	4,998	7,131	5,003

증가율: 265.0% 229.4% 78.6% 67.2% 64.3% 47.8% 41.6% 39.9%

─●─ 유료 회원   ─●─ 무료 회원   ─●─ 총 회원   ─●─ 증가율

에 시장이 얼마나 기다려줄지도 관심사항이다.

넷플릭스에 대한 세금 부과 추진

미국 조지아주 의원들은 디지털로 된 비디오, 책, 음악, 비디오 게임 등에 세금을 부과하는 방안을 추진하고 있다. 이렇게 되면 넷플릭스, 아마존 프라임 비디오, 훌루, 킨들, 아이튠즈iTunes, 스포티파이Spotify 등의 이용자들은 요금을 더 내야 한다. 의원들과 인터넷 서비스 제공업자들은 이 세금이 경제적으로 침체된 시골 지역에서 인터넷 라인을 증설하는 데 사용될 수 있다고 본다. 이 방안이 실현되면 이용자들이 4%의 세금을 부담하게 되지만, 수혜는 고속망이 부족한 시골 지역에 돌아갈 것이다. 이렇게 해서 거둬들이는 세금 총 금액은 2021년에 4800만 달러, 2024년에는 3억 1000만 달러에 달할 것으로 추정된다. 12.99달러의 요금을 내는 넷플릭스 가입자

는 매월 52센트, 연간 6.24달러를 세금으로 부담해야 한다.[75] 요금
이 비싸지면 그만큼 가입자를 유지하거나 신규로 유치하기가 힘들
어질 것이다.

떠나는 인재들

넷플릭스는 업계 최고의 인재를 데려와 업계 최고의 연봉을 지급
하는 것을 자랑으로 삼고 있다. 그래서 숀다 라임스 같은 유명한 작
가 겸 쇼러너를 영입하기도 했다. 그러나 넷플릭스에서 실적을 낸
사람들이 쉬겠다면서 회사를 떠나고 있다. 이는 분명 좋은 소식이
아니다. 실적을 지향하는 문화가 인간적인 삶을 파괴하는 측면이
있는 것이다. 넷플릭스에 다니는 사람들과 이야기하면 언제 해고될
지 모른다는 이야기를 수시로 한다.

넷플릭스에서 2012년부터 6년간 수석 마케팅 책임자를 맡은 켈리
베넷Kelly Bennett은 회사를 떠나기로 했다. '박수칠 때 떠난다'면서 가
족과 많은 시간을 보내겠다고 했다. 2018년 여름에는 CFO였던 데이
비드 웰스David Wells도 물러났다. 라틴 아메리카, EMEA 및 인도 국제
원조 담당 부사장인 에릭 바맥Erik Barmack도 8년 후 자신의 제작사를
만들기 위해 회사를 떠난다고 밝힌 바 있다.[76] 2019년 6월 서랜도스
가 예산이 많이 투입되는 작품에 대해 효율성을 따지겠다고 밝히면
서 직원들이 경쟁사로 이동하기 시작했다는 이야기도 들린다.

---

75   Mark Niesse, "Watch what's next: Georgia might tax Netflix and downloads", *AJC*,
      2019.2.11.

76   https://variety.com/2019/digital/news/netflix-cmo-kelly-bennett-exit-1203157243/

넷플릭스 요금 인상

넷플릭스는 2019년 1월 미국에서 월정액을 13~18% 인상해 13달러로 높였고, 전 세계 40개국에서는 상반기에 1~2달러를 인상할 예정이다. 영국에서는 베이직 요금제(5.99파운드)는 인상하지 않고, 스탠더드 요금제는 7.99파운드에서 8.99파운드로, 프리미엄 요금제는 9.99파운드에서 11.99파운드로 20%를 인상했다.[77] 넷플릭스는 〈그림 3-32〉에서 보는 바와 같이 2010년 이후 스탠더드형은 다섯 번에 걸쳐 월정액을 인상했다. 스탠더드형은 2010년 7.99달러에서 12.99달러로 5달러나 올랐다. 특히 2014년부터 네 번이나 올린 것은 오리지널 제작에 따른 현금이 부족했기 때문이다.

요금을 인상하면 가입자가 이탈할 수 있다. ≪스트리밍 옵저버≫에 따르면 넷플릭스가 2019년 초 요금을 인상하자 미국 가입자 가운데 63%는 가입 상태를 유지하겠다고 답했고, 27%는 가입을 취소했거나 해지를 고려하고 있다고 답했으며, 10%는 낮은 요금제로 변경하겠다고 답했다. 또한 응답자의 50%는 넷플릭스가 광고를 하는 것도 받아들일 수 있다고 했다.[78]

그러나 미국 투자증권사 웨드부시Wedbush의 분석가 마이클 패처 Michael Pachter는 "최근 요금 상승으로 미국 내 가입자 수가 급격히 감소할 것이다. 아마존과 훌루의 요금이 넷플릭스보다 약간 더 저렴하기 때문이다"라고 말했다.[79] 온라인 비디오 플랫폼 회사 브라이트코브

---

77 https://www.theguardian.com/media/2019/may/30/netflix-to-raise-prices-for-uk-sub
    scribers
78 Blake Droesch, "Next on Netflix: Advertising?", *eMarketer*, 2019.2.11.

그림 3-32　**넷플릭스 요금 인상 과정**

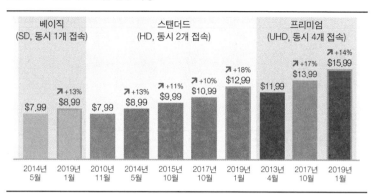

베이직
(SD, 동시 1개 접속)

스탠더드
(HD, 동시 2개 접속)

프리미엄
(UHD, 동시 4개 접속)

자료: Company announcements, press reports.

brightcove에 따르면 아시아 지역에서 OTT 서비스를 이용하지 않는 사람의 47%는 한 달에 1달러도 안 되는 금액을 내려고 한다. 반면 현재 OTT 서비스 이용자의 25%는 5~9달러를 낼 생각이 있다고 조사되었다. 또한 OTT를 이용했다가 끊은 사람은 1~4달러를 적정선으로 보고 있다. 〈표 3-8〉은 국가별 요금에 따른 가입 의사 비율이다.

넷플릭스는 요금을 얼마까지 인상할 수 있을까

넷플릭스는 지금까지는 큰 문제없이 요금을 인상했다. 그러면 얼마까지 요금을 인상할 수 있을까? 모닝 컨설트와 ≪할리우드 리포트≫가 상품이나 서비스의 적정 요금을 찾아내는 반 웨스턴드롭 모델Van Westendrop model을 적용해 2200명을 상대로 조사한 바에 따르면,

---

79　Seth Fiegerman, "Netflix adds 9 million paying subscribers, but stock falls", *CNN*, 2019.1.18.

표 3-8 **국가별 요금에 따른 OTT 가입 의사 비율**   단위: %

	홍콩	인도	인도네시아	말레이시아	필리핀	싱가포르	타이완	태국	베트남
1달러 미만	26	37	33	35	26	24	35	33	20
1~4달러	17	27	24	23	32	22	24	25	24
5~9달러	20	16	18	20	21	25	19	16	23
10~15달러	20	9	12	13	12	18	16	16	20
16~20달러	9	6	7	5	5	8	3	6	9
20달러 이상	8	4	5	3	3	3	2	4	4

자료: brightcove, "ASIA OTT RESEARCH REPORT 2019", p.7.

〈그림 3-33〉에서 보는 바와 같이 넷플릭스처럼 광고가 없는 스트리밍의 적절한 월정액 요금은 12달러이고, 훌루처럼 광고가 삽입된 스트리밍의 적절한 월정액 요금은 10달러인 것으로 나타났다. 그리고 월정액의 수용 가능한 범위를 보면 광고가 없는 스트리밍 서비스는 10~16달러, 광고가 있는 스트리밍 서비스는 월 8~12달러로 나타났다.[80] 이 분석을 토대로 본다면, 넷플릭스는 스탠더드 요금은 적정 금액 12달러보다 1달러 높은 12.99달러로, 프리미엄 요금은 수용 가능한 범위인 16달러보다 1센트 낮은 15.99달러로 인상한 것이다.

훌루같이 광고가 있는 스트리밍의 적절한 월정액은 10달러로 나타났다. 광고가 없는 스트리밍의 적절한 월정액 요금은 12달러이고, 광고가 삽입된 스트리밍의 적절한 월정액 요금은 10달러인 것으로 나타났다. 미국 성인의 20%만이 넷플릭스가 월정액을 11달러에서 13달러로 올린 사실을 알고 있다.

---

[80] Sarah Shevenock, "Here's the Ideal Price for Streaming Services", *Morning Consult*, 2019.1.29.

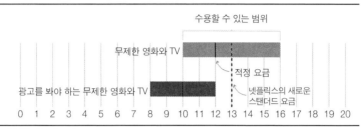

그림 3-33 **넷플릭스 요금의 적절한 범위** 단위: 달러

수용할 수 있는 범위

무제한 영화와 TV

적정 요금

광고를 봐야 하는 무제한 영화와 TV

넷플릭스의 새로운
스탠더드 요금

0 1 2 3 4 5 6 7 8 9 10 11 12 13 14 15 16 17 18 19 20

자료: Morning Consult.

올드 도미니언Old Dominion대학교의 마일스 맥너트Myles McNutt 교수에 따르면 이러한 요금 변화로 인해 업체별로 다른 목적을 갖게 되는데, "가입비가 비싼 넷플릭스는 콘텐츠 생산 비용의 증가에 따라 수입을 증가시켜야 하지만, 훌루는 스트리밍과 코드 커팅이 더 활성화되면서 신규 가입자도 유치하고 전통적 TV 시청에 익숙한 소비자도 만족시켜야 하는 두 가지 목적을 안게 된다"라고 분석했다.

최근에는 OTT 서비스가 광고 기반의 스트리밍 쪽으로 움직이고 있다. 비아콤이 광고 기반의 스트리밍 플랫폼인 플루토TV를 3400만 달러에 인수했고, 로쿠도 2018년 8월 무료 버전인 로쿠 채널을 출시했다. 아마존도 IMDB 닷컴에서 IMDb TV를 광고 모델로 운영하고 있다. 본격적인 OTT 전쟁이 벌어질 2019년부터 과연 어떠한 결과가 나올지 귀추가 주목된다.

가구당 지불액은 8달러 미만으로 정체

미국에서 OTT 서비스 경쟁이 치열해지고 있지만 가구별 평균 지출액은 제자리를 맴돌고 있는 것으로 조사되었다. 시장조사업체 팍

그림 3-34　미국인이 비디오 소비에 지출하는 월 평균 비용

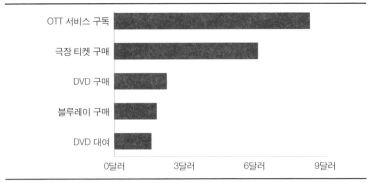

자료: Parks Associates.

스 어소시에이츠에 따르면 미국인이 매달 OTT 서비스에 지불하는 비용은 2016년 이후 8달러 미만에 그치고 있다(〈그림 3-34〉 참조). 팍스 어소시에이츠의 수석 연구 이사 브렛 새핑턴Brett Sappington은 "올해 많은 가정이 OTT 서비스를 이용하게 될 것"이라며 "새로운 서비스는 넷플릭스 가입자 이탈을 유발하거나 가구당 지출을 늘리게 될 것"이라고 내다보았다.[81]

요금 인상이 가입자에게는 영향을 끼치지 않는다

〈그림 3-35〉는 2014년부터 2018년까지 5년 동안 넷플릭스의 요금 인상이 가입자 증가율에 미친 영향을 나타낸다. 넷플릭스는 2010년 이후 요금을 63% 인상했다. 그러나 가입자 탈퇴에는 별다른 영향을 미치지 않았다. 2015년과 2017년에는 요금 인상 후 오히려 가

81　박진형, "美 OTT 지출액 8달러 미만… "올해 성장 기대"", ≪전자신문≫, 2019.3.26.

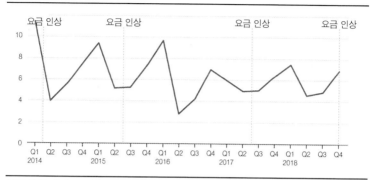

그림 3-35   **넷플릭스의 요금 인상과 가입자 증가율 추이**　　　　　　　단위: %

자료: Netflix disclosures; The Information reporting.

입자가 늘었다. 그러나 요금이 높아질수록 시청자들은 고민을 더 많이 하게 될 것이다.[82]

넷플릭스가 요금을 인상하자마자 훌루는 반대로 광고 기반 서비스의 월정액을 2달러 인하하고, 실시간 TV인 훌루+ 라이브 TV는 월 5달러로 인상했다.[83] 모닝 컨설트 조사를 기반으로 판단하면, 훌루는 10달러가 적정 요금인데 그보다 3달러나 낮게 요금을 책정한 것이다. 이 조치를 통해 이용자를 늘리고 더 많은 광고 수입을 올릴 것으로 예상된다.

결과적으로 넷플릭스는 2019년 3월 말 가입자가 2018년 말보다 증가했으므로 2019년 1월 단행된 요금 인상은 가입자 수에 별다른 영향을 미치지 않은 것으로 결론내릴 수 있다.

82   Beejoli Shah, Martin Peers, "Netflix's Price Increase History Shows Service's Resilience", *The Information*, 2019.3.6.
83   Blake Droesch, "Hulu's Price Cut Will Boost Ad Revenues", *eMarketer*, 2019.3.17.

넷플릭스는 광고를 도입할까

넷플릭스는 현금 흐름이 부족하고 가입자당 수익이 높지 않다는 점 때문에 다른 수익원에 대해서도 고민할 것이다. ≪테크크런치 Techcrunch≫는 넷플릭스가 일부 사용자를 상대로 드라마 에피소드 사이에 넷플릭스 오리지널 콘텐츠 프로모션 광고를 삽입하는 실험을 진행하고 있다고 보도했다. 넷플릭스가 테스트 중인 광고 방식은 한 편의 콘텐츠를 모두 시청한 후 다음 회로 넘어가는 도중에 전체 화면에서 사용자에게 맞춤형으로 추천해 줄 만한 다른 콘텐츠 광고 영상을 삽입하는 것이다. 광고 영상에서는 다음 회차에 대한 제목, 미리보기 이미지, 설명 등이 오른편에 위치한다(〈그림 3-36〉 참조).[84]

이 테스트는 넷플릭스가 광고를 준비하는 것이라는 예측을 불러일으켰고, 미국 최대 온라인 커뮤니티 레딧Redit과 트위터 등에서는 이용자들이 '건너뛰기'를 할 수도 없도록 했다고 거센 불만을 표시했다. 논란이 일자 넷플릭스는 매년 진행하는 수백 가지 테스트 중 하나일 뿐이며, 구독자에게 콘텐츠를 추천하는 데 도움이 되는지 테스트하는 것이라고 해명했다.

2019년 3월 18일 LA에서 열린 랩스데이에서 헤이스팅스는 전 세계 기자 60여 명이 참석한 가운데 향후 TV드라마, 영화 등 오리지널 콘텐츠 제작에 전념한다는 미래 전략을 밝혔는데, 이 자리에서도

---

84   Sarah Perez, "Netflix tests video promos in between episodes, much to viewers' dislike", *Techcrunch*, 2018.8.17.

그림 3-36   넷플릭스에서 다음 회로 이동하기 전 콘텐츠를 추천하는 테스트 화면

분명히 "넷플릭스는 앞으로도 광고를 도입하지 않을 생각이다. 또 뉴스, 스포츠 등 생중계 콘텐츠 없이 TV드라마와 영화에 집중할 예정이다"라고 말했다.

당분간 넷플릭스는 광고 모델은 고려하지 않을 것으로 전망된다. 이것은 2010년 스트리밍 서비스를 도입한 이래 넷플릭스가 구축해 온 정체성을 심각히 훼손하고 충성고객을 이탈시킬 수 있기 때문이다. 그러나 넷플릭스가 결국은 광고 모델을 운영할 것이라는 전망 또한 조심스레 제기되고 있다.

넷플릭스 오리지널 영화는 영화인가 아닌가

넷플릭스가 제작하는 영화에 대해서는 논란이 많다. 극장에서 처

음으로 상영하지 않으면 영화가 아닌 것일까?

칸영화제는 2018년부터 넷플릭스 영화를 수상 후보에서 제외하고 있다. 칸영화제 집행위원장인 티에리 프레모Thierry Fremaux 감독은 "넷플릭스가 추구하는 사업 모델이 우리와 정반대라는 것을 그들도 알고 있다"라고 밝혔다. 프랑스는 극장에서 영화가 상영된 이후 4개월이 지나야 DVD를 판매할 수 있다. 특히 극장에서 개봉한 영화는 3년간 스트리밍 서비스로 공개할 수 없다는 '영화상영법' 조항이 있다. 하지만 넷플릭스 등 스트리밍 서비스 업체는 극장 개봉과 동시에 자사의 스트리밍 서비스를 공개해 왔다. 스트리밍 업체들은 프랑스에서 온오프라인 동시 개봉이 어려워지자 극장 개봉을 거부했다.

이러한 입장을 대표하는 사람이 스티븐 스필버그 감독이다. 그는 "스트리밍과 극장 상영의 차이를 크게 느끼고 있다. 영화예술과학 아카데미AMPAS 이사회가 이를 논의하길 바라며 다른 영화인들도 나의 캠페인에 동참해 주길 바란다"라고 밝혔다.[85] 그동안 스필버그 감독은 오프라인 극장이 아닌 온라인 스트리밍을 기반으로 하는 넷플릭스 영화는 아카데미상이 아니라 TV 시리즈를 시상하는 에미상으로 가야 한다고 주장하며 강한 반감을 드러내왔다.

그러나 다른 국가에서는 프랑스와 같은 규정이 없다. 미국 법무부는 최고 권위의 영화상 시상식인 아카데미(오스카)에서 넷플릭스가 제외되면 '독점규제법' 위반이 될 수 있다고 경고했다. 마칸 델라힘Makan Delrahim 법무부 반독점국장은 넷플릭스가 수상할 수 없도록

---

85   Randall Roberts, "Steven Spielberg to propose Oscar rules that could keep streaming films out of contention", *Los Angeles Times*, 2019.3.2.

오스카 수상의 자격 조건을 바꾸는 것은 독과점 관련 논란으로 이어질 수 있다는 내용의 서면을 오스카 시상식을 주관하는 영화예술과학아카데미에 전달했다. 델라힘 국장은 2019년 3월에도 경쟁자를 오스카에서 배제하는 것은 독점을 금지하는 '서면Sherman법'을 위반할 수 있다고 밝혔다.[86]

영화계 내에서도 반대의 목소리가 나오고 있다. 넷플릭스 다큐멘터리 〈13번째13th〉로 2017년 아카데미 후보에 오른 에바 두버네이Ava DuVernay 감독은 트위터에 "스필버그 감독과 다르게 생각하는 영화인들이 있다는 것을 알기 바란다"라고 밝히기도 했다. 2019년 아카데미 시상식에서는 넷플릭스가 제작한 영화가 총 15개 부문에 후보로 올랐다. 특히 알폰소 큐아론 감독의 〈로마〉가 감독상, 촬영상, 외국어영화상 3개 부문을 수상했다. 하지만 최고의 영예인 작품상은 〈그린 북〉이 차지했다. 큐아론 감독은 "넷플릭스 영화를 반대하는 영화제는 더 이상 지속되기 힘들 것"이라는 의견을 피력했다. 영화배우 브루스 캠벨Bruce Campbell은 "스필버그 감독에게 미안하지만 〈로마〉는 그 무엇보다 뛰어난 작품"이라며 "어떤 플랫폼이냐 하는 것은 더 이상 무의미하다. 당신도 넷플릭스와 영화를 만들라"라고 강조했다.

영화계에서는 극장 개봉을 목표로 영화를 제작하고도 극장에서 개봉하지 못하는 경우가 꽤 많다. 스필버그의 주장대로라면 이러한 영화는 영화가 아니다. 필자는 영화 문법에 맞게 제작했다면 넷플릭스가 제작한 콘텐츠도 영화로 인정해야 한다고 생각한다.

---

86 이택현, "미 법무부 "할리우드 넷플릭스 배제는 독점"… 스트리밍 시대 본격화", ≪국민일보≫, 2019.4.3.

넷플릭스에 대한 업계의 대응

조사기반 미디어 회사인 매지드Magid에 따르면 소비자는 스트리밍 서비스에 매월 38달러를 지불할 용의가 있고, 평균 여섯 개 서비스에 가입할 의사가 있다고 한다.[87] 아직은 모두에게 가능성이 높다고 볼 수 있는데, 과연 2020년에는 이 시장을 누가 얼마나 차지하게될까? 여기서는 넷플릭스와 경쟁하는 업체를 정리해 보았다.

넷플릭스가 급성장함에 따라 모든 미디어 기업은 넷플릭스를 경쟁상대로 여기고 있다. 디지털 혁명 시대에는 시청자를 확보하기 위해 다양한 방식으로 대응하면서 전략을 세우기 마련이다. 일례로 자신의 서비스 가치를 높이기 위해 콘텐츠를 중단하기도 한다.

넷플릭스 등 OTT 서비스 시장의 공습이 확대되자 글로벌 통신사와 미디어·콘텐츠 기업은 M&A로 대응하고 있다.[88] 한편 컴캐스트, 디즈니+, AT&T, 훌루, 아마존 프라임 비디오, 애플, CBS, 유튜브, BBC, 훅Hooq, 아이플릭스 등은 새로운 서비스를 출시하거나 강화하고 있다. 디퓨전 그룹Diffusion Group에 따르면 방송사들은 2022년까지 단독 OTT 서비스를 만들 것이고, 가입자는 5000만 명까지 증가할 것이라고 한다. 〈그림 3-37〉은 각 방송사가 추진하는 서비스이다.

유료 TV 사업자의 콘텐츠 공급 중단

넷플릭스에 대항하는 유료 TV 사업자의 공세가 만만치 않다. 디

---

[87] Michael Henage, "Netflix In 2020", *Seeking Alpha*, 2019.1.30.
[88] 정예린·김용주, "글로벌 통신사, '콘텐츠'가 미래경쟁 좌우".

그림 3-37 **각 방송사의 OTT 서비스**

즈니는 2009년 마블엔터테인먼트, 2012년 루카스필름을 인수한 데 이어, 2017년에는 폭스엔터테인먼트를 인수했다. 넷플릭스는 2013 년부터 마블엔터테인먼트와 파트너십을 체결하고 드라마 시리즈를 만들어왔다. 그러나 디즈니가 넷플릭스에 콘텐츠 공급을 중단하고 마블 코믹스 라이센싱도 중단함에 따라 넷플릭스는 인기 히어로 드라마의 후속 시즌 제작이 취소되었다. 〈제시카 존스Jessica Jones〉, 〈퍼니셔The Punisher〉, 〈데어데빌〉, 〈루크 케이지〉, 〈아이언 피스트〉, 〈디펜더스The Defenders〉 등이 여기에 해당된다.[89]

---

89 황승환, "넷플릭스 "디즈니와 이별"… 퍼니셔 연장 불발", ≪The Gear≫, 2019. 2. 20.

콘텐츠 공급 중단으로 유료 TV 사업자가 겪는 문제

유료 TV 사업자들이 콘텐츠 공급을 중단하는 것은 콘텐츠 권리 보유자의 수익성에 문제를 야기한다. 거대한 올드 미디어 기업들의 넷플릭스 따라잡기 전략은 일종의 출혈성 전략이라는 점에서 수익성에 심각한 위험 요인이 될 가능성이 있다. 거대 올드 미디어 기업들이 자체적으로 OTT 서비스를 출시하면 넷플릭스가 콘텐츠 라이선싱의 대가로 지불하는 연간 50억 달러가량의 라이선싱 매출과, 아마존과 페이스북이 각각 지불하는 연간 40억 달러 등 130억 달러의 라이선싱 매출이 잠식당할 소지가 있다. 투자 정보 서비스 업체 BTIG에 따르면 디즈니의 경우 매년 넷플릭스로부터 발생하는 약 5억 달러의 라이선싱 매출을 충당하려면 700만 명의 유료 구독자가 필요한 것으로 추산하고 있다.[90] 넷플릭스는 2019년 시트콤 〈프렌즈〉를 서비스하는 대가로 1억 달러를 지급했다.

테크놀로지 전문 미디어 ≪더 인포메이션The Information≫은 디즈니가 매월 9달러의 요금을 받는다고 가정하고 계산했는데, 이 계산에 따르면 디즈니는 넷플릭스에 콘텐츠 공급을 중단하는 대가로 3700만 명의 유료 가입자를 확보해야 한다. 넷플릭스는 이만 한 규모의 가입자를 유치하는 데 3년 넘게 걸렸다. 유료 TV가 해제된다고 전제하면, 디즈니는 현재 수준의 유료 TV 수입 133억 달러와 폭스 인수에 따른 비용까지 포함해 220억 달러를 벌어야 한다. 그렇게 하려면 세계에서 2억 명의 가입자를 유치해야 한다. 그런데 애플이 2019년

---

90   Kevin Tran, "Disney Investor Day Preview: Unanswered Questions About Disney+",
      Variety, 2019.4.8.

가을에 애플TV+를 출시할 예정이고, AT&T의 워너미디어는 2020년 봄에 HBO맥스HBO Max를 론칭할 예정이며,[91] 컴캐스트의 NBC유니버설도 2020년 광고 기반의 OTT를 추가로 출시할 예정이다. 애플 디바이스 이용자는 무료로 OTT 서비스를 이용할 수 있으며, NBC유니버설은 유료 TV 고객에게는 무료로 서비스를 제공할 예정이다. 따라서 디즈니와 워너미디어는 극한 경쟁을 펼쳐야 한다.[92]

과연 자체 서비스를 출시해 이 정도의 금액을 벌어들일 수 있는지가 관건이다.

유료 TV 사업자의 자체 서비스 출시 현황

미국의 프리미엄 유료 TV 채널 에픽스는 2019년 2월 10일 OTT 서비스를 개시함으로써 CBS, 쇼타임Showtime, HBO 등의 뒤를 이어 OTT 서비스를 출시한 TV 채널 진영에 가세했다. 2019년에는 디즈니와 워너미디어가, 2020년에는 NBC유니버설이 새로운 OTT 서비스를 출시하며 OTT 서비스 시장의 경쟁을 한층 과열시킬 전망이다. 〈표 3-9〉는 새롭게 출시하는 서비스를 정리한 것이다. 콘텐츠를 구매하지 않는 것은 애플뿐이며, 라이브 채널과 무료 서비스를 운영하는 것은 NBC유니버설뿐이다. 유료 가입자는 애플이 2025년까지 5000만 명, 디즈니가 2024년까지 3000만 명, 워너미디어는 2024년까지 800만 명, NBC유니버설도 2024년까지 400만 명을 목표로 하고 있다.[93]

91　Todd Spangler, "'Friends' to Leave Netflix for WarnerMedia's HBO Max Streaming Service in 2020", *Variety*, 2019.7.9.

92　Martin Peers, "Streaming Video's New Math", *The Information*, 2019.2.13.

표 3-9 **자체 OTT 출시 서비스**

		애플	디즈니	워너미디어	NBC유니버설
콘텐츠	오리지널 콘텐츠	○	○	○	○
	라이센싱 콘텐츠		○	○	○
	라이브 콘텐츠				○
가격	무료	N/A			○
	유료	N/A	○	○	○
광고	광고 소량			○	○
	광고 없음	○	○	○	○
가능성	최초 소비자	iOS 디바이스 소유자	가족과 어린이	영화광, TV 및 영화 애청자	컴캐스트와 스카이 유료 TV 가입자
	유료 가입자 목표	2025년 5000만 명 (모건 스탠리)	2024년 3000만 명 (웰스파고)	5년 안에 약 800만 명 (HBO나우 수준)	5년 안에 약 400만 명(CBS 올 액세스 수준)

자료: *Variety*.

그림 3-38 **주요 OTT 서비스의 월정액 현황**　　　　　　　　　　단위: 달러

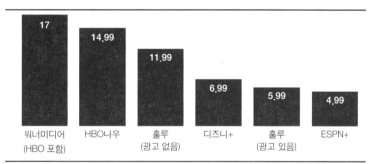

주: 워너미디어 요금은 월 16~17달러로 추정됨.
자료: Morning Consult.

　　주요 OTT 서비스의 요금은 〈그림 3-38〉과 같다. 워너미디어의 요금이 가장 높을 것으로 예상된다.

93　　Kevin Tran, "Disney Investor Day Preview: Unanswered Questions About Disney+".

넷플릭스에 대한 업체별 대응 현황

디즈니+

디즈니는 2019년 4월 11일 투자자의 날에 11월 12일부터 월 6.99달러(연 69.99달러)에 디즈니+를 출시하겠다고 발표했다. 그리고 캐나다(월 8.99캐나다달러)와 네덜란드(월 6.99유로)는 미국과 같은 11월 12일에, 호주(월 8.99호주달러)와 뉴질랜드(월 9.99뉴질랜드달러)는 11월 19일에 론칭하기로 했다.[94] 디즈니는 넷플릭스와 달리 메인 화면을 디즈니, 픽사, 마블, 스타워즈, 내셔널 지오그래픽 등 다섯 개의 섹션hub으로 구분해 놓았다(〈그림 3-39〉 참조).[95] 디즈니는 미국 출시 이후 2년 안에 전 세계에 공급할 계획이다. 유럽은 2019년 10월부터 시작해 2020년 6개월 내에, 라틴아메리카는 2020년 10월부터 3개월 내에, 아시아는 2019년 10월부터 2년 내에 출시할 예정이다.[96] 디즈니는 2024년까지 가입자 규모를 6000만 명에서 9000만 명까지 확대할 목표를 세우고 있는데, 그중 3분의 1이 미국 내 가입자일 것으로 내다보고 있다. 디즈니는 2020년에 디즈니+ 오리지널 콘텐츠 제작에 10억 달러를 사용할 예정이며, 2024년에는 이 비용을 25억 달러까지 증가시킬 계획이다. 또한 2020년에는 콘텐츠 라이센싱에 15억 달러를 사용할 예정이다. 2020년과 2023년 사이

---

94 Kristin Brzoznowski, Disney+ Plots Rollout Across Canada, Netherlands, Australia, *Adweek*, 2019.8.19.

95 Julia Alexander, "Disney+ will be available on November 12th for $6.99 a month", *The Verge*, 2019.4.11.

96 Mike Sorrentino and Joan E. Solsman, "Disney Plus streaming service: Release date, price, shows and movies to expect", *cnet*, 2019.7.22.

그림 3-39 **디즈니+의 서비스 화면**

에 영업 적자가 최고로 많이 발생하겠지만, 2024년부터는 순익이 날 것으로 전망하고 있다.

디즈니의 전략은 완전한 통제력으로 자사가 보유한 영화·드라마· 스포츠 콘텐츠와 온라인 콘텐츠 유통 플랫폼을 수직 결합하는 것이 다. 디즈니는 2019년 11월 디즈니+를 출시하면 이 전략을 완결하게 된다. 이를 위해 디즈니는 사전 정비작업을 벌였다. 첫째, 더 많은 글 로벌 콘텐츠 자산을 확보하기 위해 뉴스 코퍼레이션News Corporation이 소유한 21세기 폭스21st Century Fox를 522억 달러에 인수했다. 디즈니 는 글로벌 OTT 서비스 시장을 독점하고 있는 넷플릭스와 경쟁하기 위해 고품질 글로벌 콘텐츠의 필요성을 강하게 인식했고, 넷플릭스 에 자사 콘텐츠들을 더 이상 제공하지 않기로 했다. 둘째, 디즈니는 폭스와의 합병을 통해 훌루 지분의 30%를 추가로 인수하고, AT&T

지분의 10%도 2019년 4월 인수했다. 또한 5월에는 컴캐스트가 나머지 지분 30%를 2024년에 최소 58억 달러에 팔 수 있는 계약을 체결해 훌루를 100% 통제하게 되었다.[97]

디즈니가 OTT 서비스 플랫폼에 대한 전략을 전환한 것은 미디어 환경 변화 때문인 것으로 판단된다.[98] 디지털과 모바일 인터넷 환경에서 대부분 스마트폰과 PC를 사용하게 됨에 따라 VOD로 콘텐츠를 소비하는 경향이 강해졌기 때문에 기존의 유료방송 비즈니스 모델로는 더 이상 이용자들을 확보하거나 유지하기가 힘들어졌고 광고료를 창출하기도 어려워졌다. 콘텐츠 이용자들은 점차 선호하는 콘텐츠만을 최소한의 비용으로 선택해 모바일로 시청하는 행태를 보이고 있고, 디즈니는 이 변화를 받아들일 수밖에 없었다.

오늘날 미디어 기업들은 유능한 인재를 서로 빼오고 있다. 대체로 넷플릭스가 다른 곳의 인력을 빼왔는데 디즈니는 넷플릭스에서 오리지널 시리즈 담당 이사로서 〈루머의 루머의 루머〉, 〈나르코스〉 등을 개발했던 테미나 자퍼Tehmina Jaffer를 D2C와 해외 서비스 책임자로 앉혔다. 그녀는 오리지널 개발과 조정, 제작과 협력을 담당하고 있다.[99]

디즈니+의 성공 가능성

디즈니+가 선보일 콘텐츠에는 기대작이 많다. 기존의 인기를 토

97 Tali Arebel, "Disney Takes Control Of Hulu in Comcast Streaming Service Deal", *Time*, 2019.5.14.
98 전범수, 「OTT 서비스, 글로벌 미디어 시장의 중심에 서다」.
99 https://worldscreen.com/netflix-alum-tehmina-jaffer-joins-disney/

대로 제작되는 것이기 때문에 파급력이 클 것으로 보인다. 우선 마블 스튜디오의 영화Marvel Cinematic Universe: MCU와 〈스타워즈〉 시리즈, 픽사 애니메이션 등이 대표적이다. 2019년 2월 개봉한 〈캡틴 마블 Captain Marvel〉은 OTT에서는 디즈니+에서만 공개될 예정이다.

MCU 캐릭터를 활용해 새롭게 만들 TV 시리즈로는 〈스타워즈〉 TV 시리즈인 〈만달로리안〉, 〈스타워즈: 클론 전쟁〉 시즌7, 〈로그 원: 스타워즈 스토리〉의 프리퀄 TV 시리즈, 〈하이 스쿨 뮤지컬〉과 〈마이키덕〉 뉴버전, 〈여 대통령의 일기〉, 〈레이디와 트램프〉 실사화, 〈시스터 액트 3〉, 〈페어런트 트랩〉과 〈애들이 줄었어요〉 리메이크, 〈돈키호테〉 실사 영화, 〈신부의 아버지〉 리메이크, 〈매직 캠프〉, 〈노엘〉, 〈토고〉 등이 있다.[100]

디즈니가 2019년 3월 공개한 마블 영화 〈캡틴 마블〉은 두 가지 의미를 지니고 있다. 마블 스튜디오가 처음으로 여성을 주인공으로 세운 영화라는 점과 처음으로 디즈니+에만 스트리밍으로 독점 공개하는 영화라는 점이다. 〈캡틴 마블〉은 전 세계에서 11억 2000만 달러의 수입을 올렸다.

모닝 컨설트와 《할리우드 리포트》가 2019년 2월 2203명의 성인을 상대로 조사한 결과,[101] 성인의 29%가 디즈니+에 가입할 의사가 있는 것으로 나타났으며, 18~29세는 46%, 30~44세는 45%로 젊을수록 가입 의사가 높았다. 이는 현재 넷플릭스 가입률 23%, 훌루

---

100 김진우, "넷플릭스의 대항마! 디즈니 플러스가 선보일 콘텐츠들", 《씨네21》, 2019.3. 28.

101 Sarah Shevenock, "Younger Consumers Are Most Likely to Subscribe to Disney+", *Morning Consult*, 2019.3.5.

10%에 비해 높은 수치로, 넷플릭스에는 위협적인 수치이다. 또한 어린이가 있는 부모(32%)의 가입 의사가 어린이가 없는 부모(26%)의 가입 의사보다 높게 나타났다. 현재 스트리밍 서비스에 가입한 성인 중의 36%가 디즈니+에 가입할 의사를 가지고 있는데, 이는 스트리밍 서비스 가입 유무와 관계없는 성인 비율(29%)이나 스트리밍 서비스 비가입자 비율(15%)보다 높은 수치이다. 64%는 〈캡틴 마블〉을 극장에서 보고 싶어 했으며, 26%는 스트리밍으로 볼 계획이라고 밝혔다.

금융 서비스 기업 웰스파고Wells Fargo의 전망에 따르면 디즈니+는 미국에서 가입자가 첫 해에 1000만 명에 도달하고 매년 500만 명이 증가해 5년 후에는 3000만 명에 도달할 것이라고 낙관적으로 보고 있다. JP모건 애널리스트 알렉시아 쿼드라니Alexia Quadrani는 디즈니는 브랜드 인지도, 독점 프리미엄 콘텐츠, 유일무이한 생태계라는 세 가지 장점을 지니고 있기 때문에 디즈니+의 전 세계 가입자는 1억6000만 명에 달할 것으로 예측했다. 디즈니가 JP모건의 예측대로 2019년 가입자를 1억 6000만 명 유치하면 넷플릭스와의 격차가 크게 좁혀져 1위도 가시권에 들 것으로 보인다. 최근 암페어 애널리시스에 따르면 미국 가구의 22%가 디즈니+에 가입할 것으로 보인다. 특히 18~24세는 34%, 어린이를 가진 가구는 36%나 디즈니+에 가입할 것으로 전망된다.[102]

디즈니는 폭스를 인수하면서 폭스가 100% 지분을 갖고 있고 인

---

102 Scott Roxborough, "Disney+ Streaming Service Tracking Well Among Key Demographics Before Launch", *Holly Reporter*, 2019.6.6.

도의 넷플릭스라 불리는 핫스타Hotstar를 손에 넣었다. 핫스타는 인도 시장 점유율이 70%가 넘는다. 반면 넷플릭스는 1%도 채 되지 않는다. 이러한 것이 바로 디즈니가 글로벌에서 갖고 있는 힘이다.[103] 다만 인도 시장은 넷플릭스 외에 아마존, 애플, AT&T, NBC유니버설 등의 막강한 경쟁사들이 활동 중이거나 시장 진출을 꾀하고 있어 디즈니가 장기적으로 1위를 확보하기는 쉽지 않을 것이다.

디즈니가 2018년 4월 ESPN+ 서비스를 시작해 스트리밍 서비스 시장에서 순항 중이긴 하지만 디즈니+가 가입자 확대와 수익 창출이라는 두 마리 토끼를 다 잡을 수 있을지는 미지수이다.[104] 그러나 최근에는 디즈니+가 넷플릭스보다 더 경쟁력 있다는 분석이 자주 나오고 있다.[105]

디즈니는 2019년 11월 12일 디즈니+ 서비스를 출시하면서 번들 상품을 내놓기 위해 준비하고 있다. 디즈니+ 6.99달러, 훌루 5.99달러, ESPN+ 4.99달러를 더하면 총 17.97달러인데 이것을 12.99달러에 제공하겠다는 것이다. 그러면 디즈니는 넷플릭스, 아마존 프라임 비디오, HBO맥스보다 더 저렴해져 엄청난 경쟁력을 가질 것이고, 소비자는 저렴한 가격에 다양하고 수많은 고품질의 콘텐츠를 볼 수 있게 될 것이다. 따라서 이 요금제는 넷플릭스에 상당한 타격을 입힐 수 있는 전략으로 보인다.[106]

---

103 김조한, "한국 시장에서 넷플릭스를 배척하고 싶다? 글로벌에서 싸울 각오를 해야 한다".

104 안희권, "디즈니, 넷플릭스 턱밑 위협", 《아이뉴스24》, 2019.3.7.

105 구은모, "월트 디즈니, 넷플릭스와의 OTT 경쟁우위 가능성 높아", 《아시아경제》, 2019.5.11.

106 Julia Alexander, "Disney announces $12.99 bundle for Disney+, Hulu, and ESPN+", *The Verge*, 2019.8.6.

아마존

아마존은 넷플릭스의 가장 강력한 경쟁자 중의 하나이다. 무엇보다 엑스레이x-ray 서비스가 가장 큰 강점이다. 엑스레이 서비스에서는 시청자가 영화나 드라마를 보면서 배우 이름, 배경 음악, OST, 원작 등을 확인할 수 있고 구매도 할 수 있다. 또한 아마존은 막대한 회원을 기반으로 넷플릭스와 오리지널 제작 경쟁을 할 수 있는 대표적인 기업이다. 2015년 2분기부터 꾸준하게 흑자를 기록하고 있으며, 2018년부터는 흑자 규모가 급증하고 있다. 2019년 1분기에는 역대 최고인 35.6억 달러의 흑자를 기록했다. 앞으로 아마존은 증가된 매출과 수익을 통해 넷플릭스를 강력하게 견제할 것이다. 2005년 아마존 프라임 비디오 멤버십을 출시한 아마존은 2018년 기준 1억 명의 회원을 보유하고 있으며,[107] 광고 모델을 강하게 추진하고 있다. 2018년에는 광고 수입이 전년보다 115% 증가한 101억 달러를 기록했다. 특히 아마존은 OTT 셋톱박스인 파이어TV가 3000만 개나 판매되어 이를 통한 AVOD 서비스에 자신감을 갖고 있다.

아마존은 2018년 쿠바에서 비밀리에 촬영한 영화 〈구아바 섬 Guava Island〉을 4월 13일 0시(서부시간 기준) 18시간 동안만 무료로 공개하고 이후부터는 회원만 볼 수 있도록 했다. 이것은 2018년 슈퍼볼에서 넷플릭스가 〈클로버필드 패러독스Cloverfeild Paradox〉를 알리고 게임이 끝나자마자 넷플릭스에서 공개한 것과 같은 전략이다.[108]

---

107 Matt Day and Jackie Gu, "The Enormous Numbers Behind Amazon's Market Reach", *Bloomberg*, 2019.3.27.

108 Jason Lynch, "Surprise! Amazon Will Stream a Secret Donald Glover Movie This Weekend, for Free", *Adweek*, 2019.4.12.

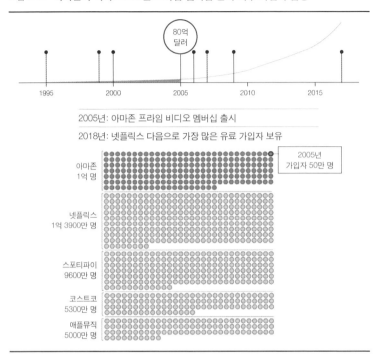

2005년: 아마존 프라임 비디오 멤버십 출시

2018년: 넷플릭스 다음으로 가장 많은 유료 가입자 보유

아마존
1억 명

넷플릭스
1억 3900만 명

스포티파이
9600만 명

코스트코
5300만 명

애플뮤직
5000만 명

2005년
가입자 50만 명

자료: Bloomberg.com

그림 3-41 아마존 〈구아바 섬〉

애플TV+

넷플릭스는 2019년 1월 18일 실적 발표 컨퍼런스콜 당시 "우리의 경쟁자는 디즈니+가 아닌 고객의 시간을 점유하는 유튜브와 게임 포트나이트"라고 주장했으나, 업계에서는 넷플릭스가 애플의 에어플레이[109] 기능을 중단한 사실을 거론하며 "사실 넷플릭스의 경쟁자는 애플"이라는 말까지 나오고 있다.

실제로 애플은 2019년 3월 25일 '애플 스페셜 이벤트'를 통해 애플TV+를 소개하면서, 애플TV+는 오리지널 콘텐츠 중심으로 꾸릴 예정이며 여기에 연 10억 달러를 투자하겠다고 밝혔다. 이에 넷플릭스는 "애플에 콘텐츠를 수급하지 않을 것"이라며 발표했다.

이것으로 볼 때, 애플은 유료 제품을 한 곳에서 쉽게 사용할 수 있게 만드는 것이 주된 목표일 것이다. 애플 뉴스+Apple News+에서 애플TV Apple TV, 애플 아케이드Apple Arcade에 이르는 대부분의 제품은 독점적인 콘텐츠를 갖추고 유료 가입자를 모으는 플랫폼 역할을 한다.

애플이 콘텐츠 제작으로 방향을 선회하는 것은 기술 환경의 변화에 대응하기 위해서이다. 5G 시대가 도래해 대용량 데이터를 안정적으로 누릴 수 있게 되면 고품질 영상이 핵심 콘텐츠가 될 것이다. 따라서 애플TV+는 다른 회사 디바이스로 넘어가는 사람들을 붙잡는 효과도 볼 수 있다.[110]

애플은 2017년부터 영상 제작에 대한 의지를 보였다. 2017년 오리지널 콘텐츠 제작에 10억 달러 정도를 투자했고, 이미 24편의 동

---

109 에어플레이(AirPlay)는 애플 기기의 화면을 대형 TV 화면으로 무선 전송하는 미러링 기능이다. 이용자는 아이폰이나 아이패드의 화면을 스마트TV에 연결해 볼 수 있다.
110 김희권, "넷플릭스 vs 애플의 5G 전쟁", ≪주간조선≫, 2019.6.10.

그림 3-42 OTT 서비스 출시를 암시하는 애플의 행사 예고

영상 콘텐츠를 제작했다. 이를 두고 관련 업계는 "애플이 자사의 스마트폰 제품인 아이폰 사업이 정체되자 성장 동력을 OTT 쪽으로 확대하는 것"이라고 분석하고 있다.[111] 2018년 11월에는 자사 웹 사이트에 〈그림 3-42〉와 같이 행사를 예고하면서 OTT 서비스 출시를 어느 정도 암시한 바 있다.

애플은 애플뉴스+에 300개 이상의 잡지를 서비스하고 이를 9.99달러에 제공하기로 했다. ≪월스트리트 저널≫, ≪LA타임스≫도 포함될 예정이다. ≪월스트리트 저널≫은 플랫폼에 맞게 비디오, 오디오, 시장 데이터, AI 등을 활용해 일반 뉴스를 제작할 것으로 알려졌

---

111 이종무, "애플, 넷플릭스에 '도전장'… OTT 시장 '지각변동' 예고", ≪에너지경제≫, 2019.3.25.

다. 반면 《뉴욕타임스》와 《워싱턴포스트》는 수입을 애플과 5
대 5로 나누는 것에 반대해 참여를 거부했다. 애플은 이 서비스를 영
국을 시작으로 유럽과 호주 등 100여개 국가로 확장할 계획이다.

애플TV+는 가입자 모델로 출시해 HBO, 쇼타임, 스타즈를 월 9.99
달러에 제공할 예정이다. 애플TV+에는 넷플릭스가 제외되어 있어
애플TV+는 넷플릭스 킬러Netflix-killer라고 불리기도 하고, 이용자가
쉽게 케이블 채널에 가입할 수 있어 케이블 킬러cable-killer라고 불리기
도 한다.[112] 이 서비스는 2019년 가을까지 100개국 이상으로 확대할
계획이다.

애플TV+의 오리지널 제작에는 스티븐 스필버그, 제니퍼 애니스
턴Jennifer Aniston, 리즈 위더스푼, 스티븐 커렐Steve Carell 등이 참여하고
있다. 〈표 3-10〉은 그 리스트이다. 이 외에 재미 한인 작가 이민진의
소설 『파친코』도 8부작으로 제작된다. 이 소설은 일제강점기 한국
을 떠나 일본과 미국으로 간 이민자의 처절한 삶을 다룬다. 2017년
《뉴욕타임스》 베스트셀러, 《뉴욕타임스》 선정 올해의 책으로
선정되었다. 8부작으로 제작되는 드라마 역시 아시아계 배우가 대부
분 캐스팅될 예정이며 대사도 한국어와 영어, 일본어로 구성한다. 애
플이 제작을 결정한 오리지널 콘텐츠 중 예산이 가장 많은 편에 속하
는 것으로 알려졌다.[113]

애플이 공개한 서비스는 구독자가 넷플릭스처럼 일정량의 월정

---

112   Mike Murphy, "Apple set to unveil streaming service, will reportedly offer HBO,
      Showtime for $9.99 a month", *Market Watch*, 2019.3.24.
113   김민, "한국계 美작가 이민진 소설 '파친코', 애플 8부작 드라마로", 《동아일보》,
      2019.3.20.

표 3-10 **애플TV+의 오리지널 제작 계획**

제목	특징
미정	위더스푼, 제니퍼 애니스턴 출연
어메이징 스토리	스티븐 스필버그 제작 작품
아 유 슬리핑	옥타비아 스펜서가 출연하는 미스터리
모든 인간을 위하여	로날드 무어의 공상 과학 시리즈
시(See)	〈아쿠아맨〉의 제이슨 모모아 출연
뉴 샤말란 스릴러	루퍼트 그린트 출연
리틀 아메리카	〈빅 식〉 작가의 작품
코미디	〈필라델피아는 언제나 맑음〉 작가의 작품
센트럴 파크	만화 뮤지컬
홈	다큐 제작자 매트 티나우어의 작품
디킨슨	에밀리 디킨슨의 코미디

자료: John Koblin, "Apple's Big Spending Plan to Challenge Netflix Takes Shape", *The New York Times*, 2019.3.17.

액만 내면 하나의 플랫폼에서 기존 스트리밍 서비스와 자체 제작 콘텐츠를 모두 이용하는 개념이다. 애플은 이용자가 자사의 스트리밍 서비스를 통해 기존 OTT 서비스를 구독할 경우 구독료를 30% 할인할 계획이며, 프리미엄 채널은 15% 할인을 적용할 것이다.

2019년 6월 3일 애플은 '2019 애플개발자회의wwDC'에서 첫 애플 오리지널 드라마 〈포 올 맨카인드For All Mankind〉 트레일러를 공개했다. 내용은 냉전시대에 벌어졌던 미국과 소련의 우주 개척 전쟁이 지금까지 계속되었을 경우를 상상한 것이다. 6월 4일 유튜브에 올린 후 열흘도 안 되어 1200만 회의 조회를 기록했다.

애플은 최고의 콘텐츠를 구입할 수 있는 막대한 자금을 지니고 있고, 아이폰과 맥 등 14억 개 이상의 플랫폼을 보유하고 있으며, 사람들이 애플의 서비스를 쉽게 이용할 수 있고, 애플을 좋아하는 마니아가 많은 등의 여러 가지 장점을 지니고 있다. 미국 투자증권사 웨드버시 시큐리티Wedbush Securities는 이러한 장점을 통해 애플 가입자가 3년 안에 1억 명에 이를 것으로 전망했다.

그러나 애플의 새로운 동영상 서비스가 수익을 창출하기 쉽지 않을 것이라는 분석도 있다. 애플에는 혁신의 여지가 많기 때문에 "하드웨어를 넘어 잠재 고객들을 대상으로 투자를 확산시키지 않는 이상 엔터테인먼트에 대한 막대한 지출이 수익을 얻기는 힘들 것"이라는 평가도 있다.[114]

훌루

이마케터는 훌루의 미국 광고 수입은 2019년에서 2020년 사이에 22.7%가 증가해 20억 달러를 돌파할 것으로 추정했다(〈그림 3-43〉 참조). 훌루는 몰아보기의 경우에 회별로 동일한 광고를 삽입하는 실험을 하고 있다. 전에는 정지 광고pause ads도 선보인 적이 있다. 이것은 시청자가 드라마를 보다가 멈추면 광고를 띄우는 방식이다.[115]

디즈니는 R등급 콘텐츠를 디즈니+에서 서비스하지 않고 훌루에서만 제공할 예정이다. 대표적인 예가 〈데드풀Deadpool〉 시리즈이다.

훌루는 2019년 들어 동영상 전송 사업자 간 제휴를 활발하게 진행하고 있다. 우선 훌루 재팬은 케이블TV와 손잡았다. 훌루 재팬을 운용하는 HJ홀딩스는 2월 14일 일본케이블TV연맹JCTA과 제휴하기로 했다고 발표했다. HJ홀딩스는 JCTA에 가맹한 케이블TV의 인터넷 접속 서비스 이용자를 대상으로 훌루의 콘텐츠를 제공하기로 했

114　임민희, "애플 동영상 서비스, 수익창출 쉽지 않다", 《초이스경제》, 2019.4.2.

115　Garett Sloane, "Hulu Is Exploring mew ad experiences for BingeI watching", *Adage*,

그림 3-43 훌루 광고 수입 전망   단위: 백만 달러

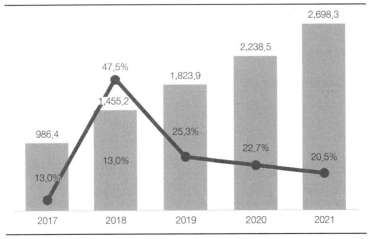

자료: eMarketer, 2019.2.

으며, 계약 시스템과 납부 시스템도 통합하기로 했다.[116]

AT&T

AT&T는 디렉TV에 이어 타임워너를 인수하는 데에도 성공했다. AT&T의 타임워너 인수는 콘텐츠를 강화하기 위한 대표적인 M&A 사례로 손꼽힌다. ≪워싱턴포스트≫는 AT&T의 타임워너 인수에 대해 현대 미디어 비즈니스 트렌드를 가장 명확하게 보여준 사건이라고 평가했다.

타임워너 미디어 그룹은 뉴스 채널 CNN 등을 보유한 회사로, 미국의 케이블TV 시대를 대표해 왔다. AT&T는 타임워너를 인수해

---

116 안창현, "일본 NHK, 민방 통합 플랫폼 TVer에 참여", ≪해외방송정보≫, 2019년 3월호.

인기 콘텐츠를 확보함으로써 새로운 디지털 온라인 플랫폼 사업 강화를 꾀하고 있다. AT&T와 디렉TV가 보유한 디렉TV나우, 타임워너가 가진 HBO고, HBO나우, 맥스 고Max Go 등은 온라인 플랫폼 비즈니스를 확대하는 데 밑거름이 될 수 있다.

AT&T는 타임워너를 인수한 이후 CNN, TBS, 카툰네트워크 등의 채널을 보유한 터너미디어를 해체해 각 부분으로 편입시켰다. 또 워너미디어를 새로 설립해 넷플릭스에 대응하겠다는 의도를 구체화했다.[117] 신임 최고경영자를 선임하고 조직도 넷플릭스 등에 맞설 수 있도록 디지털 친화적으로 전환했다. AT&T는 최근 인수·합병을 완료한 미디어 그룹 워너미디어에 대해 조직 개편을 단행했다. 워너미디어 SVOD 서비스는 2019년 4분기에 베타버전을 론칭하고 2020년 3월에는 완전한 버전을 론칭할 예정이다. 가격은 16~17달러의 단일 요금제를 계획하고 있다. 서비스될 콘텐츠는 워너미디어, HBO, 워너브라더스의 TV 프로그램과 영화이다. 일단 SVOD로 서비스하지만 2020년 하반기에는 광고 모델을 출시하는 것도 염두에 두고 있다.[118]

컴캐스트의 엑스피니티 플렉스

컴캐스트는 2019년 3월 26일 인터넷만 이용하는 고객을 위한 새로운 스트리밍 서비스 엑스피니티 플렉스를 출시했다. 요금은 월 5달러이며, 음성 작동 리모컨과 4K 스트리밍 TV 장치가 있는 것이

---

117 정예린·김용주, "글로벌 통신사, '콘텐츠'가 미래경쟁 좌우".
118 Mariel Soto Reyes, "AT&T's WarnerMedia takes calculated risk with SVOD price", *Business Insider*, 2019.6.10.

그림 3-44　**컴캐스트의 스트리밍 서비스 '엑스피니티 플렉스'**

특징이다(〈그림 3-44〉 참조).

　플렉스 서비스를 이용하면 이용자들은 와이파이 정보에 접근할 수 있고, 집에서 서비스를 중단시킬 수 있으며, 부모가 아이를 통제할 수 있고, 누가 네트워크를 이용하고 있는지 알 수 있다.[119]

티모바일

　티모바일T-Mobile은 레이어3 TVLayer3 TV를 '티비전TVision'으로 바꾸고 아마존 프라임 비디오를 추가하는 계약을 맺었다. 2019년 4월 14일 출시한 이 서비스의 비용은 월 90달러이다. 정가는 99.99달러이지만 티모바일 가입자에 한해 10달러를 할인해 주고 있다. 커넥티드TV로 연결되는 기능은 추가로 10달러를 부담해야 한다.[120]

119　Sara Jerde, "The service, Xfinity Flex, will cost $5 per month", *AdWeek*, 2019.3.21.

2019년 7월 26일 미국 법무부에서 26.5억 달러의 티모바일과 스프린트 합병을 승인[121]함으로써 티모바일의 모바일 스트리밍이 더욱 힘을 얻게 되었다.

CBS

디즈니, 컴캐스트, 애플, AT&T는 이제 막 스트리밍 서비스를 준비하고 있는 반면, CBS 올 액세스는 3년 전부터 오리지널 작품을 제작하고 가입자 모델을 선택해 상대적으로 선점자의 우위를 누리고 있다. 이는 시장 진입전략Go to Market: GTM에서 매우 중요한데, 후발 주자들이 특별한 기술이나 역량 없이는 따라잡기 어렵기 때문이다.

CBS의 VOD 서비스로는 CBS 올 액세스와 쇼타임이 있다. CBS는 2014년 10월 CBS 올 액세스로 스트리밍 시장에 뛰어들었고, 2015년 7월에 쇼타임을 출시했다. 2019년 3월에 2022년까지 목표로 잡았던 가입자 800만 명에 도달해, 2022년까지 가입자를 2500만 명으로 증가시키려고 한다. 여기에는 CBS라는 브랜드의 힘이 크게 작용했다.

〈빅뱅이론〉이 코미디 중에서 1위를 차지한 것을 포함해 상위 10위에 7개의 콘텐츠를 기록하고 있고, 드라마는 상위 10개 중 6개를 차지하고 있다. 오리지널인 쇼타임의 〈트윈 피크스Twin Peaks〉와 CBS 올 액세스의 〈스타트렉〉이 가입자 증가를 이끌었다. 또한 다른 경

---

120 Todd Spangler, "T-Mobile Rebrands Layer3 Service as 'TVision Home,' Inks Deal to Add Amazon Prime Video", *Variety*, 2019.3.10.

121 Ylan Mui & Annie Palmer, "DOJ announces agreement on $26 billion merger between T-Mobile and Sprint", *CNBC*, 2019.7.26.

쟁자들이 새로운 서비스를 출시하기 전에 〈트와일라잇 존The Twilight Zone〉을 부활시켰다.[122]

CBS와 비아콤은 2019년 8월 세 번째로 추진한 합병을 성사시켜 300억 달러 규모의 기업으로 커졌다. 이에 따라 CBS는 더 많은 콘텐츠를 확보하게 되어 OTT 사업에 탄력을 받을 것이며 미국과 글로벌 시장에서의 OTT 전쟁은 더욱 치열해질 것이다.[123]

유튜브TV

구글이 2017년 미국 5개 지역에서 유튜브TV 서비스를 공개한 후 유튜브TV는 2년 만에 미국 전역으로 서비스를 확대했다. 유튜브TV는 '케이블 없는 생방송'이라고 내세우면서, ABC, CBS, CW, FOX, NBC, ESPN, AMC 등 70개 이상의 채널을 제공하고 있다. 서비스 이용자는 생중계 방송과 다시보기를 통해 입맛에 맞는 방송을 즐길 수 있다.

유튜브TV는 월 49.99달러에 다시보기 방송 콘텐츠를 이용할 수 있으며, 저장 공간의 제약 없이 9개월 간 저장해 이용할 수 있는 클라우드 DVR도 유명하다. 가구당 6개의 계정을 제공한다. 또한 유튜브TV는 전미 지역에 방송을 실시간으로 제공할 수 있어 시청자들에게 미식축구 결승전 슈퍼볼 경기도 중계할 것으로 예상된다. 안드로이드TV 스트리밍 기기와 게임기가 연결된 TV에서는 유튜브 콘텐츠를 고화질로 감상할 수 있다.

---

122 Jason Lynch, "CBS All Access Hopes The Twilight Zone Will Grow Its Base Before New Streaming Rivals Arrive", *Adweek*, 4019.4.1.

123 Julia Alexander, "CBS and Viacom are merging to become ViacomCBS", *The Verge*.

BBC와 ITV의 브릿박스

영국의 BBC와 ITV는 영국에서 가장 많은 영국 콘텐츠를 이용할 수 있는 자체 스트리밍 서비스 브릿박스Britbox를 만들기로 했다. 이것은 BBC의 아이플레이어iplayer의 VOD 점유율이 〈그림 3-45〉에서 보는 바와 같이 2014년 42%에서 2018년 18%로 급감하면서 나온 대응책으로 보인다.

BBC 토니 홀Tony Hall 사장도 "새로운 스트리밍 서비스의 목적은 영국에서 생산한 콘텐츠를 사랑하는 사람들에게 볼 수 있게 하는 것이다. 이 서비스는 오래된 것에서 최근의 프로그램 및 새로운 콘텐츠까지 아우를 것이다"라고 말했다. 브릿박스의 요금은 5.99파운드로 정해졌다. 참고로 영국에서 넷플릭스 요금은 5.99~11.99파운드이고 아마존 프라임 비디오의 요금은 5.99파운드이다.[124]

브릿박스는 이미 미국과 캐나다에서 2017년부터 서비스를 실시하고 있다. 브릿박스는 영국 방송사의 콘텐츠British box-sets와 오리지널 시리즈를 VOD로 제공하는 서비스로, 북미에서 출시 2년 만에 가입자가 50만 명을 돌파했다. 오리지널 콘텐츠가 인기를 끌면서 가입자도 늘고 있다. 브릿박스는 2018년부터 오리지널 콘텐츠를 방영했는데, 브릿박스의 첫 오리지널 콘텐츠 〈블렛츨리 서클: 샌프란시스코Bletchley Circle: San Francisco〉는 높은 인기를 끌었다. 브릿박스의 요금은 미국에서는 월 6.99달러(연간 69.99달러), 캐나다에서는 월 7.99달러(연간 79.99달러)이다. 브릿박스는 북미권 가입자를 확대하기 위해 아마존과 손을 잡았다. 브릿박스는 2017년 9월부터 아

---

124 BBC, "BritBox: ITV and BBC set out plans for new streaming service", 2019.7.19.

그림 3-45 **영국의 OTT 서비스 가입률 추이** 단위: %

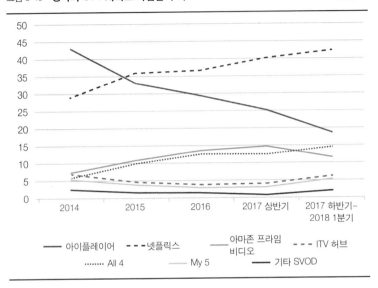

마존 계정을 통해 가입 신청을 받고 있다.

카날+ OTT

프랑스의 카날+Canal+ 그룹은 월 6.99유로에 자체적인 스트리밍
서비스를 시작했다. OTT 서비스를 제공하는 채널을 운영할 뿐만
아니라 오리지널도 제작하려고 한다. 또한 미국의 쇼타임과 FX의
콘텐츠도 제공한다. 이들 콘텐츠가 현재는 마이카날myCANAL과 OTT
를 통해서만 서비스되고 있으나 전 플랫폼으로 확장할 계획이다.[125]

---

125 https://worldscreen.com/tveurope/2019/03/12/canal-group-launches-new-streaming
     -service/

무비스타

아르헨티나 통신사 무비스타Movistar는 2019년 6월 유럽에서 OTT 서비스를 출시할 예정이다. 요금은 월 8유로이다. 주된 콘텐츠는 채널 0번과 바모스Vamos에 방영되는 방송이다. 300여 개 드라마, 270여 개 영화 등이 서비스될 예정이다.[126]

아시아 시장

중국 아이치이는 8760만 명의 회원을 유치하고 있다. 이 중에서 98%가 월정액을 납부한다. 프랑스의 떼베생몽드TV5MONDE는 아시아 지역에서 1억 명 이상의 유료 TV 회원을 보유하고 있으며, 모바일에서는 2억 5000만 명의 회원이 가입해 있다. 2018년 증가한 회원의 50%는 인도의 가입자이다.[127] 인도에서 넷플릭스는 높은 요금 때문에 점유율이 5%에 그치고 있다. 점유율 23%로 인도에서 2위를 차지하는 이동통신사 지오Jio가 운영하는 OTT 지오TV는 7000편이 넘는 영화와 1만 편이 넘는 드라마를 무료로 제공하고 있다. 이에 넷플릭스는 인도 시장 한정으로 한 달에 250루피(약 4100원)짜리 모바일 전용 '반값 요금제'를 출시했다. 또한 인도 최대 이동통신사인 에어텔과 제휴해 고가의 통신 요금제를 이용하는 고객에게는 넷플릭스 1년 무료 이용권을 주는 등 현지 업체와 손잡고 경쟁력을 갖추기 위해 안간힘을 쓰고 있다.[128]

---

126 https://worldscreen.com/tveurope/2019/04/26/new-ott-service-from-movistar/
127 Mansha Daswani, "Big Shift", *World Screen*, 2019.4.15.
128 장형태, "동영상 천국 인도, 넷플릭스는 왜 힘 못쓰지?", ≪조선비즈≫, 2019.4.29.

아이플릭스

아시아에서 가장 경쟁력 있는 업체는 말레이시아 쿠알라룸푸르에 본사를 두고 있는 아이플릭스이다. 2014년에 설립된 아이플릭스는 말레이시아, 인도네시아, 필리핀, 베트남 등 14개 언어로 무료로 서비스를 제공하고 있다. 또한 MGM, 디즈니, 워너브라더스, 파라마운트 등 전 세계 150개 이상의 스튜디오 및 콘텐츠 배포 업체와 파트너십을 맺어 서양, 아시아, 중동 지역의 TV 프로그램과 영화를 말레이시아에 제공하고 있다. 2019년 3월 현재 아이플릭스는 2500만 명 이상의 가입자를 보유하고 있다.

말레이시아 미디어 그룹 미디어 프리마Media Prima도 6월부터 방송한 시간 후에 아이플릭스에 콘텐츠를 제공하기로 했다. 두 회사는 드라마도 공동 제작하기로 했다.[129]

훅

훅은 싱가포르 통신사 싱텔Singtel이 소니픽처스, 워너브라더스와 합작해 2015년에 설립한 조인트 벤처로 싱가포르에 본사를 두고 있다. 훅은 아시아에서 첫 프리미엄 VOD 서비스를 선보인 회사로, 필리핀을 비롯해 태국, 인도네시아, 인도, 싱가포르 등에서 SVOD와 TVOD 형태로 서비스하고 있다. 싱텔은 가입자에게 훅 이용권을 최대 6개월까지 지급하면서 확장을 꾀하고 있다.[130]

훅은 훌루에서 제작한 〈러너웨이즈Runaways〉와 디즈니 채널 프리

129 https://worldscreen.com/tvasia/iflix-partners-with-media-prima-for-local-content/
130 https://worldscreen.com/tvasia/hooq-singtel-expand-partnership/

폼Freeform에서 Z세대와 밀레니얼 세대를 공략하기 위해 만든 〈클록 & 대거Cloak & Dagger〉를 서비스하고 있다. 이 두 개의 작품은 마블 원작으로 넷플릭스에는 공급되지 않았다. 이것을 보면 넷플릭스나 훌루가 오리지널을 제작하는 것은 Z세대와 밀레니얼 세대를 목표로 하고 있음을 알 수 있다. 디즈니와 훌루가 동남아에서 손을 잡은 것은 넷플릭스에 대응하기 위해서이다.[131] 혹은 2019년에만 여러 장르에 걸쳐 오리지널을 100개 이상 준비하고 있다.[132]

뷰

뷰Viu는 홍콩을 기반으로 하는 PCCW가 10여 개국에 제공하고 있는 서비스이다. 한국 콘텐츠를 볼륨 형식으로 대량 구매하고 있는데, 뷰가 보유한 현금이 고갈되고 중국 등의 콘텐츠가 많아지면서 뷰가 몰락할 가능성도 높아지고 있다.[133] 뷰는 남아프리카에도 진출했는데, 남아프리카 정부의 지원을 받는 SABCSouth African Broadcasting Corporation와 디지털 독점 공급권을 계약했고, 상업방송 eTV와도 콘텐츠 공급 계약을 체결했다. 프리미엄 가입자의 한 달 요금은 4.87달러(주 1.41달러, 하루 0.35달러)이다.[134]

---

131 김조한, "한국 시장에서 넷플릭스를 배척하고 싶다? 글로벌에서 싸울 각오를 해야 한다".
132 https://worldscreen.com/tvasia/hooq-preps-100-more-originals-in-2019/
133 김조한, "한국 시장에서 넷플릭스를 배척하고 싶다? 글로벌에서 싸울 각오를 해야 한다".
134 Content Aaia, eNewsletter, 2019.4.4~17. p.8.

제4장

넷플릭스의 한국 시장 진출

넷플릭스는 2016년 1월 6일, 한국에서 정식 서비스를 시작했다. 〈옥자〉와 〈킹덤〉을 통해 화제를 많이 만들어내면서 2019년 6월 말 기준 350만 명이 가입할 정도로 급속하게 성장하고 있다.

넷플릭스의 한국 진출 과정

넷플릭스는 단계를 밟아가면서 신중하게 한국에 진출하고 있다. 2016년 처음 진출할 때부터 지금까지 한국에 지사를 두지 않은 채 싱가포르에 있는 아시아태평양AP 본부에서 업무를 총괄하고 있다. 비주얼커뮤니케이션 매니저Visual Communications Manager 구인 공고를 보면 한국에서 근무하더라도 보고는 싱가포르에 있는 국장Head에게 해야 한다.[1] 비주얼커뮤니케이션 매니저의 역할은 주로 오리지널 콘텐츠 제작을 지원하고 콘텐츠 라이선스 계약을 담당하는 것이다. 넷플릭스는 한국에 진출한 초기에 가입자를 확대하기보다 양질의 콘텐츠를 발굴해 보급하는 데 초점을 맞추는 것으로 알려져 있다.

---

[1] https://jobs.netflix.com/jobs/869135

법인 설립

넷플릭스 한국 법인의 등기부 등본상 명칭은 넷플릭스서비시스코리아 유한회사Netflix Services Korea Ltd.로, 2015년 7월 27일 설립되었다. 첫 사무실은 을지로에 있는 센터원빌딩에 자리를 잡았다.

넷플릭스의 사업 목적은 ① 마케팅, 고객 리서치, 대외 홍보 및 사업 개발 서비스를 포함하되 이에 국한되지 아니하고 일반 행정적인 보조 기능 및 서비스 제공, ② 온라인 비디오 배급 및 관련 서비스 제공, ③ 전자상거래, ④ 정보통신기술과 관련된 장비 및 기기의 수입, 수출, 매매 및 유통, ⑤ 영화 수입 및 배급, ⑥ 위 각호에 직간접적으로 관련되거나 부수하는 모든 사업 및 활동으로 되어 있다. 등기 이사는 미국인 레지날드 숀 톰슨(1970년생)이다.

서비스를 시작하는 시점인 2016년 1월 4일에는 자본금을 1억 원에서 7억 5000만 원으로 늘렸다. 2016년 한국 시장 진출 초기에는 약 8만 명의 가입자밖에 확보하지 못해 매우 고전했다. 이후 넷플릭스의 글로벌 전략인 오리지널 제작을 꾸준히 추진했다. 〈옥자〉를 통해 인지도를 많이 높였고, 한국 오리지널이 제작될수록 화제가 되고 있다. 지상파 방송사가 넷플릭스에 콘텐츠를 공급하지 않기 때문에 초기만 하더라도 넷플릭스는 한국인들의 관심을 크게 끌지 못했다. 이에 넷플릭스는 MBC 드라마 〈불야성〉 및 영화사 NEW와 라이선스 계약을 체결해 콘텐츠를 확대하기 위해 노력했다. 필자가 KBS아메리카에 근무할 당시 LA에 소재한 콘텐츠 수급팀이 한국의 콘텐츠를 확보하기 위해 많이 노력했다. 결국 〈성균관 스캔들〉, 〈기황후〉 등 제작사가 저작권을 갖고 있는 드라마에 한정해 한국 콘텐츠를 서비스할 수밖에 없었다.

표 4-1 넷플릭스 한국 요금제

	베이직	스탠더드	프리미엄
월 요금	9,500원	12,000원	14,500원
HD 화질 지원	×	○	○
UHD 화질 이용 가능	×	×	○
동시 접속 가능 인원	1명	2명	4명
노트북, TV, 스마트폰, 태블릿으로 시청	○	○	○
영화와 TV 프로그램 무제한 시청	○	○	○
언제든 해지 가능	○	○	○
첫 달 무료 이용	○	○	○

요금제로는 베이직 9500원, 스탠더드 1만 2000원, 프리미엄 1만 4500원 등 세 가지가 있다(〈표 4-1〉 참조).

딜라이브 제휴: 약한 고리 깨기 전략

넷플릭스는 2016년 5월 23일 국내에서 처음으로 케이블 업체 딜라이브와 계약을 체결했다. 딜라이브는 2016년 6월부터 OTT 박스 딜라이브+를 통해 넷플릭스 서비스를 시작했다. 통신사들은 넷플릭스가 요구한 9 대 1 조건을 수용하지 않았다.[2] 딜라이브에서 넷플릭스를 이용하는 방법은 리모컨 홈 버튼에서 추천 카테고리의 넷플릭스 앱을 찾아 로그인하거나 넷플릭스 버튼을 눌러 로그인하면 된다.

이것은 넷플릭스가 해외를 공략할 때 사용하는 방법인 '약한 고리 깨기' 전략에 해당한다. "약한 고리 깨기 전략이란 특정 국가의 통신·방송 사업자 중 점유율이 낮은 사업자를 우선 공략하고 마지막에 1위 사업자를 함락하는 시장 침투 방식"을 뜻한다.[3] 영국 유료

---

2   문성길, 『넷플릭스하다』(스리체어스, 2017), 106쪽.

방송 시장은 6년 만에 넷플릭스에 의해 함락되었다. 넷플릭스는 영국에 상륙한 이듬해인 2012년에는 2위 사업자인 버진미디어와, 2014년에는 3위인 BT와, 2015년에는 4위인 톡톡과 제휴했다. 끝까지 버티던 1위 스카이도 결국 2018년 3월 넷플릭스와 손을 잡았다. 결국 영국은 넷플릭스 59%, 아마존 프라임 비디오 31%, 나우TV 10% 등 미국 업체가 90%를 장악했다. 스페인도 이와 비슷하다. 넷플릭스는 2015년 스페인 진출과 동시에 유료방송 2위인 보다폰과 손을 잡았고, 2016년에는 3위인 오렌지와 제휴했다. 1위 텔레포니카도 2018년 2월 넷플릭스와 계약했다. 프랑스에서는 2014년 초고속인터넷 3위 부이그텔레콤을 시작으로, 1위 프랑스 텔레콤, 2위 SFR과도 계약을 맺었다. 2018년 넷플릭스의 프랑스 VOD 시장 점유율은 30%를 상회했다. 결국 EU에서는 넷플릭스 47%, 아마존 프라임 비디오 20%, 스카이 4%의 비중으로 미국 기업이 압도적으로 우위를 달리고 있다.

한국을 공략하는 방식도 유럽과 비슷해서 넷플릭스는 한국에서도 '약한 고리 깨기' 전략을 사용하고 있다. 넷플릭스와 처음으로 계약을 체결한 딜라이브는 2018년 9월부터 딜라이브+ HD의 업그레이드 버전인 '딜라이브+ UHD'를 판매하기 시작했다. 기존 넷플릭스는 물론 유튜브 및 구글의 다양한 기능을 탑재한 딜라이브+ UHD는 출시되자마자 월 판매 대수에서 65% 이상을 꾸준히 차지하며 연착륙에 성공했다. 한편 넷플릭스는 2017년 CJ헬로의 OTT 셋톱박스인 뷰잉에 탑재되었으며, 2018년 1월에는 CJ헬로와의 제휴를 통해

---

3   김용주, "넷플릭스 공포… '약한 고리'부터 깨진다", ≪전자신문≫, 2018.4.10.

유료방송 서비스인 CJ헬로 UHD 레드 셋톱박스에 탑재되어 TV를 통한 넷플릭스 시청의 편의성을 높였다.

조직 확장

넷플릭스는 한국에 진출한 지 3년 만인 2018년 4월 종로에 있는 더케이트윈타워로 이전했다. 그러면서 인력을 추가로 채용하기 위해 6명(콘텐츠 5명, 포스트 프로덕션 1명) 모집 공고를 냈다.[4] 2018년에는 10~15명을 신규로 채용할 계획이라고 밝혔다. 2019년 5월 현재 검색해 보면 15명을 채용하고 있다. VFX 코디네이터, 파트너 마케팅 국장, 크리에이티브 마케팅 매니저, 국제 오리지널 매니저, 인사업무 파트너, 콘텐츠 전략 및 분석 매니저, 국제 오리지널 기획 보조, 타이틀 운영 프로젝트 매니저, 프로덕션 재무 및 회계 매니저, 포스트 프로덕션 코디네이터, 비주얼커뮤니케이션 매니저, 프로덕션 재무 코디네이터, 마케팅 기획 및 분석 매니저, 총무 매니저, 기술 운영 전문가이다. 넷플릭스 한국지사는 2020년까지 직원을 60여 명까지 늘릴 계획이라고 한다.

넷플릭스가 2018년 11월부터 LGU+ 유료방송 서비스를 통해 넷플릭스를 시청할 수 있도록 하자 LGU+ 가입자가 많이 증가했고, 넷플릭스 가입자도 많이 증가하고 있다.

한국에서는 초기에 콘텐츠가 많지 않아 가입자가 증가하지 않았다는 평가가 많았다. 이에 넷플릭스는 2017년부터 오리지널 제작에 많은 노력을 기울이고 있다. 많은 제작비를 투입해 〈미스터 선

---

4   https://jobs.netflix.com/locations/seoul-south-korea

샤인〉, 〈알함브라 궁전의 추억〉 등 블록버스터를 확보하고, 〈범인은 바로 너!〉, 〈킹덤〉, 〈좋아하면 울리는〉 등의 넷플릭스 오리지널을 제작하고 있다.

넷플릭스는 스튜디오드래곤의 콘텐츠를 50% 공급받기로 계약을 체결하고, 〈미스터 선샤인〉에 280억 원이라는 막대한 투자를 하면서 화제를 불러일으켰다. 지상파에서는 제작사에 지급하는 제작비로는 상상할 수 없는 금액이다. 〈미스터 선샤인〉은 처음에 SBS에서 편성을 추진했지만 제작사가 SBS에 요구하는 막대한 금액을 지급할 수 없었기에 tvN으로 가게 되었다. 또한 지상파에서는 넷플릭스에 대한 콘텐츠 제공을 억제하고 있었기 때문에 제작사로서는 넷플릭스를 통해 많은 수익을 창출할 수 없는 방송사인 SBS를 포기할 수밖에 없었다. 반면 tvN은 넷플릭스에 콘텐츠를 자유롭게 공급할 수 있었기 때문에 넷플릭스와 협상해 넷플릭스로부터 막대한 금액을 받을 수 있었다. 여기에는 한국 지상파가 넷플릭스에 콘텐츠를 공급하지 않아 넷플릭스에 상대적으로 한국 콘텐츠가 희소하므로 tvN이 반사 이익을 본 부분도 크다. 제작사나 방송사 입장에서 넷플릭스가 중요한 이유는 넷플릭스는 〈그림 4-1〉에서 보는 바와 같이 기존 수익 구조에서 추가적으로 수익을 창출할 수 있는 기회 요인이기 때문이다. 따라서 지상파에서도 이러한 전략을 일부 도입할 수밖에 없다. 푹과 옥수수는 합병하면서 이러한 전략을 선택해 방송사별로 연간 1~2편은 넷플릭스에도 공급할 수 있도록 했다.

LGU+와의 제휴

LGU+는 국내 IPTV 업체 중에서는 독점적으로 2018년 11월 16일

그림 4-1 **드라마의 수익 구조**   단위: %

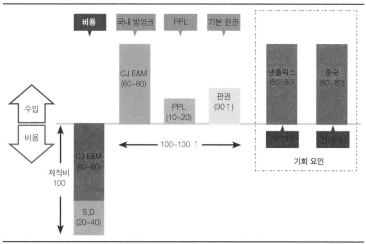

자료: 김회재, 「〈미스터 션샤인〉의 나비효과」(대신증권, 2019), 8쪽.

부터 넷플릭스 콘텐츠를 제공하기 시작했다. LGU+는 넷플릭스와
제휴해 콘텐츠를 확보함으로써 IPTV 3위를 탈피하고자 했다. 비디
오 사업 강화로 지속적으로 가입자가 증가하는 상황에서 이를 가속
화하려는 전략이다. LGU+는 가입자 유치를 위해 3개월간 무료 이
용권을 제공했다. 실제로 효과가 나타났다. LGU+ IPTV 가입자는
2018년 4분기에 3사 IPTV 중 가장 많은 수인 11만 1000여 명(올레
TV 7만 6000여 명, BTV 7만여 명)이 증가해 가입자가 401만 9000여
명이 되었고, 처음으로 400만 명을 넘어섰다. LGU+는 IPTV 가입자
가 13% 증가하면서 2019년 1분기 영업이익도 2018년 1분기보다
3.7% 증가한 1946억 원을 기록했다.[5]

---

5   김예람, "토종 OTT "국내 콘텐츠 우리가 한수위"… 넷플릭스·디즈니 대항 가능할까", 머니

LGU+ 측에서도 넷플릭스 도입이 IPTV 신규 가입자 확보에 기여하고 있다고 밝혔다. "넷플릭스를 도입함으로써 20~30대 신규 고객층이 확대되고 있고, 특히 넷플릭스 드라마 〈킹덤〉을 상영한 이후 1일 매출 고객이 3배 이상 증가했다"라면서 "VOD에 익숙한 20대 밀레니얼 고객의 유입이 증가하고 있으며, 상대적으로 고가인 넷플릭스 전용 요금제 출시를 기반으로 가입자와 가입자 1인당 매출ARPU 측면에서 성장이 예상된다"라고 설명했다.[6]

그러나 이 제휴에는 몇 가지 문제점이 있다. 첫째, 수익 배분율이다. 넷플릭스는 플랫폼 수익의 50~60%를 배분받는 국내 콘텐츠 사업자와 달리 수익의 85~90%까지 가져가는 것으로 알려졌다. 이러한 이유로 한국방송협회에서 "국내 미디어 산업 붕괴를 초래하는 악의적 제휴를 철회하라"라고 규탄했다. 둘째, 막대한 자본력을 가진 넷플릭스와 제휴를 맺으면 자국의 콘텐츠가 밀릴 위험이 있다. 셋째, 망 사용료 논란이다. 넷플릭스는 막대한 트래픽을 유발하면서 사용료는 한 푼도 내지 않고 있다. LGU+에서 넷플릭스를 이용하려면 리모컨 홈 버튼에서 추천 카테고리의 넷플릭스 앱을 찾아 로그인하거나 넷플릭스 버튼을 눌러 로그인하면 된다.

넷플릭스 오리지널로 인한 가입자 급증

넷플릭스가 한국 진출 초창기에는 미드로 불리는 해외 콘텐츠로 국내 소비자의 이목을 모았다면, 〈킹덤〉 이후로는 그 결이 조금 달

투데이방송, 2019.7.9.

6   김은지, "LGU+, 넷플릭스 '킹덤' 효과… "IPTV 일일 가입자 3배 증가"", ≪디지털타임스≫, 2019.1.29.

라졌다. 닐슨코리아클릭에 따르면 2019년 2월 말 기준 넷플릭스 웹 및 안드로이드 앱의 순방문자 수는 240만 2000명으로, 이는 2018년 2월 79만 9000명에 비해 5배 가까이 높아진 수치이다.[7]

넷플릭스는 "〈킹덤〉은 한국 콘텐츠가 넷플릭스 서비스를 통해 세계적으로 알려진 사례"라며 "좋은 스토리를 철저히 현지화한 콘텐츠로 만드는 것에 가장 신경 쓰고 있다"라고 말했다.

킬러 콘텐츠가 가입자 증가로 이어지기는 하지만 지속 여부는 확신할 수 없다. 영화 〈옥자〉를 독점 공개할 당시에도 전달 대비 3배 이상 가입자가 증가했다가 두 달 뒤 그 수가 절반 가까이 줄어들었고, 〈킹덤〉의 경우에도 한 달 무료로 가입해 시청한 사례가 많기 때문이다. 어쨌든 넷플릭스도 국내 오리지널 콘텐츠 제작에 계속 집중하고 있는 만큼 가입자 증가가 일시적인 현상으로 끝나지는 않을 것이다. 지금까지 넷플릭스의 가입자 증가 유형을 보면 킬러 콘텐츠가 나온 이후 글로벌 가입자가 증가하고 있기 때문이다.

그럼에도 불구하고 넷플릭스가 광고 모델을 운영할 것이라는 전망은 꾸준히 나오고 있다. 넷플릭스는 지금까지 앞에서 소개한 오리지널 콘텐츠 프로모션 배너 외에 PPL과 브랜드 파트너십, 게임, 팟캐스트 등을 운영했다. 노무라 인스티넷 애널리스트Nomura's Instinet analysts는 넷플릭스가 2021에 13억 달러의 광고 수입을 창출할 것으로 분석했다.[8] NBC유니버설과 훌루 광고 담당은 넷플릭스의 가입자 증가율이 낮게 유지될 경우 증가하는 비용을 만회하고 부채 부담을

7   백선하, "'킹덤 효과' 넷플릭스 국내 이용자 240만 돌파… 1년 새 3배", ≪방송기술저널≫, 2019.3.29.

8   Audrey Schomer, "Here's what a Netflix with ads could look like", *Business Insider.*

그림 4-2 **구글에서의 넷플릭스 검색량 추이**

주: 최고치를 100으로 기준했을 때의 검색 비중.

줄이기 위해서 넷플릭스가 궁극적으로는 광고 모델을 운영할 것이라고 전망했다. 훌루처럼 저렴한 금액으로 광고 모델을 도입하면 아시아 등 OTT 요금이 저렴한 곳에서 경쟁력이 있을 것으로 보인다.

구글 트렌드에서 넷플릭스를 검색하면 넷플릭스가 2016년 출시했을 당시에는 사람들이 관심을 조금 보였으나 2017년 5월까지는 큰 변화가 없었던 것으로 나타난다. 〈옥자〉가 5월 개봉하면서 6월부터 검색량이 급증했고 이후 검색량은 꾸준히 증가하기 시작했다(〈그림 4-2〉 참조). 넷플릭스 검색량은 2019년 1월에 〈킹덤〉을 공개하면서 절정을 맞았다. 그만큼 넷플릭스의 블록버스터 오리지널 〈옥자〉와 〈킹덤〉이 넷플릭스의 존재감을 높이는 데 기여했음을 알 수 있다. 〈킹덤〉과 유사한 사례가 인도 오리지널 〈신성한 게임〉이다. 8부작으로 제작된 이 드라마는 첫 인도 오리지널로 인도 최초의 수상 간디를 연상시키는 캐릭터 때문에 많은 논쟁을 일으켰다. 2018년 6월에 개봉한 후 폭발적인 수요가 일어나 평균 콘텐츠에 비해 조회수가 22.64배나 높았다(〈그림 4-3〉 참조). 넷플릭스는 이러한 텐트폴 효과를 갖는 콘텐츠를 통해 가입자를 증가시키고 있다.[9]

그림 4-3 인도의 콘텐츠 수요 현황(2018년 7월 기준)

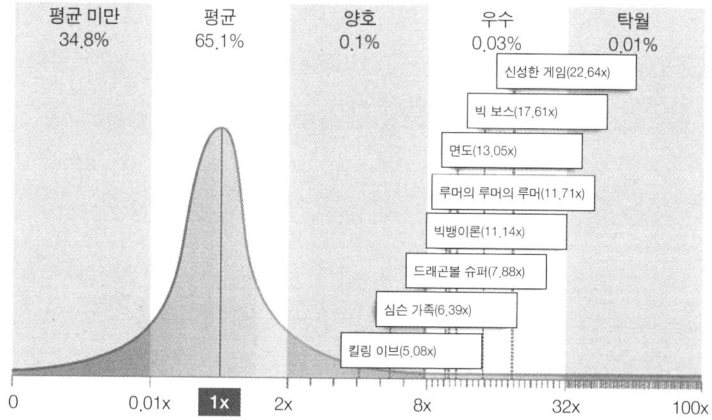

| 평균 미만 34.8% | 평균 65.1% | 양호 0.1% | 우수 0.03% | 탁월 0.01% |

신성한 게임(22.64x)

빅 보스(17.61x)

면도(13.05x)

루머의 루머의 루머(11.71x)

빅뱅이론(11.14x)

드래곤볼 슈퍼(7.88x)

심슨 가족(6.39x)

킬링 이브(5.08x)

| 0 | 0.01x | 1x | 2x | 8x | 32x | 100x |

주: x는 평균 수요와의 차이를 의미함. 예를 들어 2x는 평균 수요의 2배를 뜻함.
자료: Parrot Analytics.

요금 인하를 통한 가입자 증가

2019년 1월 3일 지상파 3사와 SK텔레콤은 푹과 옥수수를 합병하기로 MOU를 체결했다. 이에 넷플릭스가 긴장한 것 같다. 넷플릭스는 1월 15일 미국에서는 5월부터 전격적으로 요금을 인상하고 한국을 제외한 40여 개국에서는 단계적으로 요금을 인상한다고 발표한 바 있으나, 4월 15일에는 한국에서 신규 가입자를 대상으로 한 월 6500원의 저렴한 모바일 전용 요금제를 선보였다(하지만 이 요금제는 1주일 만에 취소되었다). 한국, 인도 등 일부 아시아 국가에서는 시범 서비스이기는 하지만 일주일 단위의 요금제도 내놓았다. 일주일

---

9   Parrot Analytics, "The Impact of Netflix's Sacred Games in Asia", 2018.8.23.

구독료 종류로는 2375원, 3000원, 3625원이 있으며, 모바일 전용 일주일 요금은 1625원이다. 인도에서는 3.63달러의 요금제를 선보이며 시장 반응을 살폈다.[10] 그만큼 넷플릭스는 다양한 요금 정책을 펴면서 영향력 있는 신규 시장을 적극적으로 공략하고 있다.

넷플릭스의 국내 가입자 현황

넷플릭스는 국내 가입자 현황을 정확하게 공개하지 않고 있기 때문에 추정만 할 뿐이다. 앱 분석 업체 와이즈앱에 따르면 2016년 말 국내 '미디어 영상 서비스 앱'의 1인당 평균 이용시간은 푹, 티빙, 옥수수 순이었고, 넷플릭스는 국내 OTT에 밀려 최하위인 8위에 머물렀다. 그러나 2018년 말 넷플릭스의 월 이용시간은 2억 8300만 분으로 2년 전(1400만 분)보다 20배가량 급증한 반면, 같은 기간 푹(6억 1300만 분)과 옥수수(5억 4600만 분)의 월 이용시간은 두 배가량 증가하는 데 그쳤다. 갈수록 플랫폼에 유연해지고 콘텐츠가 중시되는 시청 행태를 거스르기는 힘들 것이라는 전망이 설득력을 얻고 있다.

닐슨코리아클릭에 따르면, 넷플릭스 웹 및 모바일 앱의 순이용자 수는 2019년 6월 말 기준으로 349만 9623명이다. 웹과 안드로이드 앱의 순이용자 수는 228만 5488명이고, iOS 앱의 순이용자 수는 121

---

10 류은주, "반값 요금제 꺼내든 넷플릭스… 트래픽 폭증 어쩌나", ≪조선비즈≫, 2019.4. 16.

그림 4-4 **넷플릭스 웹 및 앱의 순방문자 및 비중**

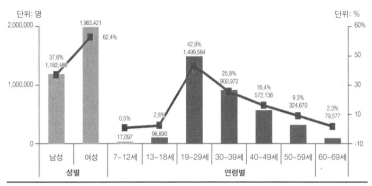

자료: 코리안클릭.

만 4135명이다. 남자 이용자가 37.6%이고 여성 이용자는 62.4%인데, iOS는 압도적으로 여성 비율이 높고(68.12%, 남성 31.88%), 안드로이드는 남성 비율(50.28%, 여성 49.72%)이 높다. 이용 연령대를 보면 7~12세 0.5%, 13~18세 2.8%, 19~29세 42.9%, 30대 25.8%, 40대 16.4%, 50대 9.3%, 60대 2.3%이다(〈그림 4-4〉 참조).

웹과 안드로이드 앱 이용자는 2019년 2월 말에 최고치인 240만 1889명까지 상승했으나 3월 236만 6914명, 4월 205만 8722명으로 감소했다가 5월 223만 6408명, 6월 228만 5488명으로 회복 추세를 보이고 있다. 이는 〈킹덤〉으로 방문자가 증가했다가 무료 방문자가 빠져나가며 감소했고 〈아스달 연대기〉에 대한 기대감으로 방문자가 늘었다가 큰 반향이 없어 주춤한 것으로 보인다. 한편 2019년 4월 조사한 iOS는 4월 95만 8701명, 5월 111만 1415명, 6월 112만 4135명으로 증가하고 있다.

2019년 6월 말 기준 넷플릭스 안드로이드 앱의 순설치자는 243

표 4-2 **안드로이드 앱에서의 넷플릭스 이용 현황(2019년 6월 기준)**

순설치자	설치율	순방문자	이용률	월 평균 이용시간	평균 재이용일수	월 평균 실행횟수	실행횟수당 평균 이용시간
2,431,086명	7.8%	1,582,902명	65.1%	330.5분	6.4일	23.9회	13.8분

자료: 코리안클릭.

만 1086명이고, 설치율은 7.8%이다. 설치율이 2018년 12월 4.0%에서 7.8%로 상승한 데서도 넷플릭스의 성장이 2019년 급상승세임을 알 수 있다. 순방문자 수는 158만 2902명이다. 앱 이용률은 65.1%이고 평균 재이용일수는 6.4일이다(〈표 4-2〉 참조).

2018년 1월에는 안드로이드 스마트폰의 넷플릭스 앱 이용자가 34만 명이었는데 12월에는 127만 명으로 274%나 증가했다. 와이즈앱은 넷플릭스를 이용하는 한국의 유료 가입자는 월 90만 명, 월 결제 금액 규모는 117억 원으로 추정된다고 밝혔다.[11]

와이즈앱에 따르면 유료 가입자는 2019년 6월 말 기준으로 〈그림 4-5〉에서 보는 바와 같이 184만 명이고, 유료 결제금액은 241억 원으로 추정되므로 1인당 평균 금액은 1만 3130원이다.[12] 넷플릭스 가입자는 2018년 12월 90만 명, 2019년 1월 107만 명, 2월 114만 명, 3월 153만 명으로 급격한 증가세를 보이고 있다.[13]

---

11 김민수, "넷플릭스, 한국 진출 2년 만에 유료 가입자 100만 명 육박", ≪노컷뉴스≫, 2019.1.29.

12 정윤희, "신제품 내고 실시간 채널 접고… 韓 OTT 처절한 생존경쟁", ≪헤럴드경제≫, 2019.7.17.

13 이 수치는 2018년 12월부터 2019년 3월까지 국내 신용카드 보유자와 소비총액을 모집단으로 성별·연령별 인구분포와 카드 및 소비금액을 고려해 13만 명의 표본집단을 조사하고, 구글플레이·앱스토어의 결제금액을 추정해 추가 분석한 자료이다.

그림 4-5　**넷플릭스의 유료 사용자 수**　　　　　　　　단위: 만 명

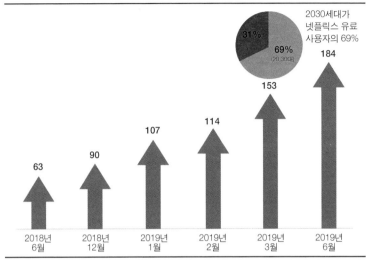

2030세대가
넷플릭스 유료
사용자의 69%

31%

69%
(20,30대)

184

153

114

107

90

63

| 2018년 6월 | 2018년 12월 | 2019년 1월 | 2019년 2월 | 2019년 3월 | 2019년 6월 |

자료: ≪뉴시스≫, 2019.4.23; ≪헤럴드 경제≫, 2019.7.17.

　국내 넷플릭스 유료 가입자 중에는 LGU+ 등 통신사를 통해 넷플릭스 요금을 대신 과금하는 경우도 있어 파트너사를 통한 가입자까지 포함할 경우 실제 유료 가입자와 매출 규모는 더 늘어날 것으로 보인다.

　정보통신정책연구원의 연구에 따르면, 넷플릭스를 유료로 가입하게 된 동기로는 '무료 사용 기간' 때문이라는 응답이 66.5%나 차지한다. '원하는 콘텐츠를 볼 수 있는 서비스를 찾다가' 가입했다는 응답은 15%이고, '지인 등 주위의 추천'이 10.5%, '방송통신 회사의 프로모션'이 6.2%로 나타났다(〈그림 4-6〉 참조). 1개월 무료 서비스가 매우 매력적이라는 것을 알 수 있다. 보통 일반적인 무료 프로모션에서 유료로 전환되는 비율이 2%인데, 넷플릭스는 무료에서 유

그림 4-6 넷플릭스 유료 가입자 가입 동기

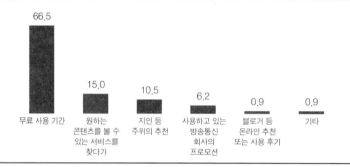

66.5	15.0	10.5	6.2	0.9	0.9
무료 사용 기간	원하는 콘텐츠를 볼 수 있는 서비스를 찾다가	지인 등 주위의 추천	사용하고 있는 방송통신 회사의 프로모션	블로거 등 온라인 추천 또는 사용 후기	기타

자료: 방송통신위원회, 『2018년도 방송시장 경쟁상황 평가』, 291쪽.

료로 전환하는 비율이 매우 높다. 조사에서는 36.7%가 무료 사용 기간 이후에 유료로 계속 이용하겠다고 답했다. 코리안클릭이 조사한 바에 따르면 〈그림 4-7〉과 같이 익월 유지율이 지속적으로 증가하고 있다. 2017년 6월에는 24.1%, 2018년에는 58.4%, 2019년에는 79.4%였다. 3개월 지속 유지율은 2017년 10%에서 2019년 47.9%까지 늘어났다.[14]

넷플릭스에 가입한 시기는 2016년 8.4%, 2017년 33.5%, 2018년 58.1%로 〈옥자〉를 개봉한 2017년부터 가입자가 급증하고 있다. 그 중 유료 이용자는 65.8%이다.

향후 국내 시장에 미치는 영향력에 대한 설문에서 이용률이 상승해 압도적인 서비스가 될 것이라는 응답은 24.8%, 꽤 비중 있는 서비스가 될 것이라는 응답은 57.8%, 별다른 영향이 없을 것이라는

14   닐슨코리아, 『2019년 1분기 엔터테인먼트 분기보고서』(2019), 9쪽.

그림 4-7 넷플릭스 유지율 추이   단위: %

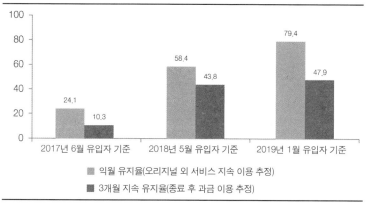

자료: 닐슨코리아.

그림 4-8 넷플릭스의 향후 국내 시장 영향력

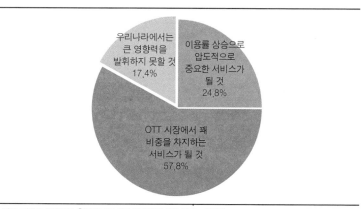

자료: 방송통신위원회, 『2018년도 방송시장 경쟁상황 평가』, 294쪽.

응답은 17.4%에 불과해 넷플릭스의 국내 잠재력을 상당히 크게 보고 있는 것으로 나타났다(〈그림 4-8〉 참조).[15]

넷플릭스는 왜 한국에 집중하는가

모든 기업은 지속적으로 성장해야 한다. 그래야 회사 가치가 하락하지 않는다. 넷플릭스는 2010년부터 캐나다를 시작으로 해외로 진출하기 시작했다. 2015년에는 일본에 진출했고, 2016년에는 한국에 상륙했다. 하지만 한국에 출시한 이후 넷플릭스의 가입자는 예상만큼 크게 증가하지 않았다. 그럼에도 넷플릭스가 한국의 콘텐츠에 꾸준히 투자하는 데에는 이유가 있다.

첫째, 한국의 콘텐츠가 아시아에서 미치는 영향이 막강하기 때문이다. 한국에서 성공하면 아시아로 확장하는 속도가 더욱 빨라질 수 있다고 판단한 것이다. 이는 미국의 스튜디오가 중국을 공략할 때 한국을 우회하려 했던 것과 동일한 전략이다. 2016년 6월, 넷플릭스 CEO 헤이스팅스와 최고 콘텐츠 책임자 서랜도스는 내한했을 당시 한국 오리지널 콘텐츠를 제작할 계획이라고 밝혔고, 그 기조가 지금도 이어지고 있다. 2018년 11월 싱가포르에서 개최한 라인업 쇼케이스 '시 왓츠 넥스트 아시아See What's Next Asia'에서 서랜도스는 "전 세계가 한국 영화와 TV 콘텐츠를 좋아한다. 한국 콘텐츠를 아시아 지역은 물론 전 세계 시장으로 뻗어나가게 하는 것이 목표"라고도 이야기했다.

둘째, 한국의 제작비가 미국에 비해 10배 정도 낮아서 콘텐츠 투자 비용 대비 가성비가 높다. 영화 같은 드라마 〈킹덤〉은 6부작이기 때문에 제작비가 더 투입되었는데도 회당 제작비를 20억 원 정도로 추정하고 있다. 최근 개봉한 〈왕좌의 게임Game of Thrones〉은 동

---

15   방송통신위원회, 『2018년도 방송시장 경쟁상황 평가』(2018), 292~293쪽.

일한 6부작이지만 회당 제작비를 170억 원 정도로 추산하고 있다. 예산상으로 보면 한국의 콘텐츠는 효율이 매우 높다.

셋째, 한국의 콘텐츠가 글로벌 시장에서도 통할 수 있다고 판단한 것 같다. 〈비밀의 숲Stranger〉은 ≪뉴욕타임스≫가 선정한 2017년 '국제 TV 톱 10'에 한국 드라마로는 유일하게 이름을 올렸다.[16] 기사를 보면 〈비밀의 숲〉을 방영한 매체가 tvN이 아닌 넷플릭스로 기재되어 있다. 이것도 넷플릭스가 한국에 주력하는 데 영향을 미쳤을 것이다. 또한 〈킹덤〉이 아시아뿐만 아니라 미국, 러시아 등에서도 인기를 끌고 있는 것에 만족한 결과일 것이다.

앞으로도 넷플릭스는 한국을 중점 국가로 여길 것이다. 2019년 3월 LA에서 열린 넷플릭스 랩스데이 행사에서 넷플릭스는 향후 TV드라마, 영화 등 오리지널 콘텐츠 제작에 전념한다는 미래 전략을 밝혔고, 〈킹덤〉이 세계적으로 큰 인기를 끌자 한국 콘텐츠를 지속적으로 제작하고 투자를 늘리겠다고 공개적으로 약속했다.

결국 넷플릭스가 한국에 공을 들이는 이유는 한국 시장에서 수익을 올리기 위해서라기보다 경쟁력 있는 한국 콘텐츠를 확보함으로써 글로벌 시장, 특히 아시아 시장을 공략하는 교두보로 삼기 위해서인 것으로 판단된다.

---

16   James Poniewozik, Mike Hale, Margaret Lyons, "The Best TV Shows of 2017", *The New York Times*, 2017.12.4.

한국에서 인기 있는 콘텐츠 종류

넷플릭스가 국내에서 빠른 성장을 기록하는 비결은 단순히 공격적인 마케팅 때문만은 아니라는 분석이 지배적이다. 이용자에게 보다 편리한 이용 경험을 제공하고 있으며 보유한 작품의 질도 점차 향상되고 있다는 것이 미디어 업계의 중론이다. 최근에는 〈카우보이의 노래〉, 〈로마〉, 〈블랙 미러: 밴더스내치〉, 〈버드 박스〉 등이 대중과 평단에서 두루 호평을 받았다. 특히 영화 〈버드 박스〉가 많은 인기를 끌었다.

글로벌 OTT 서비스의 콘텐츠 중에서 한국에서는 주로 넷플릭스의 콘텐츠가 인기가 많다. 패럿 애널리틱스에 따르면, 2018년 1분기에 한국에서 인기를 끈 오리지널 시리즈는 넷플릭스의 〈기묘한 이야기〉가 1위, 〈블랙 미러: 밴더스내치〉가 2위, 〈오렌지 이즈 더 뉴 블랙〉이 3위 등 20위 중에서 대부분이 넷플릭스 작품이다(〈표 4-3〉 참조).[17]

KBS 공영미디어연구소에서 넷플릭스 이용 행태를 조사한 결과를 보면, 몰아보기를 가장 많이 한 콘텐츠는 1위 〈킹덤〉, 2위 〈아는 형님〉, 3위 〈스카이 캐슬〉이었다(〈표 4-4〉 참조). 사람들은 주로 외국 영화와 드라마를 보기 위해 넷플릭스를 이용하는데, 국내에서 인기 있는 콘텐츠 또한 넷플릭스에서도 인기가 많았다.

---

17 https://insights.parrotanalytics.com/hubfs/Resources/whitepapers/Parrot%20Analy
    tics%20-%20The%20Global%20TV%20Demand%20Report%20Q1%202018.pdf?hsCta
    Tracking=410d7315-c646-4400-aa25-478ba3565469%7C18eb7230-1d92-4f09-b8c1-d3
    ccbb59d634

표 4-3 **한국의 디지털 오리지널 시리즈 일일 수요 20위(2018년 1분기 기준)** 단위: 회

순위	제목	플랫폼	장르	횟수
1	기묘한 이야기	넷플릭스	SF	2,254,102
2	블랙 미러	넷플릭스	SF	1,161,727
3	오렌지 이즈 더 뉴 블랙	넷플릭스	코미디	648,012
4	마블 제시카 존스	넷플릭스	드라마	628,643
5	마블 런어웨이즈	*	드라마	615,371
6	마블 퍼니셔	넷플릭스	드라마	587,073
7	하우스 오브 카드	넷플릭스	드라마	572,635
8	센스8	넷플릭스	SF	564,434
9	더 그랜드 투어	아마존 프라임 비디오	리얼리티	559,193
10	스타게이트 오리진	*	SF	557,767
11	얼터드 카본	넷플릭스	SF	547,920
12	스타트렉 디스커버리	넷플릭스	SF	525,807
13	나르코스	넷플릭스	드라마	514,545
14	마인드헌터	넷플릭스	드라마	491,754
15	마블 데어데블	넷플릭스	드라마	488,648
16	데빌맨 크라이베이비	넷플릭스	애니메이션	453,575
17	루머의 루머의 루머	넷플릭스	드라마	386,161
18	브리타니아	*	드라마	364,577
19	더 루밍 타워	아마존 프라임 비디오	드라마	337,067
20	마블 디펜서스	넷플릭스	드라마	310,742

주: *는 공급처 확인 불가.
자료: Parrot Analytics, *The Global Television Demand Report*(2018), p.31.

표 4-4 **넷플릭스 몰아보기 순위**

순위	응답자 수	제목
1	45	킹덤
2	18	아는 형님
3	13	스카이 캐슬
4	12	기묘한 이야기
5	10	워킹 데드
6	9	오렌지 이즈 더 뉴 블랙, 하우스 오브 카드
8	8	블랙 미러: 밴더스내치
9	7	나 혼자 산다, 설록
11	6	굿 플레이스, 루머의 루머의 루머, 모던 패밀리, 미스터 선샤인, 프렌즈, 오티스의 비밀상담소
18	5	눈이 부시게, 런닝맨, 로맨스는 별책부록, 무한도전, 브레이킹 베드, 왕좌의 게임, 파이브

자료: KBS 공영미디어연구소(2019).

한국에서 제작된 오리지널 작품

넷플릭스 오리지널은 〈표 4-5〉와 같이 영화, 드라마, 예능 등을 제작해 한국 시장을 공략하고 있다. 특히 〈킹덤〉 이후 가입자가 급증했다.

문제는 넷플릭스 작품이 항상 성공하지는 못한다는 데 있다. 〈범인은 바로 너!〉, 〈YG전자〉는 흥행에 실패했다. "우리가 원했던 B급 감성이란 사람과 사람 간의 재밌는 상황이었지 남자와 여자 간의 네거티브한 이슈가 아니었기 때문"이라는 평가가 나오기도 했다.[18] 영화 〈페르소나〉와 드라마 〈첫사랑은 처음이라서〉도 넷플릭스 제작이라면 대작이라는 기대가 커서 그런지 막상 뚜껑을 열어본 후 실망감이 컸고 큰 반향을 일으키지 못했다.

넷플릭스의 조직 문화

넷플릭스의 일하는 방식도 화제이다. 제3장에서 넷플릭스의 인력관리 원칙을 살펴보았는데, 넷플릭스는 한국에서도 동일한 근무 문화를 적용하고 있다.

첫째, 시공간적으로 자유롭다. 한국의 기업은 휴가에 대한 규정이 복잡하고 구체적인 반면, 넷플릭스는 휴가가 자유로운 것으로

---

18   Dyno, "넷플릭스는 과연 한국 미디어 시장을 점령할 수 있을까?", ≪Brunch≫, 2018. 12.12.

표 4-5 **한국에서 제작된 넷플릭스 오리지널 현황**

구분	제목	연출	극본	출연	방영일(회수)
영화	옥자	봉준호	봉준호, 존 론슨	최희서, 틸다 스윈턴, 릴리 콜린스	2017.5.19
영화	페르소나	임필성, 이경미, 전고운, 김종관	임필성, 이경미, 전고운, 김종관	아이유, 배두나, 박해수	2019.4.11
드라마	킹덤	김성훈	김은희	주지훈, 배두나	2019.1.25(6)
드라마	좋아하면 울리는	이나정	이아연, 서보라	김소현, 정가람, 송강	2019.8.22(8)
드라마	첫사랑은 처음이라서	오진석	김민서	지수, 정채연, 진영, 최리	2019.4.18(8)
드라마	보건교사 안은영	이경미	정세랑	정유미	미정
예능	범인은 바로 너!	장혁재		유재석, 안재욱, 김종민, 이광수	2018.5.4(10)
예능	범인은 바로 너!2	조혁진, 장혁재, 김주형		유재석, 안재욱, 김종민, 이승기	미정
예능	YG전자	박준수	김민석	승리, 유병재, 이재진	2018.10.5(8)
예능	유병재: B의 농담	유병재	유병재	유병재	2018.9.7
예능	유병재: 블랙코미디	유병재	유병재	유병재	2018.3.16
예능	인간수업	김진민	진한새	김동희, 정다빈	미정
예능	박나래의 농염주의보			박나래	미정
애니메이션	라바 아일랜드	안병욱		홍범기, 에디 리, 안효민	2018.10.19(13)
애니메이션	라바 아일랜드2	안병욱		홍범기, 에디 리, 안효민	2019.4.1(13)
애니메이션	출동! 유후 구조대			브라이스 파펜브룩, 키라 버클랜드	2019.3.15(26)

유명하다. 1년에 며칠로 휴가를 규정하는 것이 아니고 알아서 쉬면 된다. 출퇴근 시간 역시 고정적이지 않고 어디에서 일하든 관계없이 '개인의 자유'에 맡긴다. 둘째, 책임을 확실하게 묻는다. 시간과 공간에 대한 자유를 주는 대신 철저히 성과 위주로 평가를 받고 있다. 그렇기 때문에 실제로는 더 쉴 수 없다고 한다. 셋째, 상부 결재

가 없고 개인에게 결정권이 있다. 상사에게 직접적으로 서류 결재를 받는 일은 거의 없고 자율적으로 판단한다. 그렇기 때문에 각자의 책임감은 더 커질 수밖에 없다.[19]

넷플릭스 요금은 적당한가

미국에서는 IPTV ARPU[20]가 130달러 수준이기 때문에 요금이 9~10달러 수준인 넷플릭스가 가격 경쟁력이 있다. 이 때문에 가입자 증가 속도가 빠르지만 한국에서는 유료방송이 1만 3000~1만 7000원 정도이기 때문에 넷플릭스의 가격 경쟁력이 높지 않다.[21]

넷플릭스 요금은 베이직, 스탠더드, 프리미엄으로 나뉜다. 베이직은 월 9500원이며, HD 화질이 제공되지 않고 한 명만 접속이 가능하다. 스탠더드는 월 1만 2000원이며, HD 화질이고 두 명이 접속할 수 있다. 프리미엄은 월 1만 4500원이며, UHD 화질이 제공되고 네 명까지 동시 접속할 수 있다. 동시 접속이 가능하기 때문에 가족이나 친구들이 아이디를 공유하고 있다.

Btv의 경우 인터넷을 결합해 3년 약정할 경우 136개 채널 베이직이 월 9900원이며, 지상파 3사의 VOD(편당 요금이 1100~1650원)에 대한 월정액은 1만 4300원이다. KT 올레TV는 기본형이 1만 1000

---

19   피클, "공룡기업 '넷플릭스' 한국 지사에서 볼 수 있는 색다른 근무환경", ≪허브줌≫, 2018.12.5.
20   ARPU(Average Revenue Per User)는 수익을 전체 이용자 또는 가입자로 나눈 단위당 매출로, 한 명의 사용자가 지불한 평균 금액을 말한다.
21   박진형, "불붙는 OTT 시장 경쟁… "韓, 대비 시급"", ≪전자신문≫, 2019.3.26.

원이며, LGU+TV는 166개 채널 일반형이 1만 890원이다.

한국의 넷플릭스가 경쟁해야 할 IPTV, 케이블TV, 위성TV 등의 요금과 비교하면 넷플릭스는 저렴하다고 할 수 없다. 넷플릭스의 국내 가입자가 생각만큼 증가하지 않는 이유 가운데 하나는 한국 유료 TV의 요금이 저렴하기 때문이다.

그러나 개봉 직후 공개하는 영화가 편당 9900원, 드라마 VOD 가격이 편당 1500원이라는 점을 감안할 때, 넷플릭스 요금이 저렴할 수도 있다. 넷플릭스에서만 볼 수 있는 콘텐츠의 경쟁력이 넷플릭스 가입자 증가의 주요 변수가 될 것이다.

푹과 비교하면 넷플릭스가 더 저렴하다. 토종 OTT 서비스인 푹의 경우 방송, 영화 등의 콘텐츠와 지원 기기, 동시 접속 가능인원 등의 옵션에 따라 이용 가격이 달라진다. 넷플릭스의 스탠더드 요금제에 준하는 서비스를 푹에서 선택할 경우(모바일·PC·TV 지원, 방송·영화 콘텐츠, HD급 화질, 동시 이용자 수 두 명) 슈퍼팩 요금제를 2만 2000원에 이용해야 한다. 넷플릭스 요금제보다 두 배 정도 비싼 것이다.[22]

넷플릭스에서 활성화된 아이디 공유를 잘 활용한다면 넷플릭스 요금제는 매우 저렴하다고 할 수 있다. 그럼에도 넷플릭스 이용 행태를 조사한 결과에 따르면 넷플릭스의 요금이 비싸다는 의견이 62.4%나 된다(〈그림 4-9〉 참조). 2019년 9월에 출범하는 푹과 옥수수 통합법인 웨이브는 요금을 정할 때 이를 참고해 더 인하해야 넷

---

22 이경원, "넷플릭스 무한 영토확장… '코드커팅' 주도해 유료방송 잡아먹나", ≪인사이트 코리아≫, 2019.4.16.

그림 4-9   넷플릭스의 요금제에 대한 의견   단위: %

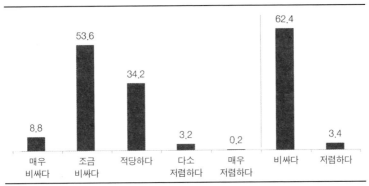

자료: KBS 공영미디어연구소.

플릭스에 경쟁력을 가질 것이다.

한국 시장에서의 넷플릭스의 경쟁력

넷플릭스는 한국 방송 시장에서 국내 유료 TV, 통신사, OTT 서비스뿐만 아니라 디즈니+를 비롯한 글로벌 OTT와도 경쟁을 펼쳐야 한다. 한편으로 넷플릭스는 국내 업체와 협력하기도 하면서 빠른 기세로 한국 시장에 침투하고 있다. 국내 주요 OTT 서비스로는 〈표 4-6〉에서 보는 바와 같이 티빙, 푹, 옥수수, 왓챠플레이, 넷플릭스 등이 있다. 주된 차이점은 티빙, 푹, 옥수수는 실시간 TV 채널을 운영하고, 왓챠플레이와 넷플릭스는 실시간 TV 채널을 운영하지 않는다는 것이다.

한동안 한국은 유료 TV 요금이 낮고 국내 콘텐츠가 부족해 코드

표 4-6 **국내 주요 OTT 서비스 현황**

서비스	티빙	푹	옥수수	왓챠플레이	넷플릭스
운영사	CJ E&M	지상파 3사	SK브로드밴드	왓챠	넷플릭스
특징	콘텐츠 감상+쇼핑	본방 시작 5분 만에 VOD 제공	SM과 공동 제작하는 아이돌 콘텐츠	사용자 취향 기반 큐레이션	오리지널 영화·드라마 다수 독점 제공
TV 채널 실시간 감상	○	○	○	×	×
킬러 콘텐츠	왕이 된 남자, 프로듀서 101	모래시계, 용의 눈물	엑소의 사다리 타고 세계여행	왕좌의 게임, 더 와이어	킹덤, 센스8
월 구독료	5900원	6900원	3000원	6500원	9500원

주: 월 구독료는 기본 상품을 기준으로 함.
자료: 박창영, "토종 OTT 어떤 서비스가 내게 어울릴까", 《매일경제》, 2019.2.19.

커팅이 일어나지 않을 것이기 때문에 넷플릭스가 세력을 확장하기
어려울 것이라는 전망이 우세했다.[23] 그러나 넷플릭스 가입자가
350만 명까지 증가하면서 업계는 바짝 긴장하고 있다.

유료 TV와의 경쟁

국내에는 2018년 8월 현재 〈표 4-7〉과 같이 17개의 OTT 동영상
서비스가 있다. 방송통신위원회에서 1591명의 유료방송 서비스 이
용자를 대상으로 실시한 설문조사 결과, 유료방송 서비스 가입자의
27.8%는 유료방송을 대체할 OTT 서비스가 있다고 응답했다. 유료
방송 서비스별로 보면, 자신이 가입한 유료방송 서비스를 대체할
OTT 서비스가 있다는 응답은 IPTV 24.1%, 디지털 케이블 25.8%,

---

23   황유선, 「글로벌 OTT사업자의 국내진입에 따른 미디어 생태계 영향」, 《정보통신정책
      연구원 프리미엄 리포트》, 18-08(2018.11.2), 16~17쪽.

표 4-7 **국내 유형별 OTT 서비스**

구분	서비스 종류	제공 사업자	주요 서비스
그룹1 (실시간 채널형)	1. 티빙	CJ헬로	실시간 채널 및 영화 등 VOD 제공
	2. 푹	지상파 3사 및 EBS	실시간 채널 및 영화 등 VOD 제공
	3. 에브리온TV	HCN	실시간 채널 및 영화 등 VOD 제공
	4. 옥수수	SKB	실시간 채널 및 영화 등 VOD 제공
	5. 올레TV 모바일	KT	실시간 채널 및 영화 등 VOD 제공
	6. 비디오포털	LGU+	실시간 채널 및 영화 등 VOD 제공
	7. 텔레비	스카이라이프	실시간 채널 및 영화 등 VOD 제공
그룹2 (주문형)	8. 넷플릭스	넷플릭스	영화, 드라마 등 VOD 제공
	9. 왓챠플레이	왓챠	영화, 드라마 등 VOD 제공
	10. 네이버N스토어	네이버	영화, 드라마 등 VOD 제공
	11 곰TV	CJ	영화, 드라마 등 VOD 제공
그룹3	12. 유튜브	구글	UCC나 기존 방송 콘텐츠
그룹4 (기타형)	13. 아프리카TV	아프리카TV	UCC나 기존 방송 콘텐츠
	14. 판도라TV	판도라	UCC나 기존 방송 콘텐츠
	15. 네이버TV	네이버	방송 및 웹 전용 콘텐츠
	16.네이버VLIVE	네이버	V는 유명인의 라이브 개인 방송
	17. 카카오TV	다음	방송 및 웹 전용 콘텐츠
18. 기타			

자료: 방송통신위원회, 『2018년도 방송시장 경쟁상황 평가』, 287~288쪽.

그림 4-10 **유료방송별 대체 가능한 OTT 서비스 존재 여부에 대한 응답률** 단위: %

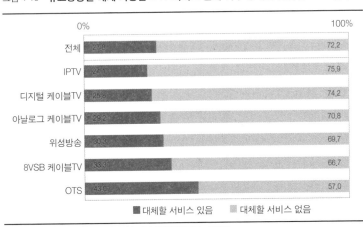

자료: 방송통신위원회, 『2018년도 방송시장 경쟁상황 평가』, 289쪽.

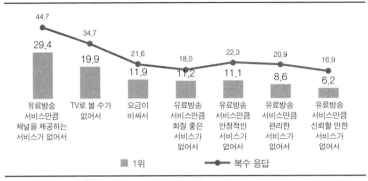

그림 4-11   **유료방송 서비스를 대체할 OTT 서비스가 없다고 응답한 이유**   단위: %

| 44.7 | 34.7 | 21.6 | 18.0 | 22.3 | 20.9 | 16.9 |
| 29.4 | 19.9 | 11.9 | 11.2 | 11.1 | 8.6 | 6.2 |

유료방송 서비스만큼 채널을 제공하는 서비스가 없어서 / TV로 볼 수가 없어서 / 요금이 비싸서 / 유료방송 서비스만큼 화질 좋은 서비스가 없어서 / 유료방송 서비스만큼 안정적인 서비스가 없어서 / 유료방송 서비스만큼 편리한 서비스가 없어서 / 유료방송 서비스만큼 신뢰할 만한 서비스가 없어서

■ 1위   ●── 복수 응답

자료: 방송통신위원회, 『2018년도 방송시장 경쟁상황 평가』, 290쪽.

위성방송 30.3%, 8VSB 33.3%, OTS 43.0% 순으로 높게 나타났다 (〈그림 4-10〉 참조). 유료방송 서비스를 대체할 OTT 서비스(1순위 기준)로는 유튜브 19.2%, 티빙 16.0%, 넷플릭스 13.8%, 푹 11.1%, 옥수수 11.1% 순으로 나타나 넷플릭스가 3위를 차지했다.[24]

두 설문 결과를 종합하면, IPTV와 디지털 케이블TV 가입자들은 다른 유료방송 서비스 가입자에 비해 OTT 서비스가 유료방송 서비스와 유사하나 유료방송 서비스를 대체할 만한 서비스는 아니라고 인식하는 비중이 높은 것으로 보인다. 또한 전체 응답을 기준으로 유료방송을 대체할 서비스가 없다고 응답한 이유를 보면, 유료방송 서비스만큼 채널을 많이 제공하는 서비스가 없다는 응답이 44.7%, 요금이 비싸다는 응답이 21.6%나 된다. 이러한 결과를 통해 본다면 유료 TV는 당분간 경쟁력을 유지하리라 전망된다(〈그림 4-11〉 참조).

---

24   방송통신위원회, 『2018년도 방송시장 경쟁상황 평가』, 288쪽.

푹 대 넷플릭스

국내에서 넷플릭스가 경쟁해야 할 OTT 서비스는 푹, 티빙, 옥수수, 왓챠플레이 등이다. 그중에서 현재 가장 경쟁력이 높은 OTT 서비스는 지상파 연합인 푹이다. 푹[25]은 2011년 10월 시범 서비스에 착수했다. 2012년 5월에 법인을 설립하고, 7월부터 유료 서비스를 시작했다. KBS는 2014년 12월 참여해 MBC와 SBS가 각각 40%, KBS가 20%의 지분을 갖고 있다. 2017년 7월부터 푹은 일반 화질의 실시간 방송은 무료로 전환했으며, 70개 이상의 프리미엄 채널, 20만 개 이상의 VOD와 영화를 제공하고 있다.

구글 트렌드에서 넷플릭스와 푹을 검색했을 경우 두 서비스의 검색량은 차이가 난다. 2019년 2월이 최고치를 기록했다(〈그림 4-12〉 참조). 당시 넷플릭스 검색량이 늘어난 것은 넷플릭스 이용자가 폭증했기 때문인데, 이러한 현상은 대부분 〈킹덤〉의 영향에서 비롯된 것으로 분석하고 있다. 현재로서는 넷플릭스가 화제성 면에서 푹을 앞서고 있다.

여론조사업체 컨슈머인사이트에서 4월에 실시한 '2019년도 상반기 이동통신 기획조사' 결과를 보면 넷플릭스의 이용 경험률이 14%로 7%인 푹의 두 배를 보이고 있다. 넷플릭스는 1년 전에 비해 4%에서 14%로 10%p 높아져 3.5배나 증가했다(〈그림 4-13〉 참조). 애플리케이션에 대한 만족도는 넷플릭스가 68%로 1위이며, 푹은 50%로 전년 대비 10%나 하락했다(〈그림 4-14〉 참조).

25　푹이 옥수수와 합병되면서 새로운 서비스의 이름은 웨이브로 결정되었다. 여기서는 서비스가 출시되기 전이므로 푹을 그대로 사용했다.

그림 4-12 **넷플릭스와 푹의 검색량**

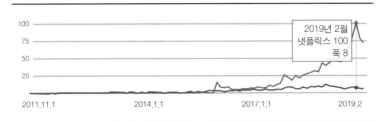

주: 최고치를 100으로 기준했을 때의 검색 비중.
자료: 구글 트렌드.

그림 4-13 **방송/동영상 애플리케이션별 이용 경험률**　　　　　단위: %

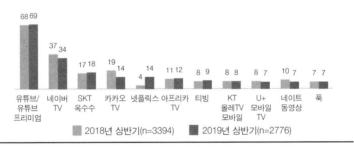

주: 스마트폰으로 방송 및 동영상을 시청하는 이용자(복수응답).
자료: 컨슈머인사이트.

그림 4-14 **방송/동영상 애플리케이션별 만족도**　　　　　단위: %

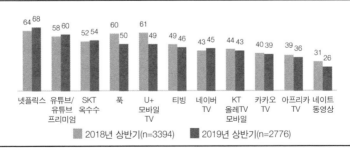

주: 1개월 내 해당 앱 이용자(5점 척도)
자료: 컨슈머인사이트.

표 4-8 **주요 OTT 서비스 이용 현황(2019년 3월 기준)**

구분	순설치자	순이용자	이용률	월 평균 이용시간	평균 재이용일수	실행 횟수당 평균 이용시간
넷플릭스	2,228,883	1,532,825	68.8%	441.1분	7.4일	16.7분
옥수수	9,915,793	3,328,063	33.6%	408.1분	7.4일	17.4분
푹	1,622,068	942,392	58.1%	749.9분	9.0일	25.1분
티빙	1,503,963	770,151	51.2%	297.0분	5.2일	17.8분
왓챠플레이	491,287	268,436	54.6%	222.1분	4.7일	10.6분

가장 큰 변수가 푹과 옥수수의 합병이다. 코리안클릭에 따르면, 3월 말 기준으로 옥수수 앱 설치자가 약 992만 명이고, 순이용자가 약 333만 명이다. 푹이 옥수수와 합병을 해도 점유율이 크게 변하지 않을 것이라는 전망도 있으나,[26] 넷플릭스에 비해 이용률이나 월 평균 이용시간이 약간 낮은 편이어서 푹과 옥수수가 통합하면 그 파급력이 상당할 것으로 예상된다(⟨표 4-8⟩ 참조).

티빙 대 넷플릭스

티빙은 CJ E&M 공식 디지털 플랫폼으로 tvN, 엠넷Mnet, 투니버스 등 100개의 실시간 케이블TV 채널과 VOD를 볼 수 있다. 티빙의 요금은 CJ원CJ One 회원일 경우 티빙 무제한은 월 5900원, 무제한 플러스는 9900원이다.

2010년 서비스를 시작한 티빙은 지상파 콘텐츠를 공급하던 2014년에는 회원이 800만 명, 유료 회원이 35만 명에 이를 정도로 성장

---

26   정환용, "국내 OTT 연합 '웨이브', 빅4에 맞서 살아남을 가능성은?", ≪이슈투데이≫, 2019.7.15.

했었다. 그러나 2015년 지상파의 콘텐츠 공급이 끊어지면서 내리막길을 겪었다.[27] 방송사 연합 플랫폼이 출범할 때 CJ가 같이 연합하지 않았기 때문이다. 만일 지상파와 CJ, 종편이 모두 연합한다면 넷플릭스와 충분히 경쟁할 수 있을 것이다. 그러나 당시는 푹, CJ헬로비전과 분쟁을 겪었기에 티빙은 푹에 참여할 수 없었다. 2016년 미국에 KCP Korean Contents Platform을 설립하면서 CJ도 푹에 참여하기로 했으나 마지막에 CJ는 티빙으로 독자노선을 걷기로 결정을 바꾸었다.

결과적으로 보면 CJ의 선택은 옳았다. 지상파가 넷플릭스에 콘텐츠를 공급하지 않음에 따라 넷플릭스의 콘텐츠가 희소해졌고, 이에 따라 CJ와 JTBC는 비싼 가격에 넷플릭스에 콘텐츠를 공급할 수 있게 되었기 때문이다.

tvN의 경쟁력이 높아짐에 따라 티빙도 일정 포션을 차지할 것이다. 그러나 티빙만 가지고는 압도적인 서비스를 제공하기 어려울 것이다. 티빙은 넷플릭스나 웨이브와 경쟁하기 위해 애플TV+, 디즈니+, 아마존 등과 적극적으로 제휴를 추진할 것으로 예상된다.

왓챠플레이 대 넷플릭스

왓챠플레이는 카카오벤처스의 1호 투자 기업으로 2012년 8월 한국 최초로 개인화된 서비스를 표방하며 베타버전을 출시했다. 2013년 4월부터 구글코리아와 제휴해 구글 영화 검색 결과에 왓챠의 별점 자료를 제공하고 있다. 처음에는 영화에만 별점을 주다가 2014

---

27   이창훈, 『미디어 전쟁』(커뮤니케이션북스, 2018), 341쪽.

년 9월부터 드라마로 별점을 확대했다. 현재는 도서에 대해서까지 평가가 가능하다.

왓챠플레이는 2016년 1월부터 VOD 스트리밍 서비스를 제공하고 있다. 보유하고 있는 작품은 5만여 편으로 영화를 좋아하는 팬들에게 인기가 있다. 월정액은 7900원이고, 3개월 단위로 결재할 경우 월 7000원, 6개월 단위는 월 6700원, 1년 단위는 월 6300원이다. 2018년 유료 가입자는 2017년보다 두 배 이상 증가했으며, 2019년 1분기의 유료 가입자도 2018년 1분기에 비해 두 배 이상 늘었다. 넷플릭스는 자체 제작 콘텐츠가 많지만 왓챠플레이는 100% 외부 제작 콘텐츠이다. 왓챠플레이는 할리우드 6대 메이저와 수급 계약을 체결했으며, 국내에서는 60여 개 공급사와 계약해 판권을 사는 게 아니라 수익을 분배하는 방식으로 운영하고 있다.[28] 또한 2019년 5월 말 콘텐츠진흥원에서 개최한 세미나에서 왓챠플레이 박태훈 대표는 가능한 한 오래된 작품을 구매해 구입 비용을 최소화한다고 말했다. 그러나 〈왕좌의 게임〉 시리즈는 왓챠의 인지도를 높이기 위해 꽤 비싼 가격에 구매했다고 밝혔다.

2019년 3월 29일에는 박찬욱 감독의 작품 〈리틀 드리머 걸The Little Dreamer Girl〉이 한국에서 처음으로 감독판이 공개되어 화제가 된 바 있다. 이 작품은 1979년 이스라엘 정보국의 비밀 작전에 연루되어 스파이가 된 배우 찰리(플로렌스 퓨)와 그녀를 둘러싼 비밀 요원들의 숨 막히는 이야기를 그린 첩보 스릴러 6부작으로, BBC에서 2018년

---

28   유재혁, "'왓챠플레이' 급성장… "맞춤형 서비스로 넷플릭스 공세 이겨냈죠"", ≪한국경제≫, 2019.4.8.

10월 첫 방송을 했다.

이처럼 왓챠플레이는 아직 규모 면에서는 가장 경쟁력이 떨어지지만 방대한 영화 라이브러리를 갖고 있으며 이용자의 추천을 기반으로 하는 시스템을 보유하고 있으므로 어느 정도는 경쟁력을 갖추고 있다. 특히 카카오와 구글의 지원을 받고 있다는 것이 큰 힘으로 작용할 것이다.

해외 OTT와의 경쟁

디즈니+는 디즈니, 픽사, 마블, 스타워즈, 내셔널 지오그래픽 등 막강한 다섯 개 채널을 통해 디즈니가 보유하고 있는 영화 500여 편, TV 시리즈 7500여 편 이상을 공급함으로써 2020년에 아시아에 진출할 예정이다. 이용요금은 한 달에 6.99달러로 넷플릭스 베이직 요금제보다 싼 편이다. 디즈니+가 가장 경쟁력 있는 부분은 아동용 콘텐츠이다. 이 때문에 2020년부터는 넷플릭스의 가입자가 2019년만큼 증가하기 어려울 것으로 보인다.

한국의 시청자는 왜 넷플릭스를 좋아할까

한국에서 넷플릭스 이용자가 증가하고 있다는 것은 한국 사람들이 넷플릭스를 좋아한다는 것을 뜻한다. 그렇다면 한국 시청자들은 왜 넷플릭스를 좋아할까?

우선, 요금이 저렴하기 때문이다. 성공회대 신문방송학과 최진봉 교수는 "과거에는 집에서 영화를 볼 수 있는 유일한 수단이 텔레비

그림 4-15 **4FLIX 화면**

전이었기 때문에 특선영화가 인기를 끌었다"라면서 "넷플릭스나 인터넷을 통해 콘텐츠를 저렴한 가격에 볼 수 있는 미디어 환경의 변화가 명절의 모습을 바꾸고 있다"라고 분석했다.[29] 4FLIX 커뮤니티 www.4flix.co.kr를 이용하면 넷플릭스를 훨씬 저렴하게 이용할 수 있다 (〈그림 4-15〉 참조). 4(넷)FLIX(플릭스)라고 불리는 사이트는 "네 명이 모이면 75%까지 저렴하게 사용할 수 있도록 도와주는 플랫폼이자 한국 넷플릭스 사용자들의 커뮤니티"라고 소개하고 있다. 모르는 타인과 함께 아이디를 공유하고 본인 부담분만 내도록 하고 있다.

2019년 3월 28일부터 29일까지 KBS 국민패널을 활용해 조사한 바에 따르면 본인 명의로 넷플릭스에 가입한 비율이 62.9%이고, 지인(부모나 친구) 명의로 이용하는 비율이 37.1%이다. 월정액은 혼자

---

29 기민도, "TV특선영화보다 넷플릭스 설 연휴 '미디어 대세' 인증", ≪서울신문≫, 2019.2.7.

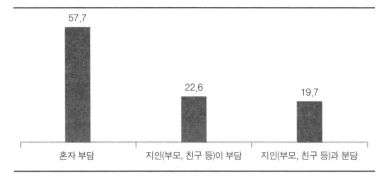

부담하는 경우가 57.7%이고, 지인 부담이 22.6%, 지인과 분담이 19.7%이다(〈그림 4-16〉 참조). 아이디는 혼자 사용이 39.1%, 2명 사용 35.6%, 3명 사용 8.4%, 4명 사용 17.0%로 나타났다. 요금제 중에서는 프리미엄이 4명까지 사용할 수 있으므로 프리미엄을 사용하는 비율이 25.4%로 추정된다.

둘째, 콘텐츠 시청의 편리성 때문이다. 서울대 언론정보학과 한규섭 교수는 "변화된 미디어 환경 속에서 보고 싶은 콘텐츠를 골라볼 수 있는 능력이 결합되면서 이런 경향이 나타나고 있다"라고 분석했다.[30]

셋째, 시대적 감각을 이해하고 함께 호흡하는 듯한 느낌을 주기 때문이다. 어디를 가든 넷플릭스가 자주 화제에 오른다. 넷플릭스의 시청 여부가 '핵인싸'(주류를 뜻하는 신조어)를 가르는 잣대처럼 이야기된다. 심지어 "진짜 핵인싸가 되고 싶은가. 그렇다면 넷플릭

---

30   같은 글.

그림 4-17 넷플릭스가 메일로 발송한 콘텐츠 추천작

스가 유력한 선택지가 될 수밖에 없는, 시대적 감각을 이해하고 함께 호흡하는 것이 가장 빠른 방법이다"라고 말하기까지 한다.[31]

넷째, 나만을 위한 콘텐츠를 추천해 주기 때문이다. 넷플릭스는 보통 일주일에 한 번 인기 콘텐츠 추천작을 메일로 보내온다(〈그림 4-17〉 참조). 또한 콘텐츠를 시청하면 다음 작품을 추천해 준다. 현재의 트렌드가 "이미 자신을 잘 아는 타인(가족이나 오랜 지인)과의 관계에 불편함이 존재하기 때문에 적극적으로 혼자가 되고 싶어"[32]

---

31   김희연, "젊은 여성들이 넷플릭스를 보는 이유", ≪경향신문≫, 2019.2.24.

32   최인수 외, 『2019 대한민국 트렌드』(한경BP, 2018), 71쪽.

하는 것인데, 이럴 때에는 누군가가 자신을 위해 무언가를 추천하는 것을 선호할 수도 있다.

국민패널을 이용한 설문조사에 따르면 넷플릭스가 추천하는 콘텐츠에 대한 만족도는 높은 것으로 나타났다. 앞서 〈그림 3-28〉에서 설명한 것처럼 대체로 일치가 63.1%, 완전 일치가 2.2%로 일치한다는 응답이 65.3%였다.

제5장

넷플릭스가 한국 방송 미디어에 미치는 영향

넷플릭스는 미국의 방송 미디어 지형을 바꾸었다. 구독 경제라는 용어를 탄생시키는 동인이 되었으며, 넷플릭소노믹스라는 단어까지 등장하기도 했다. 1949년에 개봉한 느와르 영화의 제목과 같이 '붉은 위협the red menace'이라고 불리기도 한다.[1]

김영주는 넷플릭스를 포함한 OTT 서비스가 미디어에 미친 영향으로 폐쇄형 서비스에서 개방형 서비스로의 변화, 새로운 수익에 대한 적극적인 개발, 다양한 형태의 제휴와 공생 관계의 형성, 오리지널 제작의 활성화 등을 들고 있다.[2]

황유선은 넷플릭스가 국내 산업에 미친 영향으로 오리지널 제작을 위한 제작비 투자 확대, 글로벌 유통망 제공, 글로벌 표준 적용에 따른 제작 환경 개선, 넷플릭스에 대한 콘텐츠 공급을 위한 방송사 간 경쟁, 해외 유통망 독점 등을 들고 있다.[3]

넷플릭스는 서비스를 준비하던 2015년부터 한국 방송 미디어 지형에도 엄청난 영향을 미치고 있다. 한국 미디어 산업이 '넷플릭스 당하고 있다netflixed'[4]라는 말까지 나오기도 했다. 기존 미디어 기업

---

1   Nicole Laporte, "Netflix: The Red Menace", *Fastcompany*, 2014.7.1.
2   김영주, 「OTT 서비스 확산이 콘텐츠 생산, 유통, 소비에 미친 영향에 관한 연구」, ≪방송문화연구≫, 제27권 제1호(2015), 93~96쪽.
3   황유선, 「글로벌OTT사업자의 국내진입에 따른 미디어 생태계 영향」, 19~21쪽.
4   사울 캐플런(Saul Kaplan)은 ≪포춘(Fortune)≫에 기고한 글에서 넷플릭스를 동사로 표

그림 5-1 **미디어 산업의 밸류 체인**

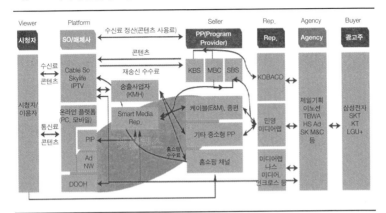

자료: 김회재, 「〈미스터 션샤인〉의 나비효과」, 15쪽.

과는 다른 형태 때문에 〈그림 5-1〉처럼 넷플릭스를 플랫폼과 콘텐
츠 공급자Content Provider, 이하 CP 사이에 존재하는 것으로 보기도 한다.[5]
한국의 미디어 기업들은 넷플릭스뿐만 아니라 애플, 디즈니, 그리
고 아마존 등 다른 글로벌 OTT 업체의 진출에도 촉각을 세우고 있
는 상황이다. 다양한 장르 가운데 드라마는 플랫폼 운명을 가를 핵
심 콘텐츠로 꼽힌다. 영화는 러닝타임이 짧고 예능은 스토리가 없
거나 약해 대중의 시선을 오래 끌지 못하기 때문이다.[6]

현하면, '① 기존 비즈니스 모델을 붕괴하거나 어지럽히다, ② 이전의 성공적 비즈니스 모
델을 파괴하다, ③ 가치가 현재 만들어지고 전달되고 획득되는 방법을 폐기하다'로 정의
할 수 있다고 말했다. 대표적인 예문으로 "블록버스터가 넷플릭스 당했다(Blockbuster
was netflixed)"를 들었다. http://fortune.com/2011/10/11/how-not-to-get-netflixed/
5   김회재, 「〈미스터 션샤인〉의 나비효과」, 15쪽.
6   김희경, "치솟는 드라마 제작사 몸값… '콘텐츠 빅뱅' 중심에 서다", ≪한국경제≫, 2019.
2.2.

한국의 넷플릭스 순이용자는 2019년 6월 말 현재 350만 명까지 증가했다. 사람들은 국내 OTT인 푹이나 티빙과 달리 외국 영화와 드라마를 시청하기 위해 넷플릭스를 이용한다. "넷플릭스 같이 볼까요?"라는 말이 유행할 정도로 넷플릭스 시청은 스타벅스의 문화 마케팅처럼 하나의 트렌드가 되어가고 있다.

이 장에서는 2016년 넷플릭스가 한국에 상륙한 이후 국내 방송 미디어의 지형, 유통, 제작, 스토리, 규제, 시청자 등에 미친 영향을 차례로 살펴보고자 한다.

한국의 방송 미디어 지형에 미친 영향

방송 콘텐츠의 가치사슬은 방송으로 시작해 유료방송으로 끝난다. 그렇기 때문에 광고 성수기인 매년 4분기에는 콘텐츠 제공 사업자들이 그 해에 가장 공들여 만든 작품들이 등장하고, 공들인 만큼 성과도 좋아서 시청률도 대체로 높다. 넷플릭스의 역할은 기존 유료방송 플랫폼을 보완하는 것이라고 볼 수 있다.[7]

한국소비자원은 국내 OTT 시장 규모가 2016년 말 4884억 원에서 2019년에는 6345억 원, 2020년에는 7801억 원까지 성장할 것으로 전망하고 있다. 넷플릭스는 영화 〈옥자〉, 드라마 〈미스터 선샤인〉 등에 대규모의 투자와 라이선스를 진행했으며, 사드로 인해 어려움을 겪었던 한국 콘텐츠 산업에 새로운 대안으로 떠오르고 있

---

7   김회재, 「포스트넷플릭스, 한국드라마의 전망과 전략」, 93쪽.

다.[8] 넷플릭스는 해외에 진출할 때 사용했던 '약한 고리 깨기 전략'을 한국에서도 동일하게 펼쳤다. 넷플릭스는 2016년 우선 케이블 TV인 딜라이브와 제휴를 맺었다. 이 제휴의 파급력은 크지 않았으나, 넷플릭스의 성장과 더불어 효과가 나타나고 있다. 딜라이브+박스 판매량이 2016년 12월에 1만 대 수준에서 2019년 4월 기준 33만 대로 급증한 것이다.[9]

그러나 2017년 5월 JTBC가 600시간이 넘는 분량의 콘텐츠를 넷플릭스에 제공하는 계약을 체결하고 CJ E&M이 2017년 11월 〈화유기〉, 〈슬기로운 감방생활〉 등을 공급하기 시작하면서 상황이 바뀌었다. YG엔터테인먼트는 넷플릭스 독점 예능인 〈YG전자〉 등을 제작했다. 오로라와는 3D 애니메이션 〈출동! 유후 구조대〉를 제작했다. 심지어 드라마 제작사에서는 기획안을 넷플릭스에 우선 제안하고, 다음으로 tvN, JTBC, SBS, KBS, MBC 순으로 제안한다고 한다.

미디어의 합병

넷플릭스는 케이블 업체인 딜라이브와 제휴를 맺은 뒤 IPTV인 LGU+와도 제휴를 맺었다. 미국의 미디어 기업이 합종연횡하듯이 한국의 기업도 점차 그렇게 될 것이다. 최근 통신 3사의 움직임을 보면 〈표 5-1〉과 같다. 신민수 한양대 경영학과 교수는 "미디어 시장이 재편되고 있어 당분간 국내 유료방송 사업자는 글로벌 OTT

---

8   한국콘텐츠진흥원, 『한국콘텐츠 해외진출 확대를 위한 글로벌 플랫폼 조사 연구』, 6쪽.
9   유재혁, "넷플릭스 품은 딜라이브 플러스, 유료방송계 '돌풍'", ≪한국경제≫, 2019.5.8.

표 5-1 미디어 콘텐츠 경쟁력을 강화하기 위한 통신 3사의 주요 계획

통신사	주요 계획
SK텔레콤	지상파 방송사들과 손잡고 토종 OTT 연합 결성
	컴캐스트와 e스포츠 조인트 벤처 설립 추진
	TV 홈스쿨링 서비스(SKB) '플레이송스 홈' 출시
KT	할리우드 스튜디오 6곳과 손잡고 국내 미개봉작 방영
	영어교육 특화 콘텐츠 확대
	금영과 손잡고 국내 첫 가정용 AI 노래방 출시
LGU+	구글, 넷플릭스 등 글로벌 강자와 콘텐츠 제휴
	골프스윙, 출산 후 다이어트 등 홈트레이닝 콘텐츠 제공
	AR, VR 등 5G 전용 콘텐츠를 연내 1만 5000개로 확대

자료: 김재형, ≪동아닷컴≫, 2019.4.24.

사업자와 국내 콘텐츠 사업자 등 가릴 것 없이 합종연횡하며 '킬러 콘텐츠' 확보에 매진할 것"이라고 전망했다.[10]

　SK텔레콤은 지상파TV 연합인 푹과 합병하기로 했으며, LGU+는 CJ 헬로비전을 8000억 원에 인수하기로 결정했다. SK브로드밴드도 티브로드 인수를 추진하고 있다. 이렇게 되면 유료방송 시장 점유율이 변하게 된다. 〈그림 5-2〉처럼 KT가 30.86%로 여전히 1위이지만, LGU+가 24.5%로 2위, SK브로드밴드가 23.8%로 3위로 큰 차이가 나지 않게 된다.[11]

　다음으로 넷플릭스는 방송사에도 많은 영향을 미치고 있다. 방송 3사 연합인 푹은 SK텔레콤의 옥수수와 통합해 2019년 9월에 웨이브를 론칭할 예정이다. 푹은 실시간 TV 방송이라는 강점을 가지고

10　김재형, "넷플릭스에 놀란 IPTV, 고급 콘텐츠 확보 '발등의 불'", ≪동아닷컴≫, 2019.4. 24.

11　김토일, "LGU+, 15일 오전 CJ헬로 인수인가 신청…유료방송 재편절차 개시", ≪연합뉴스≫, 2019.3.14.

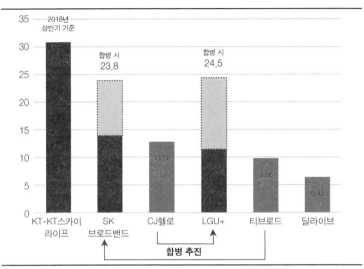

그림 5-2 **유료방송의 시장 점유율(2018년 상반기 기준)**　　　단위: %

자료: 김토일, ≪연합뉴스≫, 2019.3.14.

있지만 다양한 콘텐츠를 확보하는 데 아직 부족한 상황이고, 옥수수는 〈너 미워 줄리엣〉, 〈차트보go〉, 〈나는 길에서 연예인을 주웠다〉 등 다양한 오리지널 콘텐츠를 확보하고 있으나 화제성이 부족하므로 이 둘의 합병은 큰 시너지를 낼 것으로 기대된다.

넷플릭스의 성공으로 방송 미디어 시장의 패러다임이 완전히 바뀌었으나, 새로운 제작 환경과 콘텐츠 제작 능력이 필요한 상황에서 기존의 방송사와 이동통신사의 연합만으로는 한계가 있을 것이라는 분석도 나온다.[12]

12　김경진, "넷플릭스 vs 반 넷플릭스 연합… 안방 TV전쟁 시작되나", ≪중앙일보≫, 2019.
　　3.12, B05면.

KT도 디즈니 등과 손잡고 OTT 시장 공략을 강화할 것으로 예상된다. KT는 이미 디즈니 한국지사와 손잡고 어벤져스 관련 마케팅을 진행하고 있으며, OTT 관련 협업도 협의 중인 것으로 전해졌다.[13] 또한 국내에서 상영되지 않은 해외 영화도 매주 한 편씩 제공할 예정이며, 영화감독, 유튜버 등 전문가들로 구성된 심사위원단이 엄선한 국내 미개봉 할리우드 화제작을 2019년 말까지 30여 편 제공할 계획이다. 2019년 4월, KT는 '올레TV 2019년 차별화 서비스 발표 기자간담회'에서 국내 미개봉 할리우드 화제작을 가장 먼저 볼 수 있는 '올레TV 초이스'를 선보였다. KT는 이를 위해 워너브러더스, 소니픽처스, NBC유니버설, 브에나비스타 인터내셔널, 파라마운트픽처스, 20세기폭스 등 할리우드 6대 메이저 스튜디오와 손을 잡았다고 밝혔다.[14]

스튜디오 시스템으로의 전환

넷플릭스는 광고에 의존하던 미디어 시장에서 콘텐츠가 중심인 시장으로의 변화를 가져오고 있다.[15] 점차 한국 시장도 미국과 같은 스튜디오 시스템으로 변화될 것으로 전망된다. 스튜디오 형태를 지향하고 있는 스튜디오 드래곤, 제이 콘텐트리, 몬스터 유니온은 모두 자체 채널을 위해 제작하는 것이 주된 목적이나, 돈이 되는 넷플릭스 때문에라도 제작을 하겠다는 방침이다.

넷플릭스의 한국 진출로 가장 큰 혜택을 보고 있는 기업은 스튜

---

13 김영민, "'넷플릭스 잡아라'… 통신사 중심 토종 OTT의 반격", ≪미디어펜≫, 2019.4.19.
14 오동현, "넷플릭스 韓시장 공습에도… KT '경쟁자 아니야'", ≪뉴시스≫, 2019.4.24.
15 김희재, 「포스트넷플릭스, 한국드라마의 전망과 전략」, 101쪽.

그림 5-3 **스튜디오 드래곤 현황**

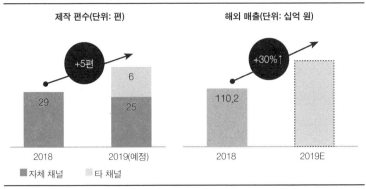

제작 편수(단위: 편)

+5편

29

6
25

2018   2019(예정)

■ 자체 채널   ■ 타 채널

해외 매출(단위: 십억 원)

+30%↑

110.2

2018   2019E

자료: 스튜디오 드래곤, 「2018년 경영 실적」(2019), p.104.

디오 드래곤이다. 스튜디오 드래곤은 한때 시장가치가 3조 원을 넘을 정도로 급성장해 한국 드라마 시장을 이끌어가고 있다. 국내 톱 작가를 소유하고 있는 제작사를 인수하면서 작가, 배우, 감독의 쏠림 현상이 일어나고 있다. 문화창고(박지은 작가), 화앤담(김은숙 작가), KPJ(김영현, 박상연 작가), 지티스트(노희경 작가)를 인수했고, 〈남자친구〉 제작사 본팩토리를 인수할 것으로 전해졌다(〈그림 5-3〉 참조). 스튜디오 드래곤은 540억 원이라는 막대한 제작비를 투자해 제작한 〈아스달 연대기〉에 큰 기대를 걸었으나 2019년 6월 1일부터 12부작으로 방송된 〈아스달 연대기〉는 좋은 평가를 받지 못해 스튜디오 드래곤의 주가가 하락하는 결과를 초래했다.

JTBC도 이러한 모델을 지향하고 있다. JTBC 드라마의 평균 시청률은 3.3%인데, 제이 콘텐트리가 드라마에 직접 투자를 시작한 이후 평균 시청률이 5.5%로 두 배 가까이 증가했다. 〈스카이 캐슬〉이 23.8%의 시청률을 달성하자 JTBC는 드라마 편성 확대를 추진하고 있다. 제이 콘텐트리, 드라마하우스, JTBC로 이어지는 선순환 모델로 진입하고 있는 것이다.

SBS도 2019년 6월 드라마본부를 분사해 스튜디오형 조직을 추진했으나, 모기업 태영과 SBS를 둘러싼 노사 간의 갈등으로 추진이 중단되었고, 앞으로도 스튜디오 추진은 쉽지 않을 것 같다. KBS는 2016년 몬스터 유니온을 설립해 시장 환경에 대응하고 있으나 실적은 아직 미미하다. 포털 네이버와 카카오도 콘텐츠 제작에 적극 뛰어들고 있다.

이러한 흐름 속에 앞으로는 자본력으로 대형화된 콘텐츠를 제작할 수 있는 스튜디오 위주로 콘텐츠 시장이 재편될 것으로 전망된다.

지상파 드라마의 편성 방식 변경

넷플릭스는 드라마 구조에도 영향을 미치고 있다. 드라마의 경쟁력이 CJ E&M과 JTBC로 넘어가고 있는데, 이러한 원인 가운데 하나는 2017년 MBC와 KBS가 각각 72일, 142일 동안 파업을 하면서 콘텐츠 경쟁력이 약화되었기 때문이다. MBC는 2019년 9월부터 2020년 봄까지 월화드라마를 중단하기로 했고, SBS도 2019년 여름에 월화드라마 두 개를 편성하지 않기로 했다. 대신 '월화 예능'을 편성해 7월 1일부터 〈동상이몽 시즌2: 너는 내 운명〉을 방송하고 있다. 〈동상이몽 시즌2〉 1회는 닐슨 전국 기준 1부 6.5%, 2부 11.7%의 시청률을 기록해 긍정적인 편성 조정 효과를 보였다.[16]

---

16 문지연, "SBS 10시예능 첫선, '동상이몽2' 시청률↑ '퍼퓸' 직격탄", ≪스포츠조선≫, 2019. 7. 2.

월화드라마가 시작된 것은 MBC가 1980년 3월 3일 드라마 〈백년손님〉을 월요일, 화요일 밤 10시에 편성하면서부터였다. 월화드라마, 수목드라마 등의 공식도 시청 습관의 변화와 주 52시간의 도입 등으로 변화할 것으로 보인다.

코드 커팅은 발생할 것인가

우리나라는 미국에 비해 유료 TV 요금이 저렴해 코드 커팅 현상이 발생하지 않는다는 것이 그동안 유료방송업계의 전반적인 인식이었다. 코드 커팅 우려에 대해 최광철 KT 미디어플랫폼사업본부 미디어상품담당 상무는 '올레TV 2019년 차별화 서비스 발표 기자간담회'에서 "미국 시장은 유료방송과 OTT 서비스 요금 차이가 크기 때문에 코드 커팅에 대한 동기가 충분했다"라면서 "국내 유료방송업계는 OTT를 경쟁재가 아닌 보완재로 본다. 국내 시장은 아직 코드커팅 대상이 아니다"라고 말했다. 2018년 유료방송 현황을 보더라도 2018년 유료방송 가입 비율이 2017년 91%에서 92.3%로 상승해 이를 뒷받침한다(〈그림 5-4〉 참조).

그러나 넷플릭스의 유료 가입자가 6월 말 168만 명으로 증가하면서 IPTV 또는 케이블TV 등 유료방송을 해지하는 코드 커팅 가능성이 높아졌다는 의견이 대두되고 있다. 업계에서도 OTT 콘텐츠에 대한 투자 없이 라이선스와 낮은 가격으로만 승부를 보다가는 시장을 내줄 수 있다는 우려가 나오고 있다. 모바일 기기는 연령대가 낮을수록 애용한다. 디지털 마케팅 업체 메조미디어의 '2018 디지털 동영상 이용 행태 조사'에 따르면 10대에서는 모바일 51.3%, TV 13.9%로 약 4배 차이가 났다. 10~50대를 대상으로 한 조사에서 TV

그림 5-4 **유료방송에 가입한 가구 비율** 단위: %

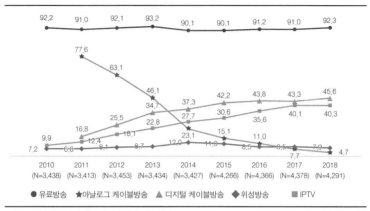

| | 2010 (N=3,438) | 2011 (N=3,413) | 2012 (N=3,453) | 2013 (N=3,434) | 2014 (N=3,427) | 2015 (N=4,266) | 2016 (N=4,366) | 2017 (N=4,378) | 2018 (N=4,291) |

유료방송: 92.2, 91.0, 92.1, 93.2, 90.1, 90.1, 91.2, 91.0, 92.3

● 유료방송 ★아날로그 케이블방송 ▲ 디지털 케이블방송 ◆위성방송 ■ IPTV

자료: 방송통신위원회, 『2018 방송매체 이용 행태 조사』, 28쪽.

를 더 많이 보는 세대는 50대(모바일 29.1%, TV 39.1%)뿐이었다. 전체로 보면 모바일 42%, PC 32%, TV 26%였다.[17] 이처럼 시간이 지날수록 젊은 세대는 TV를 구입하지 않을 것이기 때문에 코드 커팅은 필연적으로 발생할 것이다. 특히 5G 시대가 되면 네트워크가 지연되지 않을 것이기 때문에 여가 시간을 실시간 방송에 의존하는 비중이 현격히 감소할 것이다.

미국계 글로벌 미디어 기업들의 OTT 서비스 시장 진출과 장악이 가속화되면 세계 핵심 콘텐츠 시장의 생산과 소비는 유튜브나 페이스북과 같은 소수 글로벌 기업에 의해 좌우될 가능성이 커질 수 있다. 따라서 국내 시장 역시 경쟁력 있는 콘텐츠 제작과 플랫폼 산업에 적극적으로 투자를 확대하는 등 대응책을 마련함으로써 해외 거

---

17   황준익, "유료방송 최대 난적 넷플릭스… '코드커팅' 현실화되나", ≪EBN≫, 2019.4.24.

대 공룡 기업에 시장이 잠식당할 위험에 대비할 필요가 있다.[18]

정보통신정책연구원에 따르면 국내 유료방송에 가입했다가 해지한 가구 비율은 2015년 3.13%에서 2016년 6.54%, 2017년 6.86%로 상승했다. 이는 미국, 유럽 등 해외에서보다 빠른 속도이다.

이러한 시장의 움직임을 보면 코드 커팅이 일어나는 것은 시간문제이다. 다만, 지상파TV가 경쟁력 있는 콘텐츠를 얼마나 만드느냐가 코드 커팅을 늦추는 중요한 요인으로 작용할 것이다.

한국의 콘텐츠 유통에 미친 영향

새로운 드라마 유통 구조 창출

넷플릭스가 국내에 들어오면서 기존 콘텐츠 유통 구조가 바뀌고 있다. 〈그림 5-5〉에서 보는 바와 같이 콘텐츠 가치사슬이 기존 방송에서는 C → P → N → D Contents - Platform - Network - Device로 차례로 이동했으나, 넷플릭스를 대표로 하는 OTT 서비스에서는 어느 방향으로든지 움직일 수 있게 되었다. 그동안은 지상파TV에서 먼저 방송이 되고, 유료 TV, VOD 순으로 콘텐츠를 유통하는 윈도 정책이 있었으나 이제는 이러한 과정이 의미 없어지는 시대가 되었다.

넷플릭스 오리지널의 경우 기존 윈도 정책을 깨고도 제작할 수 있는 방법을 창출한 것이다. 영화 〈옥자〉, 예능 〈범인은 바로 너!〉에 이어 대작 드라마 〈킹덤〉은 넷플릭스의 드라마 역사에서 첫 테

---

18   전범수, 「OTT 서비스, 글로벌 미디어 시장의 중심에 서다」.

그림 5-5 **콘텐츠 유통 윈도의 변화**

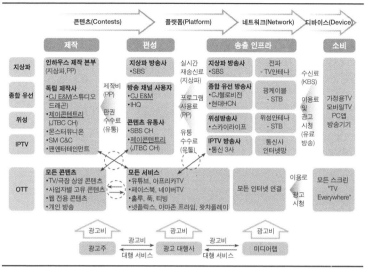

자료: 미래에셋대우 리서치센터.

이프를 화려하게 끊었다.

콘텐츠 배급의 글로벌화

그동안에는 해외에 콘텐츠를 유통하려면 국가별로 계약을 맺어야 했으나, 이제는 넷플릭스를 통해 전 세계 190개국에 동시에 방영할 수 있다. 대표적인 예가 27개국 언어로 서비스되는 〈킹덤〉이다. 넷플릭스 최고 콘텐츠 책임자인 테드 서랜도스는 "〈킹덤〉은 한국 콘텐츠가 넷플릭스 서비스를 통해 세계적으로 알려진 사례"라며 "좋은 스토리를 철저히 현지화한 콘텐츠로 만드는 것에 가장 신경을 쓰고 있다"라고 밝혔다.

〈미스터 션샤인〉도 전 세계로 유통되면서 해외 각국에서 댓글,

검색, 트윗 등 상당히 많은 버즈가 일어났다. 〈미스터 선샤인〉이 방영된 기간(2018년 7월 7일~9월 30일) 동안 해외 소셜미디어 버즈량이 많았던 상위 10개국을 보면 인도네시아 6763건, 태국 5058건, 필리핀 3098건, 말레이시아 2413건, 브라질 2095건, 일본 1891건, 중국 1149건, 싱가포르 1128건, 영국 707건, 인도 681건 순이었다. 11~20위는 프랑스, 캐나다, 멕시코, 아르헨티나, 스페인, 이탈리아, 이라크, 독일, 터키, 대만 순이었다.[19] 이처럼 전 세계에서 이 드라마를 볼 수 있다는 것은 새로운 형태의 배급 방법이 탄생했음을 의미하는 것이다. 또한 〈미스터 선샤인〉에 대한 외국인의 관심이 증가하면서 외국인들이 자연스럽게 드라마에 나오는 한국의 역사에 대해 궁금해 하기 시작했고 이를 주위의 재외 한국인에게 물어보게 되었다. 따라서 재외 한국인들이 여기에 대답해주기 위해 〈미스터 선샤인〉뿐만 아니라 한국의 역사에 대해서도 공부하는 효과가 나타나기도 했다.

〈킹덤〉은 아마존에 갓이 인기 상품으로 등장하는 계기가 되기도 했다. 갓이 해외 시청자들의 관심을 끈 이유는 신을 뜻하는 영어 '갓 God'과 한국 전통 모자 갓의 발음이 비슷하기 때문이다. 이에 〈킹덤〉을 두고 '모자 전쟁' 또는 '모자 왕국'으로 부르는 이들도 생겨났다. 아마존 사이트의 품목을 보면 갓을 '한국 드라마 킹덤에 나온 조선 전통 모자korean drama kingdom hat chosun dynasty traditional hats'라고 설명하고 있다(〈그림 5-6〉 참조). 가격은 48.85달러이고 다른 다양한 모자와 한복도 판매되고 있다.

---

19   함영훈, "'미스터 선샤인' 인니, 영국, 브라질서 강한 반향", ≪헤럴드경제≫, 2018.11.9.

그림 5-6 **아마존에서 갓을 소개한 화면**

미국은 물론 프랑스, 독일, 스페인, 러시아 매체까지 〈킹덤〉 리뷰를 내보낸 것을 보면 넷플릭스라는 글로벌 유통 플랫폼의 위력을 실감할 수 있다.[20]

미국 커뮤니티 사이트 레딧reddit에서는 "왕권 다툼을 다룬 한국 좀비 드라마가 재미있을 것이라고는 상상도 못했는데 엄청 재미있다", "〈워킹 데드〉나 다른 어떤 좀비 작품보다 뛰어나다", "에피소드가 여섯 개밖에 없는 게 안타깝다", "〈부산행〉과 〈진격의 거인〉, 〈28일 후〉를 하나로 합친 것 같다" 등의 반응이 이어졌다.[21] 미국 경제지 ≪포브스≫에서도 "〈킹덤〉에 나오는 좀비들은 뱀파이어같

20   이문원, "넷플릭스가 가져온 콘텐츠 시장의 변화".
21   여용준, "넷플릭스 '킹덤' 해외서 호평… 新 한류콘텐츠 급부상", ≪이뉴스투데이≫, 2019.3.13.

이 독특하다"면서 "미국의 좀비 드라마로 유명한 〈워킹 데드〉 팬이라면 반드시 봐야 하는 작품"이라고 추천했다.[22]

넷플릭스는 한식을 세계에 알리기도 했다. 한국에서 제작된 것은 아니지만 넷플릭스 오리지널 다큐멘터리 〈어글리 딜리셔스Ugly Delicious〉에는 한국인이 즐겨 먹는 음식 중 하나인 '김치 스팸 볶음밥'이 등장했다. 〈어글리 딜리셔스〉는 미국에서 가장 유명한 셰프 중 한 명인 한국계 데이비드 장이 친구들과 세계를 누비며 음식에 대한 이야기를 나누는 프로그램이다. 넷플릭스 오리지널 〈셰프의 테이블〉 시즌3에는 백양사 천진암 정관 스님의 사찰음식이 등장했다. 〈셰프의 테이블Chef's Table〉은 다양한 셰프들의 삶과 철학을 담아낸 다큐멘터리이다. 영화 〈내가 사랑했던 모든 남자들에게To All The Boys I've Loved Before〉에는 한국 요구르트가 등장했는데, 이로 인해 요구르트가 품절되는 사태가 일어나기도 했다.[23]

〈킹덤〉의 갓에서 보는 것처럼 의도하지 않았지만 넷플릭스를 통해 각국의 콘텐츠가 소개되면서 그에 담긴 다양한 소재가 새롭게 발굴되어 화제가 되기도 한다.[24]

2019년 5월에 MBC에서 방영된 〈봄밤〉, 7월에 방영된 〈신입사관 구해령〉이 넷플릭스에서 동시 방영되었으며, 2019년 9월 방영되는 KBS 〈동백꽃 필 무렵〉과 SBS 〈배가본드〉도 넷플릭스에서 동시 방

22 Paul Tassi, "Netflix's 'Kingdom' Is A Must-Watch For Any 'Walking Dead' Fan", *Forbes*, 2019.1.30.

23 김나영, "넷플릭스 영화에 등장해 외국인들 '최애' 음료 된 한국 '야쿠르트'", ≪인사이트≫, 2018.9.11.

24 이유진, "오 마이 '갓'… 조선시대 모자도 막장도 여기선 새롭다", ≪경향신문≫, 2019. 3.11.

영될 예정이다. 지상파 미니시리즈 드라마가 넷플릭스에서 동시 방영되는 것은 처음 있는 일인데 이를 통해 넷플릭스의 가입자가 증가할 것인지, 방송사는 이를 통해 수익을 얼마나 얻게 될지, 지상파는 넷플릭스에 콘텐츠 공급을 확대할 것인지 등이 주목된다.

국내 콘텐츠 산업이 잠식당할 우려 상승

넷플릭스가 미디어 업계에 미친 영향 중의 하나가 제작비 투자가 상승한 것이다.[25] 넷플릭스는 전 세계 1억 5000만 명이라는 배급 채널을 갖고 있으므로 국내에 더 많은 제작비를 투자할 수 있게 되었다. 넷플릭스는 드라마부터 예능, 영화, 웹까지 영역을 가리지 않고 콘텐츠를 확보하고 있다. 이로 인해 넷플릭스가 콘텐츠 블랙홀이라는 말까지 등장하고 있다. 넷플릭스가 확보한 한국 콘텐츠 방영권은 2016년 60여 편, 2017년 100여 편, 2018년 550여 편이다. 구매액은 작품당 20억~40억 원인 것으로 알려졌다. 넷플릭스는 2018년 중반까지 한국에서 자체 제작했거나 제작 예정인 오리지널 콘텐츠에도 최소 1500억 원을 투자한 것으로 추정된다.[26] 〈미스터 션샤인〉에 280억 원으로 가장 많은 금액을 투자했고, 〈아스달 연대기〉는 제작비가 540억 원이므로 〈미스터 션샤인〉보다 훨씬 많은 금액을 지급했을 것이다. 방송 콘텐츠 제작 시장은 그동안 지상파 방송사에서 주로 제작비를 확보했으나 앞으로는 높은 제작비를 지급하는

---

25   Wei Jingsi, "Analyze Netflix's Impact on TV Production and Viewing", ≪한국엔터테인먼트산업학회논문지≫, Vol. 12, No. 1(2018), 147쪽.

26   김희경, "넷플릭스·유튜브는 '콘텐츠 포식자'… 제작·유통·투자 무차별 공습", ≪한국경제≫, 2018.8.24.

넷플릭스 쪽으로 쏠릴 것이다. 실제로 웨이브가 오리지널 콘텐츠를 수급받기 위해 계약한 콘텐츠를 넷플릭스가 유리한 조건을 내세워 빼가는 사례가 나오고 있다.[27]

한국 제작 시장에 미친 영향

넷플릭스가 선호하는 콘텐츠의 성격은 다음과 같다. 첫째, 개성 넘치는 여배우들이 출연하고 여러 일상적인 이야기가 억지스럽지 않게 흘러가야 한다. 둘째, '몰아보기'가 어렵지 않게 제작 편수가 많지 않아야 하며 시즌2 제작을 기대하게 하는 줄거리여야 한다. 셋째, 3~4년이 지난 후 다시 봐도 세련미를 느낄 수 있는 스토리여야 한다.[28]

제작 구조 및 방식의 변화

넷플릭스의 제작 방식은 넷플릭스 사용자의 시청 패턴 자체를 바꾸는 것이어서 산업과 시장에 미치는 파급력이 더욱 클 수밖에 없다.

넷플릭스는 한국의 제작 구조 및 방식에 다음과 같은 영향을 미칠 것으로 예상된다. 첫째, 작품의 규모가 점차 커질 것이다. 그동안은 방송사 제작비, 협찬, 케이블 판매, 해외 판매, OST 등에서 수

---

27 김문기, "넷플릭스 '가로채기'로 韓OTT '웨이브' 콘텐츠 확보 난항", 《아이뉴스24》, 2019.7.24.
28 김조한, 『플랫폼 전쟁』(메디치미디어, 2017), 337쪽.

익을 창출해도 회당 7억 원 이상의 수익을 내기가 쉽지 않았다. 2016년 최고의 화제작 〈태양의 후예〉는 회당 제작비가 7억 5000만 원이었다. 〈태양의 후예〉 제작사는 SBS에 〈태양의 후예〉에 대한 방송권으로 2억 5000만 원을 요구했으나 SBS는 수익성이 없다고 판단해 편성을 포기하기도 했다. 이런 제작 환경에서 넷플릭스가 새로운 수익원으로 등장하면서 대작이 가능해졌다. 앞으로도 이러한 경향이 이어질 것이다. 〈미스터 션샤인〉도 제작비가 너무 높아 SBS에서 포기한 탓에 어쩔 수 없이 tvN에서 편성한 사례이다. tvN은 앞의 〈그림 4-1〉에서처럼 넷플릭스라는 새로운 수익원이 있었기에 〈미스터 션샤인〉에 대한 제작과 편성이 가능했다. 〈킹덤〉도 마찬가지였다. 회당 20억 원이라는 제작비는 기존 지상파TV에서는 불가능한 금액이다. 이처럼 블록버스터를 만들 수 있는 구조가 생기면서 작가들이나 제작사들로서는 소재의 제한을 받지 않고 창작하려는 욕구가 높아지고 있다.

넷플릭스가 많은 제작비를 지급하는 것은 좋지만, 이러한 구조로 인해 국내 제작사가 넷플릭스의 하청기지로 전락할 우려가 있다. 순천향대 신문방송학과 원종원 교수는 "넷플릭스의 진출로 인해 제작, 투자 시스템 등 시장의 판 자체가 뒤흔들리고 있다"라고 분석했다. 이로 인해 방송, 통신, 포털 등 업계에서는 다수의 영상 콘텐츠를 송두리째 해외 자본에 빼앗길 수 있다는 우려의 목소리가 나온다. 제작사나 크리에이터에게는 좋은 기회일 수 있지만 장기적으로는 외국 업체의 하청기지로 전락할 가능성이 있다는 지적이다.[29] 거

29 이택수, "Netflix와 Disney로 보는 글로벌 OTT 플랫폼 트렌드", ≪KB경영연구소≫,

대한 해외 자본이 콘텐츠 시장에 독이 된 사례로는 대만을 들 수 있다. 1990년대 후반 중국 자본은 대대적인 투자를 통해 대만의 콘텐츠 제작사 지분을 사들인 후 대만의 제작 노하우를 쏙쏙 빼갔다. 이후 대만 영상 콘텐츠 업계는 자생력과 시장 존립 기반을 잃고 중국 자본에 종속되었다.[30] 한국도 이러한 상황에 처하지 않도록 대만의 사례를 반면교사로 삼아야 한다.

둘째, 시즌제가 활성화될 것이다. 지상파TV에서도 시즌제를 추진하려고 많은 애를 썼지만, 성공하지 못했다. 시즌제는 안정적인 편성과 수익을 가능하게 하는 제작 방식이다. 넷플릭스는 미국의 드라마 제작 시스템처럼 인기만 있으면 시즌을 이어간다. 〈범인은 바로 너!〉와 〈라바 아일랜드〉의 시즌2가 제작되었고, 〈킹덤〉은 시즌2를 제작하고 있다. 한국만의 독특한 제작 관행 때문에 시즌제를 실시하지 못하던 상황을 넷플릭스가 바꾸고 있다.

셋째, 제작 편수가 기존 미니시리즈처럼 길지 않고 유연성 있으면서도 짧아질 것이다. 그동안의 미니시리즈가 최소 16부에서 24부까지 제작되었던 것에 비해 〈킹덤〉 시즌1은 6부작으로 끝났다. 〈첫사랑은 처음이라서〉와 〈좋아하면 울리는〉은 8부작이다. 예능도 길지 않다. 〈범인은 바로 너!〉가 10부작, 〈YG전자〉는 8부작이다. 넷플릭스는 이렇게 짧게 만들고 반응이 좋으면 시즌으로 이어간다.

넷째, 사전제작이 더 활성화될 것이다. 한국 드라마의 고질적인

2019.4.29.

30   김희경, "넷플릭스·유튜브는 '콘텐츠 포식자'… 제작·유통·투자 무차별 공습", ≪한국경제≫, 2018.8.24.

문제 중의 하나가 쪽대본이었다. 그러나 넷플릭스 드라마는 전 세계에 동시 공개해야 하기 때문에 더빙이나 자막을 준비해야 한다. 따라서 최소한 방송 2개월 전에는 모든 제작이 완결되어야 한다.

다섯째, 방송 분량에서 상대적으로 자유로워질 것이다. 기본 방송에서는 편성 시간이 고정되어 있으므로 회별 길이에 탄력성이 없었다. 그러나 넷플릭스는 편성 시간이 고정되어 있지 않으므로 방송 분량 면에서 자유롭다. 〈미스터 션샤인〉도 회별 방송 분량이 짧게는 67분, 길게는 96분(24회)까지 제각각이었다.

여섯째, 엔딩 편집이 중요하지 않아질 것이다. 넷플릭스는 몰아보기를 많이 하는 특성상 요약이나 다음 회 예고를 건너뛰기 때문이다. 일반 드라마에서는 마지막에 다음 회를 기대하도록 만드는 장치인 클리프 행어가 필수였다.

일곱째, 협찬바 노출의 문제가 생길 것이다. 방송과 달리 넷플릭스 플랫폼상에서는 협찬이 노출되지 않는다. 〈미스터 션샤인〉의 경우에는 협찬바를 스크롤 형태로 만들어 작품의 일부라고 주장하면서 이러한 문제를 피해갔으나, 다른 드라마들에서는 협찬바가 보이지 않는다.

여덟째, 오프닝을 건너뛸 것이다. 넷플릭스 화면을 보면 오프닝 건너뛰기 버튼이 있다(〈그림 5-7〉 참조). 이 버튼을 누르면 매회 동일한 오프닝을 넘기고 바로 볼 수 있다. 이것은 몰아보기를 하는 이들을 위한 기능이다.

광고를 중요하게 생각하지 않는 제작 방식으로의 변화

디지털 혁명이 진행될수록 지상파TV에서는 유통 수익이 증가하

그림 5-7 **넷플릭스의 오프닝 건너뛰기 화면**

고 있지만 아직도 광고가 주요 재원이다. 그래서 사전 광고를 판매하는 업프런트 행사를 중요하게 여긴다. 드라마도 성수기에 대박 드라마가 있어야 상대적으로 많은 광고 실적을 올릴 수 있다.

　이러한 문법을 바꾼 것이 〈미스터 선샤인〉이다. tvN의 〈응답하라 1988〉이나 〈도깨비〉가 광고 성수기에 편성했다면, 〈미스터 선샤인〉은 광고 비수기인 여름에 편성했다(〈그림 5-8〉 참조). 이것이 가능한 이유는 〈미스터 선샤인〉이 tvN과 넷플릭스에 동시에 방영됨에 따라 tvN의 방영권료 외에 넷플릭스가 추가로 제작비의 약 70%에 해당하는 방영권료이자 판권비를 지급했기 때문이다. 즉, 넷플릭스의 등장으로 계절성을 탈피하는 새로운 현상이 나타난 것이다.[31]

31　김회재, 「포스트넷플릭스, 한국드라마의 전망과 전략」, 89쪽.

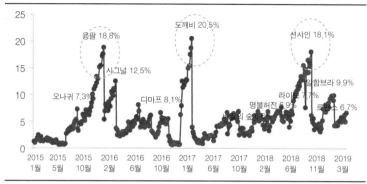

그림 5-8　**tvN 금토드라마의 시청률**　　　　　　　　　　　　단위: %

자료: 김희재, 「〈미스터 션샤인〉의 나비효과」, 17쪽.

제작진의 자율성 강조

넷플릭스는 제작진의 자율성을 인정하기로 유명하다. 단순히 수입이 많아서가 아니라 제작의 자율성을 보장받기 위해서 전 세계적으로 유명한 프로듀서, 감독들이 넷플릭스와 계약하고 있다.

〈범인은 바로 너!〉를 연출한 조휴진 피디도 제작발표회 때 "넷플릭스와 함께하면서 좋았던 점은 사전제작이다. 또한 연출에 대해 자율성을 보장해 주었다. 처음에는 제재가 많을 것이라는 걱정도 있었는데 그런 부분이 없었고 자유롭게 연출할 수 있었다"라고 했다.[32] 〈킹덤〉도 제작비 지원과 자율성 보장이라는 넷플릭스의 콘텐츠 제작 정책 덕택에 만들어질 수 있었다.[33]

32　조지영, "'범인은 너' PD "넷플릭스 연출 자율성 보장… 최고 환경 제공했다"", ≪조선닷컴≫, 2018.4.30.

33　김지연, "유튜브에 이어 넷플릭스까지, 국내 미디어 시장 잠식당할까?", ≪앱스토리≫, 2019.2.26.

서랜도스는 넷플릭스 랩스데이에서 "가장 한국적(로컬)인 것이 가장 세계적인 것"이라고 말하면서, "넷플릭스에서 의도적으로 한국 전통문화를 희석하는 내용을 포함했다면 성공하지 못했을 것으로 본다. 토속적이고 진정성 있는 콘텐츠가 해외로 나가는 데 더 도움이 된다"라고 강조했다. 여기에서도 자율성을 중시하는 면이 드러난다. 〈첫사랑은 처음이라서〉의 오진석 감독도 "예민함이 해소되면 쿨함이라고밖에 볼 수 없는 '믿고 맡기는' 게 있다. 연출자의 영역이라며 맡겨주는 쿨함이 있다"라고 말했다.[34]

이처럼 제작진의 자율성을 존중하는 넷플릭스의 성향은 넷플릭스와 작업하는 감독, 작가들에게 공통적으로 들을 수 있다. 향후 이러한 문화가 한국의 드라마 제작 문화로 자리잡기를 바란다.

배우의 재발견

넷플릭스 드라마를 보면 톱 캐스팅이 많지 않다. 그럼에도 화제의 드라마를 많이 만들어내고 있다. 〈첫사랑은 처음이라서〉나 영화 〈페르소나〉가 그렇다. 적어도 흥행성을 내세울 만한 캐스팅은 아니다. 〈하우스 오브 카드〉의 케빈 스페이시도 그렇게 유명하지 않은 배우였으나 빅데이터 분석을 통해 찾아냈다. 앞에서 소개한 윌 스미스와 애덤 샌들러처럼 한 물 간 배우도 넷플릭스에 출연한 덕분에 개런티 상위 10명에 들었다.

지금까지는 지상파의 1회성 제작 관행 때문에 불가능했던 일들

---

34   문지연, "'첫사랑은 처음이라서' 오진석 감독 "넷플릭스-지상파 차이점? 예민함과 쿨함"", ≪조선닷컴≫, 2019.4.12.

이 새로운 플랫폼이 생기면서 가능해지고 있다. 디지털의 속성상 다수를 타깃으로 하지 않고 소수를 겨냥해 제작하고 그들을 상대로 마케팅할 수 있기 때문이다.

대중문화 평론가 이문원은 "한국서도 당연히 윌 스미스, 애덤 샌들러 같은 경우가 수없이 존재한다. 그들이 이미 지니고 있는 독특한 상업성을 발휘할 플랫폼이 없었다는 게 문제이다. 한편 한국 영화 특유의 '약방의 감초'격 조연배우들 역시 이 새로운 플랫폼에선 충분히 제 역할을 할 수 있다"라고 분석했다. 가장 가능성 있는 집단으로는 아이돌을 꼽고 있다. "넷플릭스와 같은 정액제 동영상 서비스가 가장 확실한 역할을 할 수 있다. 콘텐츠 편당 소비가 아닌 상황에서는 아이돌이 지닌 '아이돌로서의 스타성'만으로도 충분히 선택될 수 있고, 심지어 그 아이돌을 선택하기 위해 넷플릭스에 가입할 수도 있다"라고 진단한다.[35]

반면, 콘텐츠 유통을 통한 수익은 기대할 수 없다.[36] 드라마가 방송된 다음에는 작가와 배우는 재방송, 케이블TV 방송, 국내 유통, 해외 판매 등에서 발생하는 일정 수익을 작가협회와 실연자협회를 통해 배분받았다. 그러나 넷플릭스 오리지널은 넷플릭스 외에는 유통되지 않기 때문에 추가적인 수익이 없다.

앞으로 넷플릭스가 한국 제작사의 기획안을 선택하고 직접 프로듀싱까지 할 경우에는 시청 행태의 빅데이터를 통해 기존의 배우를 재발굴하는 경향이 강해질 것이다.

---

35 이문원, "넷플릭스가 가져온 콘텐츠 시장의 변화".
36 Bryn Elise Sandberg, "TV's New Math: What if $100M Netflix Deals Actually Shortchange Creators?", *Hollywood Reporter*, 2019.4.25.

스토리 라인의 변화

스마트 기기에 친숙한 10대 소비자들의 힘이 강해지면서 음악 자체가 변화했듯이, 영상 콘텐츠 시장도 10대 소비자들의 영향을 크게 받고 있다. 정덕현 등은 "사용자 데이터는 한 시대의 감수성, 요컨대 욕망과 감정을 이해하기 위한 단서이다. 이 데이터를 기반으로 제작, 유통, 판매, 마케팅까지 성공 확률을 고도화할 수 있고, 비즈니스 구조도 수직계열화할 수 있다"라고 주장한다.[37] 이처럼 넷플릭스는 빅데이터를 활용해 기존의 드라마가 지녔던 스토리 라인까지 변화시키고 있다.

지상파의 드라마는 광고가 있기 때문에 그에 맞는 스토리 라인에 따라 대본을 써야 한다. 케이블TV와 종편은 중간광고를, 지상파TV는 중간광고를 허용하기 전까지 PCMPremium Commercial Message을 고려해 스토리를 구성해야 한다. 보통 다섯 번 정도 중간 광고를 삽입하는 미국의 방송에는 비할 바가 아니지만 한국에서도 광고는 고려해야 하는 중요한 요소이다. 그러나 넷플릭스 드라마는 광고가 없기 때문에 이러한 부분을 고려할 필요가 없다.

또한 몰아보기를 할 수 있기 때문에 엔딩에 극적인 결말인 클리프 행어를 둘 필요도 없다. 드라마가 끝나자마자 바로 다음 회를 볼 수 있으므로 이러한 후크를 고려할 필요가 없는 것이다.

그리고 인터랙티브 콘텐츠가 제작될 것이다. 넷플릭스는 2018년 말 인터랙티브 영화 〈블랙 미러: 밴더스내치〉를 공개했다. 내용은 영화 속 주요 소재인 게임북 '밴더스내치'의 게임화와 일맥상통하는

---

37   정덕현 외, 『대중문화 트렌드 2018』(마리북스, 2017), 59쪽.

데, 제공자인 넷플릭스와 사용자인 시청자들의 상호 소통을 기반으로 하는 콘텐츠이다. 즉, 사용자의 선택에 따라 영화의 주요 스토리라인이 바뀌며 자연스레 결말까지 바뀐다. OTT만이 할 수 있는 콘텐츠를 만들고 있는 것이다.

영화 제작사의 드라마 참여 확대

한국은 유독 방송계와 영화계의 텃세가 심하다. 방송계에서는 영화계가 방송에 대한 이해가 부족하다고 하는데, 이는 영화 쪽에서도 마찬가지이다. 미국에서는 스튜디오에서 영화와 드라마를 모두 제작하기 때문에 제작 문법에 별다른 차이가 없다. 드라마도 대부분 에피소드형이기 때문에 영화와 동일한 방식으로 제작된다.

〈태양의 후예〉처럼 영화 제작사가 드라마에 진출해 성공한 이후로는 영화 관계자가 드라마를 제작하려는 경향이 강해졌다. 넷플릭스의 〈킹덤〉은 영화 〈터널〉을 연출한 김성훈 감독이 연출해 영화 같은 장면을 만들어냈다. 드라마에 잘 출연하지 않는 류승룡도 출연했다. 〈킹덤〉 시즌2는 영화 〈특별시민〉의 박인제 감독이 맡는다. 영화계는 작품의 퀄리티를 더욱 중요하게 생각해 제작비도 많이 투입한다. 그동안은 방송계가 제작비를 많이 투입할 수 없는 구조였으나, 넷플릭스 드라마는 그렇지 않기 때문에 영화계에서 드라마 제작에 참여하는 경향이 늘어날 것이다.

정덕현 등은 과거에는 드라마가 집중하지 않고 틀어놓고 보는 것이었다면, 이제는 집중해서 봐야 하는 것으로 변했다고 한다. 이것은 "드라마든 영화든 똑같이 하나의 콘텐츠로 구분되며 원하는 시간에 원하는 장소에서 원하는 미디어로 볼 수 있는 시대가 만들어

낸 변화이다. 드라마의 완성도는 그래서 점점 영화 같은 수준을 요구하는 단계로 접어들었다"라고 진단했다.[38]

제작사가 가장 선호하는 회사로 떠오른 넷플릭스

넷플릭스를 한마디로 규정하기는 쉽지 않다. 넷플릭스는 플랫폼 회사이기도 하고, 콘텐츠 구매사이기도 하고, 콘텐츠 제작사이기도 하다. 넷플릭스는 최근 제작사가 가장 선호하는 회사로 떠오르고 있다.

그 이유는 첫째, 콘텐츠를 비싼 가격에 구매하기 때문이다. 넷플릭스는 한국에서 가입자를 늘리기 위해 한국의 좋은 드라마를 구매하려고 많은 금액을 투자하면서 제작비를 조달하는 창구가 되고 있다. 넷플릭스는 기본적으로 한국 시장을 위한 콘텐츠를 확보하기 어렵고, 글로벌 유통을 고려하기 때문에 국가별로 판매하는 금액보다 높은 금액을 지급한다. 〈미스터 선샤인〉은 회당 12억 원, 〈킹덤〉은 회당 20억 원 수준으로 역대 최고 기록이다. 또한 영화의 경우에도 2017년 완성작 수출액이 증가했는데, 넷플릭스가 〈강철비〉, 〈염력〉 등을 높은 가격에 구매한 것이 주요 요인이다.[39]

둘째, 콘텐츠를 제작할 때 소요되는 비용을 대체로 거의 그대로 인정하기 때문이다. 넷플릭스가 〈크라운〉의 제작을 결정하는 데에는 30분밖에 걸리지 않았다. 2013년 1월 작가 피터 모건Peter Morgan과 감독 스티븐 달드리Stephen Daldry는 넷플릭스의 최고 콘텐츠 책임

---

38   같은 책, 128쪽.
39   한국콘텐츠진흥원, 『2017 한류백서』(2018), 64~65쪽.

자 테드 서랜도스를 만나 TV드라마에 대한 아이디어를 이야기했다. 서랜도스는 바로 그 자리에서 대본도 없이 1억 파운드(약 1475억 원)를 지급할 수 있다고 말했다.[40] 한국의 관행상 있을 수 없는 일이다. 대본이 4회 분량은 나와야 드라마 편성을 논의하는 상황과는 너무 대조적이다. 이것은 넷플릭스가 단지 TV를 시청하는 방식뿐만 아니라 제작하는 방식까지 바꾼 사례이다. 〈크라운〉을 출시하면서 그는 "이 작품이 장년층을 인터넷으로 끌어들이는 원인을 제공할 것"이라고 말했다.

넷플릭스 작품은 자국 내에서 방송하기보다 전 세계로 나가야 하기 때문에 고려할 요소가 많아 제작이 쉽지 않다. 그러다 보니 제작비가 더 소요된다. 일반적으로 제작사는 순수 제작비의 일정 비율을 일반 관리비와 이윤으로 책정하여 받는다. 따라서 순수 제작비가 증가할수록 일반 관리비와 이윤의 총액이 증가하므로 제작사 입장에서는 제작비가 증가하는 것이 오히려 유리한 측면도 있다.

국내 최초로 넷플릭스 드라마를 제작한 에이스토리의 이상백 대표에 따르면 대부분의 한국 드라마가 6개월 이내에 제작을 마쳐야 이익을 낼 수 있는 구조인 반면, 〈킹덤〉의 경우 기획과 촬영, 후반 작업까지 포함해 2년의 시간이 소요되었다. 국내 지상파 주말연속극의 매출이 통상 회당 3~4억 원 수준인 데 반해, 〈킹덤〉은 총 6부작에 불과한데도 불구하고 100억 원이 훌쩍 넘는 매출을 올렸다.[41] 넷플릭스는 그만큼 충분한 제작 기간과 비용을 부담하기 때문에 제

---

40 Benji Wilson, "How Netflix changed the way we watch", *The Telegraph*, 2016. 11.21.
41 최준선, "킹덤의 성공… 글로벌 스튜디오가 목표", ≪헤럴드경제≫, 2019.3.20.

작사들이 넷플릭스를 우선적으로 찾는다. 〈첫사랑은 처음이라서〉도 에이스토리가 제작한 작품이다. 이러한 제작 실적에 힘입어 에이스토리는 2019년 7월 19일 상장했다.[42]

요즘에는 넷플릭스가 더 깐깐해졌다는 이야기가 나오고 있어서 비용에 관대한 분위기가 언제까지 이어질지는 두고봐야 할 것이다. 실제로 테드 서랜도스는 수십 명의 영화 및 TV 프로듀서를 만난 자리에서 제작비에 신경을 쓰라고 주문했다. 특히 제작 규모가 큰 영화와 TV쇼는 더 효율적이어야 한다고 강조했다.[43]

셋째, 앞에서도 이야기했지만 제작 자율성을 인정해 주기 때문이다. 기존 방송사와 일할 때는 방송사에 끌려가는 데(심할 때는 '갑질'이라는 표현을 쓴다) 대한 불만을 표출하는 경우가 많았다. 넷플릭스와 일해 본 제작사는 처음 기획했던 방향성이 흔들리지 않는다는 말을 하는 경우가 많다.

넷째, 방송사를 통하지 않아도 유통할 수 있기 때문이다. 코미디TV의 〈맛있는 녀석들〉이 국내 예능으로는 최초로 넷플릭스에 진출한 사례처럼 다양한 기회가 창출되고 있다.[44]

다섯째, 넷플릭스로만 방송할 콘텐츠를 제작하면 심의를 신경 쓸 필요가 없기 때문이다. 지상파 방송이 아니라서 표현하는 데 있어 지상파에 비해 훨씬 자유롭다.

여섯째, 제작사가 넷플릭스와 작업을 하게 되면, 글로벌 플랫폼

42   유호석, "에이스토리 "상장 후 할리우드와 본격적 사업 추진"", ≪에이원 뉴스≫, 2019.7.4.
43   Jessica Toonkel, Tom Dotan and Beejoli Shah, "Netflix Plays New Role: Budget-Conscious", *The Information*, 2019.7.1.
44   장아름, "'맛있는 녀석들', 넷플릭스 진출… 국내 단독 예능 최초", ≪News1≫, 2019.3.8.

편성의 후광 효과로 크리에이터, 캐스팅, 스태프 등 팀 구성이 수월해진다. 별도의 유통 수익을 올릴 수는 없지만 세계 최대 플랫폼을 통해 전 세계 시청자들과 만날 수 있으므로 이를 통해 맺은 관계가 후일 글로벌 사업 진출에 도움이 될 것이라는 기대를 할 수 있다.[45]

소비자가 왕인 포노 사피엔스 시대

디지털 혁명 시대에는 소비자 스스로 선택하게 만들어야 한다. 즉, 팬덤이 만들어지도록 해야 하는 것이다. 최재붕 교수는 자신의 책『포노 사피엔스』에서 "'오직 킬러 콘텐츠로 승부하고, 성공하면 팬덤이 형성되고, 팬덤이 확장되면 사업이 된다.' 그리고 보면 모든 결정권은 팬, 즉 소비자가 갖고 있다. 이래서 디지털 플랫폼에서는 '소비자가 왕이자 절대 권리자이다'라고 이야기한다"라고 분석했다.[46]

넷플릭스가 국내에 진출하면서 이러한 경향은 더욱 두드러지고 있다. 한국과 같이 콘텐츠 산업에서 규모의 경제가 적용되지 않는 시장에서 다양한 OTT 서비스가 출현하고 있으므로 소비자를 사로잡기 위해서는 소비자를 왕으로 모셔야 한다. 이 소비자들은 디지털로 연결되어 있어 팬덤을 형성하는 데 있어 전문가들이다.

실제로 넷플릭스는 개개인 맞춤형 콘텐츠 서비스가 다른 경쟁사와 차별화된 포인트라고 강조하면서 콘텐츠 분류 작업에 5만 가지

---

45 홍일한, 「한국의 넷플릭스, 넷플릭스의 한국」, 《방송 트렌드 & 인사이트》, 18호(2019).
46 최재붕, 『포노 사피엔스』, 212쪽.

제5장 넷플릭스가 한국 방송 미디어에 미치는 영향 341

방식을 도입하고 있다고 밝혔다. 넷플릭스는 인공지능이 아닌 사람이 직접 이 작업을 할 정도로 세밀하게 분류가 이루어진다고 강조했다.[47]

넷플릭스는 소비자 개인 위주의 추천 알고리즘, 오리지널 제작, 빅데이터 등을 통해 팬덤을 만드는 데 탁월한 능력을 지니고 있다. 이로 인해 국내에서도 포노 사피엔스들이 넷플릭스의 세계에 빠져들고 있으며, 푹이나 티빙 등 다른 서비스도 비슷한 정책을 따르고 있다.

한국인이 좋아하는 프로그램 종류

실제 넷플릭스의 성장은 기존 미디어 산업을 송두리째 바꾸어놓았다. 온라인 스트리밍 서비스는 비디오 대여와 케이블TV 구독 중심의 영상 콘텐츠 소비 시장을 완전히 대체했다. 바뀐 것은 시청자도 마찬가지이다. 과거에는 보고 싶은 콘텐츠를 스스로 찾아야 했으나 이제는 넷플릭스가 시청 취향에 맞춰 '알아서' 추천해 주는 콘텐츠를 무제한 즐긴다.

《미디어 SR》이 조사한 바에 따르면 〈표 5-2〉에서 보는 바와 같이 한국 넷플릭스 회원이 2018년에 자주 시청한 콘텐츠는 〈범인은 바로 너!〉, 〈디스인챈트〉, 〈YG전자〉, 〈얼터드 카본〉, 〈라바 아일랜드〉, 〈내가 사랑했던 모든 남자들에게〉, 〈카우보이의 노래〉, 〈유병재 스탠드업 코미디〉, 〈키싱 부스〉, 〈7월 22일〉 등이다. 정주행에 빠져든 콘텐츠는 〈보디가드〉, 〈로스트 인 스페이스〉, 〈빨간 머

---

47   이민정, "넷플릭스가 밝힌 드라마 '킹덤'의 성공 요인", 《중앙일보》, 2019.3.20.

표 5-2 **한국 넷플릭스 가입자가 2018년 즐겨 본 콘텐츠**

시청 유형	프로그램
시청 횟수 대비 평균 시청시간이 길었던 콘텐츠	보디가드, 로스트 인 스페이스, 빨간 머리 앤, 사브리나의 오싹한 모험, 힐 하우스의 유령
자주 다시 시청한 영화와 단편	내가 사랑했던 모든 남자들에게, 카우보이의 노래, 유병재 스탠드업 코미디, 키싱 부스, 7월 22일
자주 다시 시청한 드라마와 시리즈	범인은 바로 너!, 디스인챈트, YG전자, 얼터드 카본, 라바 아일랜드

자료: ≪미디어 SR≫, 조사 기간: 2018.1.1~11.28.

리 앤〉, 〈사브리나의 오싹한 모험〉, 〈힐 하우스의 유령〉 등이다.[48]

패럿 애널리틱스가 2019년 1월부터 3월까지 조사한 한국의 오리지널 시리즈 수요를 보면 대부분 넷플릭스 작품이다. 그중에서 〈기묘한 이야기〉가 압도적으로 높다. 그다음으로 〈블랙 미러: 밴더스내치〉, 〈오렌지 이즈 더 뉴 블랙〉 순이다. 아마존 콘텐츠는 9위 〈그랜드 투어The Grand Tour〉와 19위 〈루밍 타워The Looming Tower〉에 불과하다.[49]

TV 소비 방식의 변화

『2018 방송매체 이용 행태 조사』[50] 보고서에 보면 스마트폰의 보

---

48 권민수, "왜 넷플릭스인가", ≪미디어 SR≫, 2019.2.21.
49 Parrot Analytics, *The Global Television Demand Report*(2019), p.31.
50 이 조사는 전국 4291가구에 거주하는 만 13세 이상 남녀 7234명을 대상으로 2018년 6월 4일부터 8월 10일까지 가구방문 면접조사 방식으로 진행했다. 표본오차 95% 신뢰수준에서 가구조사 ±2.7%p, 개인조사 ±2.2%p이다.

유율이 89.4%(2017년 87.1%)로 증가해 매체 이용의 개인화가 가속화되고 있다. 연령별로 보면 10대 97.9%, 20대 99.8%, 30대 98.7%, 40대 98.4%, 50대 95.5%, 60대 80.3%였다. 특히 60대 보유율이 2017년 73.6%에서 6.7%p 증가하면서 고연령층의 스마트폰 사용량이 증가했다.[51]

스마트폰의 확산과 더불어 OTT 서비스가 확산되면서 고정 설치된 TV를 보는 비중이 감소하고 있다. 연령별로 OTT를 이용하는 비중은 10대 71.7%, 20대 78.4%, 30대 64.2%, 40대 44.6%, 50대 23.0%, 60대 10.8%, 70세 이상 2.6%이다.[52] 스마트폰으로 OTT를 이용하는 비율은 93.7%에 달했다. 이를 반영하듯 점차 본방 시청률이 감소하고 있다. MBC 월화드라마의 경우 시청률이 2009년 30.7%에서 10년 만에 4.5%로 급락했다(〈그림 5-9〉 참조).[53]

몰아보기는 이미 온디맨드 시대에 자연스러운 현상이 되었다. 넷플릭스는 이러한 현상에 맞는 유통 방식을 과감하게 도입해 시장을 선도하고 있다. 디지털 사회가 되면서 소비자는 더 많은 자유와 자율을 누릴 수 있는 소비의 민주화를 추구한다. 소비의 민주화는 시간, 장소, 선택이라는 세 가지 측면에서 일어난다. 시간적 자유는 온디맨드 환경에서 제공되는 보편적인 혜택으로, 특정 프로그램을 원하는 시간에 시청할 수 있는 권리를 뜻하고, 장소적 자유는 어디서든 시청할 수 있는 권리를 뜻하며, 선택적 자유는 보고 싶은 것을

---

51 방송통신위원회, 『2018 방송매체 이용 행태 조사』(2019), 70쪽.

52 같은 책, 113쪽.

53 박상현·박소정, "'드라마왕국' MBC의 몰락?… '월화드라마' 40년만에 전격 폐지", ≪조선닷컴≫, 2019.4.25.

344 넷플릭소노믹스

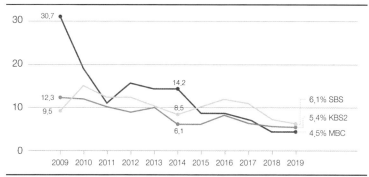

그림 5-9 **지상파 월화드라마의 시청률 변화 추이**   단위: %

분석 기간: 2009년~2019년 4월 23일, 분석 타깃: 가구, 분석 지역: 전국
자료: 박상현·박소정, 《조선닷컴》, 2019.4.25.

선택할 수 있는 권리를 뜻한다.[54] 시간이 지날수록 디지털 기술의
발달과 더불어 소비의 민주화는 진척될 것이다.

시청 습관의 변화

2000년대까지만 해도 방송은 TV를 통해 보는 것으로 인식되었
다. 인터넷과 모바일이 출현하면서 이러한 상황은 급속도로 변하고
있다. 이제 TV는 더 이상 필수 매체가 아니며, 스마트폰으로 방송
을 보는 비율이 점차 증가하고 있다.

또한 몰아보기 습관이 생기고 있다. 일일드라마는 매일, 미니시
리즈와 주말드라마는 일주일에 두 번 방송하므로 방영되는 시간에
TV 앞에 앉아서 시청해야 했다. 그러나 이제 TV 앞에 앉아 있을 필
요가 없다. 방송이 끝난 후 1시간(플랫폼에 따라서는 몇 분) 뒤에

---

54   이윤수, "드라마 '몰아보기'에 담긴 변화의 메시지", 《ZDNet Korea》, 2013.12.19.

VOD로 시청할 수 있기 때문에 실시간으로 방송을 보는 것이 중요하지 않게 되었다.

넷플릭스는 시즌을 한 번에 공개하면서 드라마를 매주 기다려서 볼 필요가 없어졌다. 시간이 날 때 한 번에 몰아보면서 더 몰입감 있게 영화나 드라마를 즐기는 현상이 생겨나고 있는 것이다.

2018년 5월 리서치앤리서치가 성인 남녀 1000명을 대상으로 조사한 결과 10명 중 6명이 몰아보기를 한 것으로 나타났다. 20~30대 중 70% 이상, 50대 이상 연령층 중 47%가 몰아보기를 했다. 장르별로 살펴보면 성별, 연령층을 불문하고 몰아보기로 가장 많이 시청한 장르는 드라마였다(79.7%, 중복 응답). 다음으로 예능(39.3%), 영화(27%), 다큐(12.6%) 순이다. 특히 드라마 응답자들은 한국 드라마(88.5%)를 가장 많이 몰아봤다고 답했다. 또 비교적 본방송으로 시청하기 힘든 미국 드라마(34.2%), 일본 드라마(11.1%) 등도 몰아보기로 시청했다고 밝혔다.[55]

정주행 레이싱까지 등장했다. 정주행 레이싱이란 개봉한 지 24시간 이내에 모든 에피소드를 전부 보는 것을 뜻한다. 넷플릭스가 2017년 밝힌 바에 따르면 한국에서는 〈마블 디펜더스〉가 정주행 레이스 1위를 기록했다. 넷플릭스는 시청자의 이러한 경향을 파악해 검색어로 몰아보기를 입력하면 〈그림 5-10〉처럼 다양한 몰아보기 작품을 추천하고 있다. 케이블TV도 넷플릭스의 이러한 마케팅을 참고해 연휴 기간에 종종 인기 드라마를 몰아보기로 편성하고

---

55   김민선, "'드라마는 몰아봐야 제맛'··· 10명 중 6명 '몰아서 시청'", ≪ZDNet Korea≫, 2018.5.23.

그림 5-10 넷플릭스의 몰아보기 추천 콘텐츠

그림 5-11 넷플릭스를 몰아보기하는 정도   단위: %

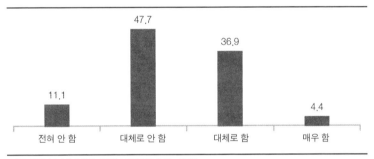

자료: KBS 국민패널 활용 407명 조사(2019.3.28.~3.29)

있으며 시청자들로부터 좋은 반응을 얻고 있다.

　2019년 3월 28일부터 29일까지 KBS 국민패널을 활용해 조사한 바에 따르면 이용자의 41.3%가 몰아보기를 하는 것으로 나타났다(〈그림 5-11〉 참조). 몰아보는 시간은 4~6시간이 50.6%로 가장 많고, 10시간 이상도 13.1%나 된다. 몰아보기를 하는 이유는 '너무 재미있어서'가 47.6%로 가장 많고, '빨리 전체 다 보고 싶어서'가 25.0%,

'월정액이므로'가 16.7%로 나타났다. 전편을 다 보는 데는 3일(31%)이 걸리며, 하루에 다 본다고 응답한 경우도 7.7%나 되었다. 심지어 2019년 7월 모 대학교 특강에서 가장 오랜 시간 동안 몰아보기한 경우를 물어봤더니, 〈슈츠〉 시즌1과 시즌2를 24시간 내에 다 봤다는 학생도 있었다.

넷플릭스 증후군

햄릿 증후군Hamet Syndrome이라는 말이 있다. 세익스피어 소설 『햄릿』에서 파생된 용어로, 선택 상황에서 하나를 선택하지 못하고 결정을 뒤로 미루거나 타인으로 하여금 결정하게 하는 증상을 뜻한다. 넷플릭스 이용자에게도 이와 유사한 증상이 나타난다. 넷플릭스 증후군Netflix Syndrome이다. 넷플릭스에는 콘텐츠가 너무 많기 때문에 뭘 볼지 고르지 못하는 것이다. 페이스북에는 이 증후군에 대해 "추천작이나 보고 싶은 작품 등 생각한 건 많은데 막상 넷플릭스에 들어가면 의욕을 잃는 현상으로, 넷플릭스에서 작품을 보는 시간보다 메뉴화면 자체를 보는 시간이 가장 길다"라는 설명이 올라와 있기도 한다. 넷플릭스 증후군의 증상으로는 뭘 볼지 뒤지고 다니는 데 약 30분이 소요되고, 하나를 선택해서 2분 정도 본 뒤 아니라고 판단되면 다시 뭘 볼지 뒤지는 것이라고 설명하고 있다.[56]

넷플릭스 스트리밍 신드롬Netflix Streaming Syndrome도 있다. 이 신드롬의 증상은 밤에 연속해서 콘텐츠를 보는 데 따른 불면증이다. 넷플릭스를 시청하느라 밖에 나가지도 않고 사람들을 만나지 않아 반

---

56   https://www.facebook.com/meggooltip/posts/1763451653755480/

사회적으로 된다. 온종일 영화를 보며 지내기 때문에 정신이 혼미해지고 대중문화 지식이 스트리밍 패키지에 제공된 주제에만 한정된다. 배우 멕 라이언Meg Ryan의 모든 작품을 꿰뚫게 되거나 〈우주의 전사 쉬라She-Ra: Princess of Power〉 시즌1의 파괴적인 측면과 같이 보통 사람들이 신경 쓰지 않는 것에 해박해진다. 스트리밍이 없던 시기에는 DVD 배달을 기다려야 했기 때문에 이러한 증상이 발생하지 않았다.[57]

몰아보기가 시청자에게 미치는 영향

넷플릭스의 특징은 몰아보기를 권유한다는 것이다. 시청자가 동일한 콘텐츠를 많이 볼수록 그 콘텐츠의 가치가 증가한다. 가입자가 넷플릭스에서 이용하는 시간에는 한계가 있으므로 특정 콘텐츠를 많이 볼수록 적은 콘텐츠로도 가입자의 만족도를 높일 수 있으며, 이 경우 콘텐츠 수급 비용을 절감할 수 있다. 넷플릭스는 처음에는 영화를 주로 서비스했으나 드라마 시청의 효율성이 더 높다는 것을 파악한 후 드라마 제작에 더욱 집중하고 있다. 드라마는 한 번 빠지면 헤어나기 어려운 특성이 있다. 그동안은 일주일에 많게는 다섯 편, 적게는 두 편을 시청했지만 이제는 온라인 공간에서 원하는 만큼 볼 수 있게 된 것이다. 그것도 추가 요금을 내지 않고 말이다.

---

57   Brian Moylan, "Do You Suffer from Netflix Streaming Syndrome?", *Gizmodo*, 2011.4. 25.

그러나 넷플릭스의 〈매드 맨〉, 〈브레이킹 배드〉, 〈오렌지 이즈 더 뉴 블랙〉, 〈하우스 오브 카드〉, 〈데미지Damages〉 같은 복잡한 드라마를 몰아보기하는 것은 드라마의 캐릭터에 지나치게 감정 이입하게 만들어 심리학적으로 시청자의 현실 인식에 영향을 끼치기도 한다.[58] 2018년 5월 리서치앤리서치가 조사한 결과, 몰아보기를 하면 생활리듬이 흐트러지거나 눈이 피로한 등 생체 부작용을 겪는 것으로 나타났다. 그럼에도 몰아보기를 계속하겠다는 비율이 85%나 되었다.[59]

≪정신의학 서비스Psychiatric Services≫ 저널은 〈루머의 루머의 루머〉가 자살률을 51% 증가시켰다는 연구 결과를 공개했다.[60] 최근에는 미국에서 넷플릭스 드라마가 방영된 이후 미국 10대 청소년의 자살률이 약 30% 증가해 19년 만에 최고치를 기록했다는 연구 결과가 발표되기도 했다. 미국 전국어린이병원NCH의 자살 연구자인 제프 브리지Jeff Bridge 박사는 넷플릭스 드라마 〈루머의 루머의 루머〉가 방영된 2017년 3월 이후 9개월간 10~17세 사이 청소년의 자살 건수가 급증했다는 연구 결과를 발표했다. 이 드라마는 10대 여자 주인공의 자살에 얽힌 이야기를 다루고 있다. 브리지 박사는 드라마 방영 1개월 후인 2017년 4월에만 190명의 청소년이 자살을 했다고 밝혔다. 이는 직전 5년에 비해 30%가 증가한 수치로 19년 만에 최고치이다.[61]

---

58   Kevin McDonad and Daniel Smith-Wowsey, *The Netflix Effect*(New York: Bloomsbury Academic, 2016), p.117.

59   김민선, ""드라마는 몰아봐야 제맛"… 10명 중 6명 '몰아서 시청'".

60   Kashmira Gander, "Netflix's '13 Reasons Why' linked to raised suicide risk in study", *Newsweek*, 2018.11.20.

2019년 3월 28일부터 29일까지 KBS 국민패널을 활용해 조사한 몰아보기 영향을 살펴보면 '영향이 없다'고 응답한 비율이 '영향이 있다'고 응답한 비율보다 조금 높다. '전혀 없다' 9.5%, '대체로 없다' 45.8%, '대체로 있다' 40.5%, '매우 있다' 4.2%이다. 넷플릭스 이용자는 주로 주말(86.3%)에 몰아보기를 한다. 주중에 몰아보기를 하는 이용자는 13.7%에 불과하다. 몰아보기하는 장르는 드라마가 가장 높아 67.3%를 차지하며, 영화 14.3%, 예능 11.8%이다.

몰아보기할 때 시청자가 육체적·정신적으로 받는 영향은 '안구 질환 및 시력 저하'가 가장 높은 36.8%를 차지했다. '졸려서 업무에 지장을 준다' 35.0%, '현실과 혼동한다' 8.5%, '우울감이나 고독감을 느낀다' 7.7%, '스트레스를 더 받는다' 6.0%로 나타났다(〈그림 5-12〉 참조).

몰아보기의 부작용을 피하는 방법

미국의 잡지 ≪베터휴먼스BetterHumans≫에는 몰아보기의 위험에서 벗어나기 위한 방법이 소개되었다.[62] 몰아보기는 청소년기에 빠지기 쉽다고 한다. 아무 일도 하지 않을 때 반항은 결국 허구의 세계로 향하고, 넷플릭스나 유튜브가 이 부분을 강하게 채워주는 것이다. 넷플릭스는 개인이 관심 있는 모든 에피소드를 추적해 무엇을 좋아하는지 A/B 테스트를 한다. 이용자로 하여금 몰아보기를 하게

---

61   Lindsey Tanner, "Study: Kids' Suicides Spiked After Netflix's '13 Reasons'", *AP*, 2019.4.30.
62   Niklas Göke, "How To Stop Binge-Watching From Ruining Your Life", *BetterHumans*, 2017.11.11.

그림 5-12 **몰아보기가 시청자에게 미치는 영향** 단위: %

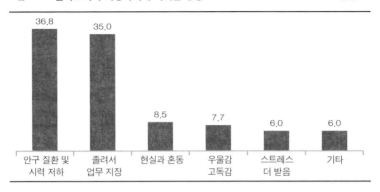

할 뿐만 아니라 수백 개의 작은 서비스를 통해 고객 맞춤 서비스도 제공한다. 그 결과 밀레니얼 세대는 넷플릭스에 정신적으로 정교하게 조정당하고 있다. 문제는 성인이 되어도 여기에서 벗어날 수 없다는 것이다.

그러나 이 습관은 고칠 수 있다. 템플대학교Temple University의 에밀 스타이너Emil Steiner에 따르면 몰아보기를 하는 데에는 여섯 가지의 동기 요인이 있다. 스토리에 더 많은 시간을 보내면서 늘어나는 경험, 모든 것을 마무리하려는 미완성효과Zeigarnik effect로 연결되는 성취감, 소외되지 않기 위한 문화 체험, 쉽게 접근할 수 있는 편리함, 새로운 시즌이 시작하기 전에 기존 시즌 보기, 휴식과 향수이다. 이 중에서 몰아보기의 가장 큰 요인은 휴식과 향수이다. 스트레스를 받는 날에는 그래서 장시간의 몰아보기가 필요하다고 믿게 된다. 톨레도대학교University of Toledo의 연구에 따르면 자신이 몰아보기를 하고 있다고 인지하는 시청자는 더 높은 스트레스, 불안감, 우울감을 느낀다고 한다. TV가 재충전의 수단이라는 말은 변명일 뿐이다.

TV에 의존하다 보면 자연스러운 호기심을 잃어버리고 문제에 맞서 해결하려는 노력을 멈추게 되기 때문이다.

따라서 전문가들은 몰아보기의 부작용을 피하려면 환경을 조정하라고 조언한다. 첫째, 크롬 웹 스토어에서 'StayFocused'라는 확장 프로그램을 설치한다. 설정에서 최대 시간을 정하고(예: 에피소드 두 개 정도), 접속을 차단할 사이트로는 넷플릭스(netflix.com)를 추가한다. 핵 옵션The Nuclear Option은 컴퓨터 세팅을 바꾸므로 설정한 시간이 지나면 컴퓨터가 블랙아웃된다. 둘째, 유튜브에서 추천 섹션을 제거한다. 동영상 실행 후 오른쪽에 상단에 위치한 자동 실행auto play 기능을 끈다. 크롬 웹 스토어에서 'Remove Recommendations Youtube VK Facebook'을 설치해 가능한 한 옵션을 꺼둔다.

이렇게 하면 모두가 심심해 할 것이다. 그럴 때는 어릴 때 놀았던 것처럼 놀라고 조언한다.

한편 금연 그룹 트루스 이니셔티브Truth Initiative는 넷플릭스가 담배 피우는 것을 조장한다고 주장했다.[63] 이 단체는 〈오렌지 이즈 더 뉴 블랙〉, 〈기묘한 이야기〉, 〈하우스 오브 카드〉 등 넷플릭스 드라마 6편과 〈빅뱅이론〉, 〈워킹 데드〉, 〈모던 패밀리〉 등 지상파와 케이블 드라마 7편을 선정해 흡연 장면을 조사했다. 조사 결과 2015/2016 시즌에는 총 흡연 장면이 438번이었는데, 넷플릭스 드라마에서 299번, 지상파/케이블 드라마에서 139번 있었다. 2016/2017 시즌에는 흡연 장면이 더욱 많아져 넷플릭스에서는 866번, 지상파/케이블에서는 343번으로 증가했다. 우리나라 지상파 드라마에서는 흡연 장

---

63   Truth Initiative, "While you were streaming: Smoking on demand", 2019.6.

그림 5-13　넷플릭스 드라마와 지상파/케이블 드라마의 흡연 장면 횟수 비교　단위: 회

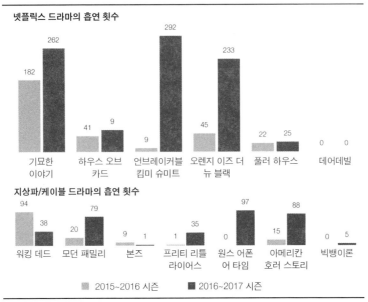

넷플릭스 드라마의 흡연 횟수

기묘한 이야기: 182, 262
하우스 오브 카드: 41, 9
언브레이커블 킴미 슈미트: 9, 292
오렌지 이즈 더 뉴 블랙: 45, 233
풀러 하우스: 22, 25
데어데빌: 0, 0

지상파/케이블 드라마의 흡연 횟수

워킹 데드: 94, 38
모던 패밀리: 20, 79
본즈: 9, 1
프리티 리틀 라이어스: 1, 35
원스 어폰 어 타임: 0, 97
아메리칸 호러 스토리: 15, 88
빅뱅이론: 0, 5

■ 2015~2016 시즌　■ 2016~2017 시즌

자료: Truth Initiative

면이 금지되어 있는데, 넷플릭스를 통해 해외 드라마를 보는 경우 시청자에게 좋지 않은 영향을 미칠 것으로 우려된다.

넷플릭스가 극복해야 할 과제

넷플릭스는 국내 방송 미디어 지형에 많은 긍정적인 효과를 가져오고 있다. 그러나 넷플릭스의 규모가 커지면서 우리나라 콘텐츠 생태계에 미치는 부정적인 영향이 드러나고 있다. 넷플릭스로 인해 소비자의 채널선택권이 확대되고 콘텐츠 제작사 입장에서도 해외

표 5-3 **넷플릭스 규제에 대한 방안**

기관	방안
정부	세제로 역차별을 풀 것인지 여부에 대해 저울질
방송통신위원회	- 공정한 망 이용 가이드라인 마련 - 해외 사업자 국내 대리인 지정
국회	- 해외 사업자의 국내 서버 설치(변재일 의원) - OTT도 방송법에 포함(김성수 의원) - 해외 사업자의 서비스 품질 유지 의무(유민봉 의원)

자료: 권경일, "넷플릭스 '역차별 논란'에 세금 등 카드 꺼내지만…", ≪서울경제≫, 2019.3.31.

진출 기회가 늘어나는 장점이 있지만 부작용도 만만치 않다.

네이버가 절대적인 영향력을 가지면서 국내 언론사들이 네이버에 종속되어버린 것처럼, OTT 시장에서 넷플릭스의 영향력이 커질수록 국내 제작사는 넷플릭스에 대한 의존도가 높아질 것이다. 또한 무료로 인터넷을 사용한다는 비판이 거세지는 등 OTT 규제에 대한 논의도 활발하게 일어나고 있다(〈표 5-3〉 참조).

수입에 걸맞은 세금을 납부해야 한다

넷플릭스는 국내 시장에서 발생하는 매출을 정확히 공개하지 않고 있으며 이에 따른 세금도 회피하고 있다. 이것은 구글과 유튜브도 동일한 상황이다. 반면, 국내 기업은 세금을 내고 관련 인프라도 설치해야 하므로 자신들이 '역차별'을 받고 있다고 주장한다.

네이버의 경우 매년 수백억 원의 망 이용대가를 이동통신사들에 내는 반면(2016년 기준 734억 원, 카카오는 300억 원),[64] 글로벌 업체들은 공짜로 통신망을 이용하고 있다. 특히 넷플릭스의 드라마 〈킹

---

64 이원갑, "넷플릭스 '공짜 장사' 논란, 손 놓고 있는 정부·국회", ≪뉴스투데이≫, 2019.6.11.

덤)이 인기를 끌면서 서비스 이용자가 폭주해 서비스가 지연되자 국제회선을 증설하기도 했지만 정작 증설 비용은 국내 통신사가 자체적으로 충당해야 했다.

온라인 콘텐츠 심의 등에서도 글로벌 사업자는 제도의 허점을 활용해 당국의 규제를 피하고 있다. 특히 OTT 사업자는 '전기통신사업법'상 부가통신사업에 해당해 일반 방송사와 달리 콘텐츠 심의 등을 받지 않는다는 점을 악용하고 있다.

넷플릭스는 국내 사용자 입장에서 볼 때는 저렴한 비용으로 콘텐츠를 즐길 수 있다는 장점을 지니고 있지만, '공정한 경쟁'이라는 시장논리에서 봤을 때는 콘텐츠를 무기로 국내 미디어 시장에 무임승차하고 있다. 이에 따라 국회 차원에서 다양한 법안이 발의되고 있다. 유민봉 자유한국당 의원은 최근 넷플릭스 등 글로벌 콘텐츠 사업자들에게 서비스 품질 유지를 위한 의무를 부과하는 내용의 '전기통신사업법' 개정안(2019.3.18)을 발의했다. 변재일 더불어민주당 의원은 일정 규모 이상 글로벌 인터넷사업자들이 국내에 서버를 설치하도록 규정한 법안(2018.9.3)을 내놓았다. 김성수 민주당 의원은 '통합방송법' 전부개정안(2019.1.11)을 통해 OTT 서비스도 법 테두리 안으로 들어오도록 했다.

김성수 의원이 1월 11일 발의한 '통합방송법' 개정안에 따르면 넷플릭스는 신고만 하면 사업을 할 수 있는 반면, 실시간 방송을 제공하는 푹은 등록제로 운영해야 하므로 국내 OTT 사업자의 반발이 심했다. 7월 26일 발표한 수정안에서는 기존 부가유료방송사업자에 대한 정의 조항을 삭제하고 OTT 서비스를 '온라인동영상제공사업자'로 하는 별도 역무를 신설했다. 또한 온라인동영상제공사업자에 대한 진입 규제를 통일하기 위해 '신고' 사업자로 통일했으며 별도 심의체계를 신설했다. 이에 따라 넷플릭스도 신고 대상이 된다.

최근 박선숙 의원은 '전기통신사업법'을 개정안을 제출해 넷플릭스와 유튜브 등 글로벌 대형 콘텐츠 사업자도 과학기술정보통신부에 사업 신고를 하도록 했다. 법안이 통과되면 넷플릭스도 IPTV 사업자와 동일 규제를 받게 되고 이를 위반할 경우 과징금, 시정명령, 벌금, 과태료 등 제재를 받게 된다.[65]

EU에서는 넷플릭스가 EU 국가에서 제작한 콘텐츠를 30% 이상 서비스해야 한다. 프랑스는 외국 영상 사업자가 낸 수익의 2%를 세금으로 내도록 하고 있다. 독일은 외국 사업자 연매출 중 일부를 영화진흥기금으로 납부하도록 하고 있다.[66]

넷플릭스가 한 달에 한국에서 벌어들이는 수입은 200억 원 정도로 추정되고 있다. 그러나 이에 대한 세금은 한 푼도 내지 않는 것으로 알려져 있다. 수익이 얼마인지는 정확히 알 수 없지만, 수익을 10%라고 가정하면 법인세율은 20%이므로 40억 원의 법인세를 납부해야 한다.

넷플릭스가 국내에서 사업을 확장하기 위해서는 이러한 부분을 해결해야 한다. 그래야 불매운동 같은 일을 당하지 않을 것이다.

소비자 피해에 적극 대처해야 한다

한국소비자연맹 ICT소비자정책자문위원회가 2017~2018년 2년

---

65   류은주, "넷플릭스·유튜브, IPTV 사업자와 동일 규제 받는다", ≪iT 조선≫, 2019.6.21.
66   하선영, "한국·EU, "넷플릭스 규제하자"… '붉은 깃발법'인가, 정당방어인가", ≪중앙일보≫, 2018.9.5.

동안 1372소비자상담센터에 접수된 OTT 관련 소비자피해를 분석한 결과, 넷플릭스가 꾹 다음으로 많았다. 넷플릭스는 28건으로 18.9%를 차지했고, 전년 8건보다 250%가 늘었다. 이것은 대부분 무료 신청 이후 자동 결재로 넘어가는 것에 대한 피해를 제기한 것이다. 가입자가 늘어날수록 이러한 문제가 증가할 수밖에 없다. 미국에서 생활해 본 경험으로는 이러한 이의를 제기하면 바로 환불해 준다. 그런 정책이 한국에서도 시행되기를 기대해 본다.[67]

넷플릭스코리아는 2019년 3월 '귀하의 거주지 재판 관할이나 법정지'로 준거법 조항을 수정한 데 이어, 2019년 4월 말에는 준거법을 네덜란드 법률에서 국내 법률로 변경했다. 그러나 '서비스 중단이나 오류가 없을 것이라고 보증하지 않는다'라는 조항과 '회원은 넷플릭스를 상대로 모든 특별·간접·2차 배상 청구 권리를 포기한다'라는 조항은 그대로 유지하고 있다. 넷플릭스에 귀책사유가 있는 장애가 발생해도 서비스 유지는 물론 품질을 보장하지 않고 손해 배상도 하지 않겠다는 의미이다.[68] 이러한 일은 국내뿐만 아니라 베트남에서도 벌어지고 있다.[69] 이베이, 우버, 에어비앤비가 해당 서비스에서 벌어진 문제에 대해 보험 등을 통해 보상해주어 신뢰를 회복한 사례를 반면교사로 삼아야 할 것이다.

넷플릭스 트래픽이 폭증하면 소비자가 피해를 보게 된다. 넷플릭스의 안드로이드 기반 앱 이용자가 2018년 1월 34만 명에서 12월에

---

67   황준호, "OTT 요금폭탄 주의보… 자동결제의 함정", 《아시아경제》, 2019.4.16.
68   박진형, "불공정한 넷플릭스, 한국법 따르지만 책임은 지지 않겠다?", 《전자신문》, 2019.5.27.
69   민석기, "베트남서 공격받는 넷플릭스… 경쟁사들과 탈세 등 각종 문제로 공방", 《뉴스핌》, 2019.5.27.

는 127만 명으로 증가했고, 〈킹덤〉을 공개한 2019년 1월 25일 직후
에는 통신사에서 동영상이 지연되거나 끊기는 현상이 발생해 소비
자가 피해를 봤다. 당시 KT와 SK브로드밴드는 자사 부담으로 국제
회선을 증설했다. 이와 같은 상황은 넷플릭스가 콘텐츠를 초고화질
로 서비스할 경우 계속 발생할 수밖에 없으므로 통신망 증설은 불
가피하다. 이를 막는 방법은 넷플릭스와 독점 계약한 LGU+처럼 캐
시 서버를 국내에 두는 것뿐이다. 문제는 KT나 SKT가 회선을 증설
하기 위해 비용을 부담해 캐시 서버를 설치하면 넷플릭스가 공짜로
이 회선을 이용하게 된다는 것이다.[70]

불공정 행위를 근절해야 한다

넷플릭스가 콘텐츠 블랙홀이라는 말까지 나온다는 것은 앞에서
언급한 바 있다. 글로벌 콘텐츠 공룡인 넷플릭스의 한국 시장 공략
이 가속화되면서 국내 콘텐츠 산업이 잠식당할 수 있다는 우려가
높아지고 있기 때문이다. 막대한 자본력을 앞세워 직접 투자 또는
제작을 실시하거나 오리지널 콘텐츠에 대한 저작권 일체를 독점하
는 상황이 확대되면 국내 콘텐츠 생태계가 넷플릭스에 종속되는 현
상이 심화될 수 있다.[71]

넷플릭스는 국내 프로젝트를 추진하면서 수억 원에 달하는 제작
비를 제시하는 한편 그에 대한 대가로 저작권 등 권리 일체를 양도

70　장시형, "넷플릭스가 도로 꽉 채워… 도로 늘리나 돈 더 받나", ≪이코노미조선≫, 289호,
　　2019.3.4.
71　민웅기, "'미디어 공룡' 넷플릭스의 국내 콘텐츠 투자, 마냥 좋아할 수 없는 이유", ≪일요
　　신문≫, 2019.6.20.

할 것을 요구하고 있다. 콘텐츠 산업의 경우 지식재산권을 활용해 꾸준히 부가가치를 창출하는 게 바람직한데 특정 플랫폼이 지식재산권을 독식할 경우 문화 종속 현상이 발생할 것이다.

이에 대해 한국드라마제작사 배대식 사무국장은 "원활한 투자가 이루어지지 않는 국내 제작사의 사정을 꿰뚫고 큰 금액을 제시해서 콘텐츠 산업의 원천기술까지 가져가려는 것이며, 그러한 상황이 지속된다면 국내 콘텐츠 제작 시장이 단순 하청업체 수준으로 종속될 수 있다"라고 우려했다.

상황이 이러하다 보니 문화체육관광부는 특히 넷플릭스의 불공정 계약 가능성을 염두에 두고 시장을 모니터링하고 있다고 발표했다. 넷플릭스의 영향력이 커지면서 넷플릭스를 '갓플릭스(god+넷플릭스)'라고 부르기까지 한다. 앞으로 건전한 콘텐츠 제작 생태계가 조성되기를 기대한다.[72]

망 사용료를 지불해야 한다

망 사용료는 CP가 통신사가 깔아놓은 통신망을 이용하는 대가로 내는 돈이다. 이에 따르면 넷플릭스는 인터넷으로 콘텐츠를 제공하므로 통신사에 일정 금액을 납부해야 하지만 망 사용료를 한 푼도 내지 않는다.

넷플릭스는 이용자가 급증해 2019년 6월 말 현재 약 350만 명으로 추산된다. 이로 인해 대규모 인터넷 트래픽을 유발하고 있으므로 플랫폼 사업자는 트래픽에 대응해 서버 용량을 늘려야 한다.

---

72   최대열, "넷플릭스 천하… 韓, 하청국 위기", ≪아시아경제≫, 2019.4.26.

LGU+는 넷플릭스와 계약을 맺었으므로 LG 데이터센터IDC에 캐시 서버를 두어야 한다. 그러나 SKT나 KT는 통신망을 증설할 의무는 없는데도 가입자의 불만을 해소하기 위해 울며 겨자 먹기 식으로 통신망을 증설하고 있다.

넷플릭스는 프랑스의 통신사 오렌지와의 분쟁 끝에 망 이용대가를 지급하고 있으며 컴캐스트 등 미국 ISPInternet Service Provider에도 순차적으로 망 이용 대가 지급 계약을 체결하고 있다. 넷플릭스뿐 아니라 구글, 페이스북 등도 주요 ISP와 직접 접속Direct Connection 계약을 체결하고 망 이용 대가를 지불하고 있다. 미국의 연방통신위원회FCC는 넷플릭스와 컴캐스트의 트래픽 분쟁에 대해 망 중립성 위반이 아닌 것으로 판단하기도 했다.

그러나 넷플릭스는 한국에서 망 이용료를 내지 않고 무임승차하고 있다. 반면 네이버와 카카오 등 국내 CP는 수백억 원 단위의 망 사용료를 지불하고 있다. 2016년 네이버가 통신사에 지급한 망 이용료 규모는 734억 원이고, 카카오는 300억 원, 아프리카TV는 150억 원으로 알려졌다.

2019년 초 페이스북과 SK브로드밴드가 망 사용료 계약을 체결하자 곳곳에서 이에 대한 문제를 제기하고 있다. 2018년 국정감사에서는 망 이용 대가 및 세금 등 국내외 CP 간 역차별 문제가 비중 있게 다루어진 바 있다. 2019년 4월 24일 경제정의실천시민연합은 국내 통신사들이 해외 CP로부터 망 접속료를 차별적으로 받고 있다며 공정거래위원회에 신고했다. 방송통신위원회는 2019년 6월 법 개정을 통해 망 이용과 관련해 불공정행위를 규제할 수 있는 근거를 마련하고 계약과 관련한 가이드라인을 마련하기로 했다. 과학기술정보통신부도 '인터넷망 상호접속제도 개선'을 통해 국내외 CP 간 망 이용 대가의 차별을 해소하겠다는 입장이다. 국회에서도 관련 법안들이 속속 발의되었다. 여야 의원들은 '정보통신망법' 개정안, '전기통신사업법' 개정안 등을 통해 국내외 CP 간 역차별 문제 해소에 나서고 있다.[73]

이는 결국 망 중립성의 문제로 연결된다. 망 중립성은 인터넷을 이용할 때 속도나 망 사용료에서 차별받지 않아야 한다는 원칙이다. 인터넷을 전기나 수도 같은 공공재로 보는 것이다. 사용자나 CP는 망 관리 책임이 통신사에 있다고 주장한다. 사용자가 매달 인터넷 사용료를 내고 있는데, 인터넷 포털 등으로부터 망 사용료를 받으면 이중으로 비용을 받는다는 논리이다. 반면 통신사들은 자신의 돈으로 망을 구축하고 유지하고 있는데 CP들이 이 망을 공짜로 사용하면서 막대한 돈을 버는 것은 무임승차라고 주장한다. 이에 대한 정책은 국가마다 다르다. 미국의 연방통신위원회는 2018년 6월 망 중립성 원칙을 공식적으로 폐지했고, EU는 2015년 '망 중립성법'을 통과시켰다.

국내에서 넷플릭스는 망 중립성 원칙을 앞세워 통신사들의 투자 요구에 응하지 않고 있다. 2000년대 중반 국내 온라인 영상 서비스를 주름잡았던 판도라TV 등이 유튜브 등 해외 서비스에 자리를 내준 것도 망 사용료 때문이었다는 주장이 많다. 대용량 동영상 파일을 온라인상에 올려두고 공유하면 망 사용료는 기하급수적으로 높

---

73   채수웅, "해외에선 지급 국내에선 모르쇠… 넷플릭스 네트워크 무임승차 논란", ≪디지털데일리≫, 2019.4.24.

아지는데, 국내 중소 업체가 이를 버텨내지 못하기 때문이다. 결국 국내 기업은 망 사용료 부담 때문에 고화질 동영상 서비스를 하지 못하고 있지만 외국 기업은 이러한 망 사용료에 대한 부담이 없다. 이 같은 불공정한 경쟁 때문에 동영상 시장을 해외 기업이 장악하고 있다.

물론 다른 국가에서도 통신사들이 망 사용료를 부담하지만 한국보다 그 금액이 훨씬 적다. 영국 IT 시장 조사 업체 텔레지오그래피의 조사에 따르면 한국의 평균 망 사용료는 1Mbps당 9달러 정도이지만 미국은 1달러, 유럽은 2달러 수준이다.[74]

넷플릭스가 국내에서 좋은 이미지로 사업을 하려면 이러한 비판을 받지 않도록 노력해야 한다. 넷플릭스가 프랑스에서 맺은 정책을 한국에도 도입하기를 바라는 바이다.

---

74 장시형, "넷플릭스가 도로 꽉 채워… 도로 늘리나 돈 더 받나".

제6장

넷플릭스에 대한 한국 방송 미디어의 대응 방향

지금까지 넷플릭스의 서비스 현황과 넷플릭스가 한국 방송 미디어에 미치는 영향을 살펴보았다. 방송계에서는 넷플릭스에 대해 초기에는 그다지 걱정하지 않았으나, 2018년 하반기부터 경계의 목소리가 나오기 시작했다. 특히 2019년 1월 〈킹덤〉을 선보인 이후 이용자가 350만 명으로 급증하자 분위기가 변했다. 2019년에도 〈좋아하면 울리는〉을 공개하고 〈아스달 연대기〉를 tvN과 동시 개봉하면서 그 영향력은 더 커질 것으로 예상된다.

이에 대해 지상파 방송사는 SK텔레콤의 옥수수와 합병하는 등 대응에 나서고 있다. 정부에서도 넷플릭스의 무임승차에 대해 규제를 추진하고 있다. 이러한 상황에서 지상파 방송사는 넷플릭스에 어떻게 대응해야 할지 정리해 보았다.

한국 시장에서의 넷플릭스 전망

넷플릭스는 글로벌 기업이기 때문에 한국에서의 넷플릭스의 전망은 글로벌 환경과 무관하지 않다. 디즈니+가 출범하면 넷플릭스가 어려움을 겪을 것이라는 전망이 많다. 대표적으로 기업 리서치 업체 ≪리스크헤지 리포트RiskHedge Report≫ 편집장 스티븐 맥브라이드Stephen McBride는 넷플릭스의 영광은 끝났다고 진단한다. 넷플릭스는 살아남을 테지만 그 규모는 축소될 것으로 전망하는데, 긍정적으로 보더라도 1~2년 안에 주가가 40%는 하락할 것이며, 심하면 반토막이 날 것으로 전망했다.[1]

넷플릭스의 한국 내 시장 확장에 대해서는 의견이 갈린다. 아직까지는 넷플릭스를 걱정하지 않는 분위기가 대세이다. 시장의 동향에 밝은 증권계에서 "향후에도 넷플릭스가 한국에서 가입자를 크게 확보할 가능성은 높지 않다. 넷플릭스의 콘텐츠는 대부분 미드(미국 드라마)이고, 〈미스터 션샤인〉과 같은 동시 방영 콘텐츠 및 넷플릭스 오리지널 콘텐츠도 있지만, 오리지널 콘텐츠가 전체 콘텐츠에서 차지하는 비중은 매우 작기 때문"이라고 전망했다.[2] 직접 당사자인 유료방송계에서도 "넷플릭스가 미국과 유럽에서 큰 인기를 끈 것은 오리지널 콘텐츠의 힘도 있지만, 매월 수십 달러에 달하는 살인적인 유료방송 요금시장에 단 14.99달러로 모든 영화나 드라마 VOD를 볼 수 있는 '가격혁명'을 일으켰기 때문이다. 하지만 국내 케이블TV의 가입자당 매출(ARPU)은 8000원대이고 IPTV도 1만 원대 안팎이어서 애플TV나 넷플릭스가 가격적인 측면에서 경쟁력을 갖추지는 못한 상황"이라고 설명했다.[3]

반면 한국이 '넷플릭스 당하고 있다netflixed'[4]는 주장도 있다. '넷플릭스 당하다'라는 것은 혁신적 기업이 등장해 기존 비즈니스 모델을

---

1 Stephen McBride, "Netflix's Worst Nightmare Has Come True", *Forbes*, 2019.7.8.
2 김회재, 「포스트넷플릭스, 한국드라마의 전망과 전략」, 93쪽.
3 강은성, "애플 콘텐츠사업에 '정조준'… 국내 유료방송 영향은?", ≪News1≫, 2019.3.26.
4 지나 키팅이 2012년 쓴 책의 제목으로, 한국에서는 『넷플릭스, 스타트업의 전설』이라는 제목으로 번역·출간되었다.

붕괴하는 현상을 뜻한다. 이 말은 2007년 넷플릭스가 스트리밍 서비스를 도입해 콘텐츠 유통의 판을 아예 바꿔버린 데서 유래했다. 콘텐츠 강국이라 자부하지만 내부는 곪고 있던 한국 미디어 산업이 '넷플릭스 당하고' 있다는 것이다.[5]

이철희 의원(더불어민주당)은 "넷플릭스가 향후 3~4년 내 유료방송 시장을 좌지우지할 것이라는 우려가 나온다"라며 "우리나라 OTT 시장을 넷플릭스가 장악하면 생산 시장은 양극화되고 한국은 넷플릭스의 하청을 받아 콘텐츠를 제작하는 생산기지로 전락할 수 있다"라고 지적했다.[6]

최근 씨넷cnet.com은 넷플릭스가 위기라고 진단하면서 다음 다섯 가지를 그 이유로 밝혔다. ① 가입자 증가율 하락(2019년 1분기 960만 명에서 2분기 500만 명), ② 오리지널 콘텐츠의 경쟁력 하락(아마존의 〈마블러스 미스 메이슬〉과 〈보쉬Bosch〉, 훌루의 〈핸드메이드 테일 The Handmaid's Tale〉 등이 흥행), ③ 생방송 부재, ④ 인기 작품의 감소(〈밥스 버거〉, 〈퓨처라마〉, 〈패밀리 가이〉, 〈킹 오브 더 힐〉, 〈올웨이즈 써니〉, 〈엑스 파일〉의 공급을 훌루가 막음), ⑤ 디즈니+의 가격 경쟁력이다.[7]

필자는 넷플릭스가 한국에서 강력한 경쟁력을 갖고 OTT 분야에서 상위를 차지할 것이라 생각한다. 그 이유는 첫째, 넷플릭스의 자본력 때문이다. 전 세계 가입자를 1억 5000만 명, 월 평균 납부액을 10달러로 계산하면 넷플릭스에는 연간 180억 달러에 달하는 현금

---

5   차우진, "한국이 넷플릭스 당하다", ≪Nobless≫, 2019.3.5.
6   류은주, "넷플릭스발 OTT 규제 "세금만으로 해결 안 돼", ≪조선닷컴≫, 2019.3.29.
7   Iyaz Akhtar, "Top 5 reasons why Netflix should be scared", *cnet*, 2019.4.22.

이 유입된다. 2019년 콘텐츠 제작에 대한 투자 예상액이 150억 달러이므로 30억 달러의 여유자금을 지니고 있다. 앞으로도 넷플릭스 가입자가 증가할 것으로 전망되기 때문에 현금 유동성은 충분하리라 생각한다.

둘째, 킬러 콘텐츠와 사용자 맞춤 콘텐츠를 적절히 구비할 것이기 때문이다. 넷플릭스가 디즈니와 HBO보다 더 많은 금액을 콘텐츠 제작비로 사용하고 영향력 있는 프로듀서나 작가 등을 영입해 화제성 있는 텐트폴 작품을 만들수록 넷플릭스의 경쟁력은 높아질 것이다. 국내에서도 제작사들이 줄을 서서 넷플릭스의 선택을 기다리기 때문에 우수한 콘텐츠일수록 넷플릭스를 통해서 공급될 가능성이 높다. 수준 높은 작품을 볼 수 있어 넷플릭스에 대한 기대가 이어지고 있는데, 이러한 경향이 유지될 가능성이 높다. 애플 사용자의 충성도가 높은 것처럼, 넷플릭스의 유용성이 알려질수록 넷플릭스를 지속적으로 사용하는 사람들이 늘어나고 있다는 연구도 있다.[8]

셋째, 가격 경쟁력이다. 유료 TV의 월정액이 비싸지 않아 코드커팅이 일어나지 않을 것이라고 예측하지만, 넷플릭스는 4명이 나누어 요금을 내면 3625원밖에 되지 않는다. 한 달에 커피 한 잔 값이다. 4FLIX에 보면 한 명이 월 3700원을 내도록 하고 있다.

넷째, 서비스가 안정적이다. UHD 콘텐츠를 포함해 여러 콘텐츠의 공급이 끊기지 않고 다른 서비스에 비해 안정적이다. 그만큼 경

---

8   김대한·박남기, 「OTT 서비스 이용자의 이용 동기가 이용만족과 지속사용의사에 미치는 영향」, ≪방송통신연구≫, 통권 93호(2015년 겨울), 101쪽.

쟁력을 지니고 있다.

소비자를 놓고 미디어가 경쟁하는 과정을 보면 생태학의 경쟁 배타 원리competitive exclusion principle가 작용하고 있는 느낌이 든다. 경쟁 배타 원리란 자연계에서 동일한 생태적 지위나 역할을 점유하지 않은, 즉 유사성이 낮은 종과는 공생할 수 있다는 이론이다.9 한국의 방송 미디어는 기존 미디어와는 다른 비즈니스 모델을 창출한 넷플릭스와 공존하는 것이 바람직한 방향일 것이다. 이 과정에서 기존 방송 미디어는 시청자와 제작자를 중심에 두고 넷플릭스가 이끌어가는 과정을 벤치마킹하면서 지속가능한 생존 방법을 찾아야 할 것이다.

제작 측면에서의 대응

글로벌 OTT의 국내 진출에 따라 국내 제작 환경에도 많은 변화가 일어나고 있다. 우선, 콘텐츠 제작 및 구매에 투입하는 비용과 제공되는 콘텐츠의 수량이 빠르게 증가하는 등 콘텐츠 경쟁이 활발하게 이루어지고 있다. 강준석은 "고품질 콘텐츠에 대한 수요는 커지는 반면 그 공급은 제한되어 있는 상황에서 콘텐츠 수급 및 제작 단가 인상 압력이 높아지고 있어 전체 콘텐츠 비용은 더욱 증가할 가능성이 존재"하고 "오리지널 콘텐츠 제작의 확대로 인해 작가·연출자 및 연기자 등 한정되어 있는 A급 제작 인력에 대한 수요도 급

---

9   최선영, "'공룡 넷플릭스'와 공생하는 법", 《한겨레》, 2019.4.3.

중"할 것으로 전망한다.[10]

이상원 교수는 글로벌 OTT 업체의 국내 진출에 대응해 국내 유료 동영상 OTT 사업자들의 콘텐츠 차별화, 콘텐츠에 대한 투자 증가, 이용자에게 최적 경험을 제공하는 플랫폼 경쟁력 향상을 도모할 필요가 있다고 진단했다.[11]

김조한은 『플랫폼 전쟁』에서 넷플릭스와 관련한 한국 기업의 전략으로 넷플릭스와의 플랫폼 제휴, 지식재산권 투자에 집중, 동남아시아 시장 적극 공략, 넷플릭스에 적합한 콘텐츠 개발을 꼽았다. 특히 넷플릭스에서 선호하는 콘텐츠를 'BM KST'로 정리한다.[12] 이는 Binge Watching(몰아보기), Multi Genre(장르·프로그램 특징), Korean Dramas(한국 드라마), Season(연속되는 콘텐츠), Trend-SVOD(콘텐츠 생명력)의 머리글자이다. 즉, 몰아보기에 적합한 12편 정도의 짧은 에피소드와 여러 장르가 혼합된 콘텐츠가 먹힌다는 설명이다. 한국 드라마 자체가 경쟁력이 높은 상황이므로 시즌제에 익숙한 미국 콘텐츠 시청자들을 위한 시즌제 고려의 필요성, 시간이 지나도 재미를 유지할 수 있는 콘텐츠의 중요성을 강조했다.[13]

이러한 환경에서 한국 방송 미디어가 제작 측면에서 어떻게 대응해야 할 것인지 고민해 보았다.

---

10 강준석, "Disney+, Apple TV+ 진입 등에 따른 글로벌 OTT 시장 경쟁환경 및 사업전략 변화", ≪프리미엄 리포트≫, 19-04, 29~30쪽.
11 이상원, "미국 유료 동영상 OTT 시장의 경쟁상황 변화와 전망", ≪미디어 이슈 & 트렌드≫, 19-07, 51쪽.
12 김조한, 『플랫폼 전쟁』.
13 황수정, "전문가들이 바라보는 넷플릭스의 경쟁력", ≪뉴스핌≫, 2019.3.27.

블록버스터 제작

콘텐츠의 힘은 텐트폴 작품 또는 블록버스터에서 나온다. 이를 잘 보여주는 것이 〈왕좌의 게임〉 시즌8이다. 〈왕좌의 게임〉은 시즌당 5억 달러의 수입을 올려 시즌7까지 35억 달러의 수입을 올렸을 것으로 추정되고 있다.[14] 시즌8은 회당 1500만 달러라는 막대한 제작비를 투입하고도 상당한 수익을 거둘 것으로 예상된다. 국내에서도 〈태양의 후예〉나 〈미스터 션샤인〉이 이러한 효과를 창출했다.

앞으로 넷플릭스와 경쟁하려면 지상파TV는 1년에 블록버스터 작품을 한두 편은 제작해야 할 것이다.

다양한 콘텐츠 제작

최근 글로벌 콘텐츠 시장은 글로벌 OTT 시장을 통해 전 세계로 확대되었다. 지나치게 한국적인 것은 한계가 있게 마련이다. 모든 콘텐츠를 세계 시장을 겨냥해 제작할 수는 없지만, 블록버스터의 경우에는 이러한 점을 감안해 제작해야 할 것이다. 정덕현 등은 "캐릭터가 중심이 되면 지역적·언어적 한계를 극복하기가 쉬워진다. 희로애락과 같은 보편적인 정서를 다루기 때문에 해외 시장에 진출할 때 강점이 된다. 특히 미디어 환경이 극장이 아닌 영상 플랫폼으로 확장되고 넷플릭스와 같은 글로벌 플랫폼이 시장 지배력을 확보해 나가는 현재, 이런 작품들은 한국 밖에서도, 극장 밖에서도 경쟁력을 갖게 된다"라고 지적했는데,[15] 이 점을 참고해야 할 것이다.

---

14   https://www.quora.com/How-much-does-Game-of-Thrones-earn-for-HBO
15   정덕현 외, 『대중문화 트렌드 2018』, 190쪽.

스튜디오 시스템 도입

현재와 같은 방송사 제작 시스템으로는 넷플릭스의 제작 시스템과 경쟁하기 어렵다. 기본적으로 막대한 제작비를 충당할 수 없다. 미국의 스튜디오처럼 자본력을 키워야 안정적인 제작이 가능하다. 특히 스튜디오에 프로듀서 시스템을 정착시켜야 창의력 있는 작품을 안정적으로 제작할 수 있다.

미국의 방송사는 시즌제를 통해 매년 안정된 드라마를 방송해 광고 수입을 올리고, 스튜디오는 이를 국내외에 유통해서 콘텐츠 판매 수입을 창출한다. 시즌이 계속될수록 과거 시즌까지 판매되기 때문에 상당 기간 동안 롱테일 효과를 거둔다. 시즌 콘텐츠는 스튜디오에서 제작을 주도해야 한다.[16]

창작자 우대

〈킹덤〉을 제작한 제작사 대표, 감독, 작가 모두 넷플릭스 시스템을 좋아했다. 김은희 작가는 "넷플릭스와 작업하며 창작자에 대한 존중을 느꼈고, 창작자의 의사를 존중해 주는 느낌을 받았다. 대본에 큰 간섭이 없어 당황했을 정도"라고 말했다.[17] 지상파 드라마의 제작 현장도 이런 방향으로 변화되어야 멀어진 작가와 제작사를 끌어올 수 있을 것이다.

테드 서랜도스가 밝힌 넷플릭스 경쟁력은 성과가 높은 사람을 각종 제약으로부터 풀어주어 콘텐츠 제작 사업을 매우 빠르게 정착시

---

16   유건식, 정해룡, "지상파 TV의 시즌제 드라마 도입 방안 연구", ≪방송과 커뮤니케이션≫, 제20권 1호(2019), 8쪽.
17   차우진, "한국이 넷플릭스 당하다".

킨 것이다. 그 접근법의 핵심은 실행력을 갖춘 가장 창의적인 인재를 찾는 일에 집중하고 창작자들에게 자신들의 비전을 실현할 수 있는 자유를 준 것이다.[18] 기존 할리우드 스튜디오와 가장 큰 차이점을 보인 넷플릭스의 이러한 면을 받아들여야 한다.

시즌제 제작

제작 방식의 전 세계적인 추세는 시즌제이다. 시즌1이 성공하면 다음 시즌을 제작하면서 수익을 지속적으로 창출하는 방식이다. 〈기묘한 이야기〉의 경우 기존 시청자의 13%가 시즌3를 보기 위해 다시 유료 회원으로 등록한 것처럼, 시즌제는 시청자를 끌어모으는 데 막강한 힘으로 작용한다.[19] 지금의 일회성으로 드라마를 제작하면 안정적인 수익을 창출할 기회가 상실되므로 제작비를 충당할 수 없다. 그동안 지상파에서 시즌제를 추진했지만 성공적인 작품이 나오지 않다가 MBC에서 2019년 6월 3일부터 7월 29일까지 방송한 〈검법남녀2〉가 좋은 반응을 얻어 시즌제의 가능성을 열었다. 〈검법남녀2〉의 성공은 전형적인 시즌제 형태를 추진해 성공시킨 것에 더 큰 의미가 있다. 지상파TV에서 시즌제 드라마를 활성화시키기 위해서는 프로듀서 중심제 도입, 공동 창작제, 공동 연출제, 기획안 개발 과정 개선, 방송사의 적극적인 시즌제 추진, 검증된 창작 집단의 조합 등이 필요하다.[20]

---

18   패티 맥코드, 『파워풀』, 41~42쪽.
19   Todd Spangler, "'Stranger Things 3' Is a Subscriber Magnet: 13% of Ex-Netflix Users Signing Up Again to Watch Show, Study Finds", *Variety*, 2019.7.9.
20   유건식·정해룡, "지상파 TV의 시즌제 드라마 도입 방안 연구", ≪방송과 커뮤니케이션≫, 제20권 1호(2019), 41쪽.

콘텐츠 유통 측면에서의 대응

지상파 방송과 넷플릭스의 관계

현재 지상파 방송은 넷플릭스에 콘텐츠를 공급하지 않고 있다. 이 과정에서 CJ E&M과 JTBC가 반사이익을 챙겼다. 이 때문에 제작 사들은 점차 블록버스터 기획안을 지상파 방송보다 tvN과 JTBC로 제안하게 되었고, 그 결과 작품이 성공하고 큰 수익을 올린 사례도 많다. 이러한 관계를 되돌리기 위해서는 방송사별로 연간 서너 개의 콘텐츠를 넷플릭스를 통해 유통시켜 제작비를 확보해야 한다. 그래야 블록버스터도 만들고 여기에서 수익을 창출해 다른 드라마에도 투자할 수 있다. 대표적인 예가 영국의 〈보디가드〉이다. 이 작품은 ITV의 스튜디오가 제작하고 BBC에서 방송을 했으며, 온라인에서는 넷플릭스를 통해 공급되었다.

또 다른 사례는 호주의 폭스텔Foxtel(가입자 270만 명)이 만든 〈시크릿 시티Secret City〉이다. 호주 쇼케이스Showcase라는 채널에서 먼저 방송한 후 유료방송 사업자인 폭스가 만든 OTT 서비스인 폭스 플레이에 독점 공급한 드라마였다. 호주는 유료TV 가입자보다 넷플릭스 가입자가 더 많다. 따라서 폭스텔은 자사 OTT 서비스 스탠Stan과 넷플릭스를 모두 시청하도록 했다.

스탠은 오리지널도 많이 제작하고 있다. 호주 시장이 크지 않기 때문에 아이플릭스, 훅 등 동남아 OTT 사업자들과 협업해 유통하고 있다. 폭스텔도 넷플릭스 오리지널 타이틀로 공급해 투자금을 회수하고 있다.[21] 이것은 스튜디오 드래곤이 넷플릭스에 콘텐츠를 공급하는 것과도 같다.

넷플릭스의 경쟁자인 중국의 아이치이도 오리지널 콘텐츠를 넷플릭스를 통해 글로벌에 유통하고 있다. 〈초즌 : 살인 : 게임〉은 아이치이 오리지널 콘텐츠인데 넷플릭스를 통해 전 세계에 유통되고 있다. 아이치이는 아시아와 미국 내 중국 커뮤니티를 위해 더욱 확대할 예정이다.[22]

넷플릭스 작품은 아니지만 2019년 5월 31일 론칭한 〈멋진 징조들Good Omens〉도 대표적인 사례이다. 아마존과 BBC가 공동 제작해 아마존 프라임 비디오와 BBC2에서 방영했다. 앞으로 국내에서도 이처럼 다양한 모델이 나오기를 기대한다. "넷플릭스를 한국 미디어 플랫폼 기업들의 경쟁자로서만 봐서는 안 된다. 실시간 방송의 시청률이 유난히 높은 한국에서는 넷플릭스가 경쟁자가 되기도 어렵다. 넷플릭스를 적으로 생각하는 것은 한국의 로컬 미디어 기업들이다. 만약 로컬 미디어 기업이 시장에서 승리하더라도 넷플릭스는 철수하지 않을 것이다. 따라서 서로 장단점을 확인하고 포지셔닝해 제휴하는 편이 낫다"라는 의견에 귀를 기울여야 할 것이다.[23]

푹과 옥수수가 합병한 웨이브에 대한 기대

트렌드모니터가 성인 남녀 1000명을 대상으로 실시한 OTT 이용자 조사에서 넷플릭스는 콘텐츠 다양성과 차별성 측면에서 높은 평가를 받아 만족도 68.9%로 1위를 차지했다. 반면 푹은 31.5%로 하위권인 7위를 차지했다. 인지도도 넷플릭스 71.2%에 비해 푹은

21 김조한, "한국 시장에서 넷플릭스를 배척하고 싶다? 글로벌에서 싸울 각오를 해야 한다".
22 같은 글.
23 김조한, 『플랫폼 전쟁』, 73~74쪽.

56.3%로 5위이다.[24] 최근의 연구를 보면 비용, 콘텐츠, 서비스 품질, 이용 편의성에서도 넷플릭스가 경쟁우위를 점하고 있어 국내 사업자에게 실질적인 위협이 되고 있다고 밝혀졌다.[25] 현재로서 푹은 넷플릭스에 비해 경쟁력이 없다고 볼 수 있다.

이러한 상황에서 옥수수와 푹이 합병하기로 한 것은 탁월한 선택이다. 이용자가 푹과 옥수수를 매우 유사하게 지각하고 있기 때문에 합병 효과에 의문을 제기하는 의견도 있고,[26] 미디어 시장이 소수의 거대 기업을 중심으로 재편된다는 전망이 가시화될 것이라는 우려도 있지만,[27] 지상파 방송이 폐쇄적이던 정책을 개방형으로 바꾼 것은 시대 트렌드에 맞는 전략이다.

"이번 통합 시도는 지상파 입장에서는 콘텐츠 매출의 증가라는 장점도 있지만, 시대의 흐름에 다소 보수적이던 조직이 트렌드를 이끄는 진취적인 조직으로 변했다는 것을 의미한다. 이는 향후 지상파 사업자의 드라마 사업부 독립 및 텐트폴 드라마 제작과 적극적인 아시아 진출로 이어지는 계기가 될 것이다"라는 분석처럼 옥수수와 푹의 통합을 긍정적으로 바라보는 시각도 있다.[28] 2018년 BBC, ITV, 채널4도 영국에서 넷플릭스와 아마존이 급성장함에 따라 이에 대응하기 위해 영국의 프리뷰에 1억 6500만 달러를 투자하

24 박수선, "OTT 서비스 만족도 '넷플릭스' 가장 높아", ≪PD저널≫, 2019.5.3.
25 곽은이·최진호, 「OTT 서비스 속성에 대한 이용자 인식 및 사업자 경쟁관계 분석」, ≪방송과 커뮤니케이션≫, 제20권 제2호(2019), 159쪽.
26 같은 글, 158쪽.
27 김대원·김수원·김성철, 「OTT 서비스 도입 전후 해외 방송 사업자의 콘텐츠 전략에 대한 비교 분석」, ≪정보사회와 미디어≫, 제17권 제2호(2018), 166쪽.
28 김회재, 「포스트넷플릭스, 한국드라마의 전망과 전략」, 96쪽.

기로 했다.[29] 프랑스에서도 미국 디지털 플랫폼의 위협에 위기의식을 느껴 프랑스 텔레비전France Televisons, TF1, M6 세 개의 방송사가 SVOD 플랫폼 살토Salto를 만들기로 했다.[30] 그러나 2019년 7월 현재 론칭이 되지 않고 있는데, 규제감시기구의 승인을 얻기 위해 세 방송사는 독점적으로 공급하는 콘텐츠를 40%로 제한하고, 방송사 채널도 살토에 독점적으로 공급하지 않기로 했다.[31] 독일의 프로시벤샛.1ProSiebenSat.1과 디스커버리도 독일어로 ARD와 ZDF를 포함한 55개 TV 채널을 무료로 스트리밍하고 VOD도 제공하는 서비스 조인Joyn을 론칭하기로 했다.[32]

미국에서는 매년 5월 뉴욕에서 광고 판매 행사인 업프런트Upfronts 행사를 개최한다. 이 기간 동안 방송사별로 광고 판매 행사가 열리지만 세미나도 대거 개최된다. 2019년 업프런트 행사에서는 OTT 컨퍼런스로 방송 산업이 어떻게 OTT 변화에 대응할 것인지에 대한 토론이 벌어졌다. 이 토론에서는 여섯 가지가 변하고 있는 것으로 보았는데, 그중 하나가 플루토TV처럼 리니어 채널이 증가한다는 것이었다.[33] 푹과 옥수수의 합병은 세계적인 트렌드와 궤를 같이하

---

29 Georg Szalai, "BBC, ITV, Channel 4 to Invest $165M in Britain's Freeview Amid Rise of Netflix, Amazon", *Hollywood*, 2018.6.11.

30 Peter White, "French Broadcasters France Televisions, TF1 & M6 Launch SVOD Platform Salto To Take On Netflix & Amazon", *Deadline*, 2018.6.15.

31 Start Thomson, "French broadcasters making concessions to secure Salto green light", *DigitalTV.com*, 2019.7.17.

32 Jorn Krieger, "ProSiebenSat.1 and Discovery launch German streaming service Joyn", *Broadband TV News*, 2019.6.18.

33 다른 다섯 가지는 콘텐츠가 야해지고(sex appeal), 지역 콘텐츠가 성장하고(local bound), 광고가 감소하고(ad unload), 훌루처럼 새로운 광고를 개발하고(Hulu's ad answer), OTT 시장에 진출하는(four-letter words: Tubi, Fubo, Xumo 등) 것이다. Garett Sloane, "6 ways OTT is shaking up the TV landscape from nudity to new ads",

는 것으로 볼 수 있다.

그러나 『플랫폼 전쟁』을 쓴 김조한은 국내 기업끼리의 연합에 대해서는 비판적이다. "넷플릭스가 한국 시장에 미칠 영향력이 너무 무섭기에 넷플릭스를 배척할 계획이라면, 한국 회사끼리 손을 잡는 것은 좋은 방법이 아니다. … 아시아에서는 통할지도 모르겠다. 하지만 북미에선 어렵다. 한류가 주류가 아니기 때문이다. … 워너미디어, 디즈니와 손을 잡을 수 있는 콘텐츠를 만들어보자. 넷플릭스가 공통의 적이라면 우리끼리 손을 잡지 말고(잡아본 적이 있는지는 모르겠지만), 생각의 범위를 전 세계로 확대하자"라고 주장했다.[34]

그럼에도 통합 법인이 출범하면 옥수수 가입자 946만 명, 푹 가입자 400만여 명을 합해 1300만 명 이상의 가입자를 보유한 국내 최대 OTT가 탄생할 것이므로 시너지가 창출되어 넷플릭스와 충분히 경쟁할 수 있으리라 생각된다. 2019년 9월 새롭게 출범하는 웨이브는 공격적인 투자와 소비자를 만족시키는 서비스를 갖추었기를 기대한다.

콘텐츠 확보를 위한 제휴

BBC 스튜디오는 새로운 시청자를 확보하기 위해 5월부터 미국에서 플로토 TV를 통해 콘텐츠를 제공할 계획이다.[35] 한편 BBC 코미디와 드라마를 스카이와 나우TV에 공급하기로 했으며,[36] 제프리

    AdAge, 2019.4.24.

34   김조한, "한국 시장에서 넷플릭스를 배척하고 싶다? 글로벌에서 싸울 각오를 해야 한다".

35   https://worldscreen.com/tvusa/bbc-studios-partners-with-pluto-tv-in-the-u-s/

36   https://worldscreen.com/tveurope/2019/03/19/bbc-box-sets-coming-to-sky-now-tv/

캐천버그Jeffrey Katzenberg가 만드는 숏폼 서비스인 큐비Quibi에 투자하
기로 했다.[37] 비아콤은 MTV, 니켈로디언, 코미디 센트럴, 파라마운
트 등의 채널을 AT&T가 2019년 말 출시할 예정인 모바일 TV에서
서비스할 예정이며 CBS와도 통합하기로 했다. 스프린트는 훌루 패
키지를 서비스하고 있고, 티모바일은 자격을 지닌 고객에게 넷플릭
스를 무료로 서비스하고 스프린트를 인수할 정도로 통신사와 방송
사 간의 제휴가 부단히 일어나고 있다.[38]

이처럼 지상파 방송은 푹의 생존을 위해 CJ E&M 등과 적극적으
로 제휴해야 하며[39] 새롭게 출시하는 디즈니+, 애플TV+ 등과도 제
휴를 통해 콘텐츠를 확보함으로써 경쟁력을 유지해야 한다고 생각
한다.

넷플릭스에 대한 이러한 방송 미디어의 대응과 더불어 중요한 것
은 정부 정책이다. 지금까지 법안 발의를 포함한 논의가 매우 많았
으나 결론을 내지 못하고 있다. 현재로서는 규제는 시기상조이며
시장이 성장하기까지 시장 질서에 맡겨두어야 한다는 의견이 다수
를 차지하고 있다. 그럼에도 공정거래위원회는 2019년 8월 20일, 3
년간 조건(시정조치)부로 푹과 옥수수의 기업 결합을 승인했다. 네
개의 시정조치는 △지상파 3사에 다른 OTT 사업자와의 기존 지상
파 방송 VOD 공급 계약을 정당한 이유 없이 해지 또는 변경하는 것
을 금지, △지상파 3사에 다른 OTT 사업자가 지상파 방송 VOD 공

---

37   https://worldscreen.com/bbc-studios-invests-quibi/
38   Sara Jerde, "Viacom's Networks Will Power T-Mobile's New Mobile TV Service in
     Content Deal", *Adweek*, 2019.4.3.
39   박희봉·이민화, 「3차원 미래예측 기법을 활용한 OTT 서비스 시장 전망 연구」, ≪한국경
     영학회 통합학술발표논문집≫(2016), 2342쪽.

급을 요청하는 경우 합리적이고 비차별적인 조건으로 성실하게 협상(협상을 진행하기 어려운 정당한 이유가 인정되는 경우는 제외), △지상파 3사의 홈페이지 또는 모바일 애플리케이션에서 현재 무료로 제공 중인 지상파 실시간 방송 중단 또는 유료 전환 금지, △SK텔레콤의 이동통신 서비스 또는 SK브로드밴드의 IPTV를 이용하지 않는 소비자의 CAP 유료구독형 OTT 가입 제한 금지 등이다.[40] 이 중에서 다른 OTT 사업자와 합리적이고 비차별적인 조건으로 성실하게 협상해야 한다는 조건은 이론적으로야 맞는 말이지만 넷플릭스, 디즈니, NBC유니버설 등의 행태에 비추어 보면 납득하기 어려운 결정이다.

2019년 7월 16일에는 사단법인 한국OTT포럼이 출범했다. 각계의 OTT 관련 전문가들이 참여하는 만큼 넷플릭스 등 OTT와 관련된 전문적인 연구가 쏟아지기를 희망한다. 이를 통해 토종 OTT 기업은 글로벌 기업이 한국 OTT 시장에 진입하더라도 살아남을 수 있는 방법을 강구하고 시청자는 해외 OTT를 통해 문화적 삶을 더욱 향유할 수 있기를 바란다.

---

40 류은주, "공정위, '옥수수+푹' 웨이브 조건부 승인…국내 최대 OTT 9월 출범", 《IT Chosun》, 2019.8.20.

/

에필로그

/

넷플릭스는 미디어 지형의 지각 변동을 일으킨 기업이다. 넷플릭스는 세상의 변화를 읽고 디지털 기술을 가장 잘 활용하고 전 세계를 연결하면서 세상을 바꾸고 있다. 넷플릭소노믹스Netflixonomix, 구독 경제Subscription Economy, 코드 커팅Cord-cutting, 몰아보기Binge watching 등의 신조어도 양산해 내고 있다. 2016년 한국에 진출해 3년 만에 350만 명에 가까운 이용자를 확보했으며, 〈옥자〉와 〈킹덤〉으로 전 세계에 한국 콘텐츠의 힘을 알려준 회사이기도 하다.

이제 넷플릭스는 한국의 드라마 행사에 후원할 정도로 성장했다. 넷플릭스는 한국국제문화교류진흥원이 2019년 9월 4일 개최하는 제14회 아시아 드라마 컨퍼런스에 문화체육관광부와 함께 공동 후원한다. 넷플릭스는 행사 후원을 통해 국내 드라마 비즈니스에 영향력을 행사하는 한편 아시아로의 확장을 꾀하고자 한다.

미국 연수 시절이던 2011년 처음으로 알게 된 이후 넷플릭스는 관심을 멈출 수 없는 서비스였다. 2015년 다시 KBS아메리카 사장으로 발령을 받아 넷플릭스를 이용하기도 하고 콘텐츠 판매를 위해 넷플릭스와 접촉하기도 하면서 넷플릭스와 더욱 친밀해졌다. 2017

년 귀국해서는 넷플릭스에 대한 거의 모든 책을 읽었으며, 뉴스 기사도 꾸준히 모았다. 방송학회에서 저술 지원 공고를 보고 급히 지원했는데, 운 좋게 선정되면서 넷플릭스에 대한 자료를 본격적으로 확보하기 시작했다. 자료가 쌓여갈수록 넷플릭스가 대단하고 멋진 회사라는 생각이 들었고, 넷플릭스에 대한 분석을 시도해 보기를 잘했다는 생각이 들었다. 그러나 원고를 편집하고 교정하면서 미진함이 더 짙어진 것 또한 사실이다.

한국은 아주 특이한 나라이다. 매우 조그마한 나라인데도 글로벌 기업이 맥을 추지 못하는 분야가 있다. MS워드가 이기지 못한 아래한글이 있는 나라, 자국 포털 네이버가 강한 나라, 미국 드라마나 영화보다 한국 콘텐츠를 더 많이 보는 나라, 국내 모바일 메신저 카톡이 시장을 장악한 나라이다. 그런 나라에서 현재 새로운 전쟁이 한창 진행 중이다. 바로 콘텐츠 전쟁과 플랫폼 전쟁이 치열하게 벌어지고 있는 것이다. 넷플릭스는 한류 콘텐츠를 교두보로 삼아 동남아시아 시장을 확장하려는 계획 아래 한국에 집중하고 있다.

그동안 경험한 바에 따르면 글로벌 사회에서는 자본과 인구가 가장 중요한 요소이다. 한국은 이 두 부분이 모두 열악하다. 그럼에도 OTT의 최고 기업인 넷플릭스가 한국을 중요한 시장으로 생각하고 전략적으로 집중하고 있다. 반면, 한국의 콘텐츠 시장은 비록 한류바람을 타고 전 세계에서 인기를 끌고 있지만 내부를 들여다보면 콘텐츠 제작 및 유통 환경이 매우 열악하다. 디지털 사회가 되면서 방송사의 시청률은 떨어지고 있고 광고 매출도 급락하고 있다. 이런 상황에서 방송사가 기대할 곳은 온라인 유통이다. 그렇기 때문에 넷플릭스는 엄청난 경쟁자이자 극복해 내야 하는 존재이다.

또한 넷플릭스는 우리가 배워야 할 전형적인 비즈니스 모델이다. 넷플릭스는 새로운 비즈니스 모델을 만들어냈고, 최고의 작품을 만들기 위해 최선을 다하고 있으며, 최고의 인재를 모을 수 있는 힘을 가지고 있고, 최고의 인재를 대우해 주는 회사이다.

캐나다의 쇼미Shomi는 케이블 1등과 2등 회사인 쇼Shaw와 로저스Rogers가 넷플릭스를 견제하기 위해 2014년 출시한 OTT 서비스이다. 하지만 넷플릭스를 이기지 못하고 2016년 11월 서비스를 중단했다. 이 사례를 보면서 지상파 연합 OTT 플랫폼인 푹과 SK브로드밴드의 옥수수가 합병해서 내놓을 새로운 서비스 웨이브의 경쟁력이 높아지기를 절실히 기대하게 된다. 시청자 복지를 위해서는 다양한 콘텐츠를 볼 수 있는 플랫폼이 공존해야 한다.

넷플릭스는 기존에 국내에서 보지 못한 플랫폼을 통해 사람들에게 즐거움을 선사하고 있다. 필자는 "새로운 이야기를 평등하게 접할 수 있고 세계의 모든 드라마를 저렴하고 편하게 관람할 수 있다는 측면에서 넷플릭스는 디즈니의 도전에도 불구하고 시장을 확장해 갈 것이다"라는 의견을 지지한다.[1]

넷플릭스의 성장은 한국 방송 미디어 지형에 있어 동전의 양면이다. 한국 콘텐츠 업계에 큰 도움이 되는 반면, 너무 성장하면 한국이 하청기지로 전락할 수 있기 때문이다. 넷플릭스는 〈옥자〉나 〈킹덤〉을 제작해 전 세계에 유통함으로써 화제를 만들어냈을 뿐만 아니라 한류의 확산에도 기여했다. 1996년 예일대학교 배리 네일버프Barry J. Nalebuff 교수와 하버드대학교 애덤 브랜던버거Adam M. Brandenburger 교

---

1   유승찬, "넷플릭스는 넷플릭스! 그 두려운 진격", ≪프레시안≫, 2019.6.13.

수가 『코피티션Coopetition』에서 주장한 것처럼 넷플릭스와 한국의 방송 미디어는 협력cooperation과 경쟁competition을 통해 서로 발전하지 않을까 생각한다. 따라서 한국 방송계는 앞으로 생태학의 경쟁 배타 원리를 적용시켜 넷플릭스와의 공존하에 더욱 발전해 나갈 수 있기를 기대한다.

최근 이슈를 다루는 사이트 마켄커뮤니케이션Marken Communications을 운영하는 앤디 마켄Andy Marken의 말로 이 글을 마무리하고자 한다. "소비자를 타깃이 아닌 파트너로 생각하라!Think of the consumer as a partner instead of a target!" 한국의 방송 미디어는 지금까지는 시청자를 타깃으로만 보았으나 이제 파트너로 개념을 재설정해야 한다. 그래야 지금의 위기를 극복할 수 있을 것이다.

감사의 글

대학 시절이던 1990년, 필화 사건을 겪은 이후 한동안 가능한 한 아무런 기록을 남기지 않는 것이 좋겠다고 여긴 적이 있다. 대학 교지에「항일 무장 투쟁사」를 기고한 후 안기부에 붙잡혀 심문을 받으면서 든 생각이었다. 뭔가 기록이 있으면 변명할 여지가 없었기 때문이다. 그런데 언젠가부터 그 생각을 잊고 글을 쓰고 있다. 이번이 세 번째 책이니 주위에서는 그런 생각을 했었다는 사실조차 믿을 수 없을 것이다. 책을 쓸 수 있는 부지런함을 물려주신 부모님께 먼저 감사드린다. 생전에 한 권이라도 보여드렸으면 좋았을 텐데 그럴 수 없어 더 뵙고 싶고 생각이 난다.

2011년 넷플릭스를 알게 된 이후 관심은 많았지만, 책을 쓰리라고는 생각지도 못했다. 지난해 방송학회의 저술 지원에 공모해 선정된 것이 결정적인 계기가 되었다. 신진학자에게 저술의 기회를 준 방송학회와 심사진에 감사드린다. 또한 방송학회에 후원을 해준 GS홈쇼핑에도 감사드린다.

이 책은 혼자 쓴 것이 아니다. 이 책에는 수많은 학자, 전문가, 기자들의 생각이 녹아 있다. 참고한 모든 분들께 감사드린다. 주어진 기간 내에 쓰기 위해 자기 강제라는 의도를 담아 저술 지원에 선정된 사실을 페이스북에 띄웠더니, 몇몇 분이 많은 도움을 주었다. 미국에서 작가 겸 감독으로 활동하는 크리스틴 신이 현지에서 주기적으로 넷플릭스 관련 기사를 보내주었고, ≪이슈타임≫ 이지형 기자도 틈틈이 넷플릭스 관련 정보를 제공해 주었다. ≪KBS 미디어≫ 박재환 기자도 넷플릭스와 관련된 기자 회견이 있으면 참석할 수 있도록 주선해 주었다. 세 분에게 감사드린다.

원고를 쓰면서 겉으로 보기에는 아무 문제가 없는 듯했으나 실은 50여 년을 살아오면서 가장 몸 상태가 좋지 않았다. 2월에는 히말라야도 다녀오고 5월에는 지리산 무박 종주를 했으니 다른 사람들은 막강 체력을 갖고 있다고 생각했을 터이다. 책을 탈고하고 치료를 받아야겠다고 생각한 것이 화근이었다. 아플 때는 바로 병원에 가야 하는데 괜찮겠거니 하면서 적극적인 치료를 하지 않았다. 그러다가 4월 중순에 잠을 못 잘 정도로 어깨와 팔이 아프기 시작하면서 회사에 있는 뜸방에 다니기 시작했다. 그나마 3개월 동안 침 맞고 뜸을 뜨면서 많이 좋아졌다. 봉사하시는 분들께 감사를 드린다.

바쁜 와중에도 추천사를 써주서서 부족한 책의 가치를 높여준 한국방송학회 주정민 회장과 법무법인 세종의 이종관 박사, 책의 제목을 친히 써주신 이석인 화백, 기꺼이 훌륭한 서평을 써주신 정보통신정책연구원 곽동균 박사께도 감사를 드린다.

무엇보다 이 책이 세상에 빛을 볼 수 있도록 해준 한울엠플러스의 김종수 대표, 졸필인데다 너무 많은 그림과 참고자료 때문에 다른 책보다 편집하기가 어려웠을 텐데 섬세하게 다듬어준 신순남 팀장께 감사드린다.

책을 쓴다는 것은 전업 작가가 아닌 한 쉬운 일이 아니다. 집에서 틈틈이 쓰다 보니 가족에게 소홀할 수밖에 없다. 워라벨이 키워드인 시대에 이를 지키지 못해 가족에게 미안한 마음 금할 수 없다. 사랑하는 아내 주은경과 딸 유혜민에게는 '3000만큼 사랑해요'라는 말을 전하고 싶다.

마지막으로 많이 부족함에도 끝까지 읽어주신 모든 독자께 감사드린다.

2019년 8월

청라에서 유건식

지은이

유건식

한국 드라마 역사상 최초로 KBS 드라마 〈굿닥터〉를 미국 ABC의 2017/2018 시즌으로 리메이크했고, 〈The Good Doctor〉의 프로듀서 타이틀을 갖고 있다. 2007년 KBS 드라마국 BM(Business Manager) 1호로 선발되어 드라마 〈거상 김만덕〉(2010), 〈성균관 스캔들〉(2010) 등을 프로듀싱했으며, 2012년에는 학교문전사 공동 대표로 〈학교 2013〉을 제작했다. KBS아메리카 사장(2015~2017)으로 재직하는 동안 LA 폭동 다큐멘터리 〈끝나지 않은 6일, 429〉를 제작해 해외한국어방송인대회에서 TV 부문 대상을 수상했다.

광운대에서 2015년 「지상파 방송사의 TV 드라마 제작 결정요인에 관한 연구」로 박사 학위를 받았고, 저서로는 『미드와 한드, 무엇이 다른가』, 『한국 방송 콘텐츠의 미래를 열다: 굿닥터 미국 리메이크의 도전과 성공』이 있다. 현재 KBS 공영미디어연구소 연구팀장으로 재직 중이며, 건국대학교 언론홍보대학원 겸임교수로 '콘텐츠산업과 비즈니스모델', '미디어 문화 트렌드 분석' 등을 강의하고 있다.

한울아카데미 2187

넷플릭소노믹스
넷플릭스와 한국 방송 미디어
ⓒ 유건식, 2019

지은이 | 유건식
펴낸이 | 김종수
펴낸곳 | 한울엠플러스(주)
편집 | 신순남

초판 1쇄 인쇄 | 2019년 8월 22일
초판 1쇄 발행 | 2019년 8월 30일

주소 | 10881 경기도 파주시 광인사길 153 한울시소빌딩 3층
전화 | 031-955-0655
팩스 | 031-955-0656
홈페이지 | www.hanulmplus.kr
등록번호 | 제406-2015-000143호

Printed in Korea.
ISBN 978-89-460-7187-2 93070

※ 본 저서는 '2018년 한국방송학회 방송영상 분야 저술출판지원'을 받았음

※ 책값은 겉표지에 표시되어 있습니다.